清风明月
2024.10.1

图书在版编目（CIP）数据

洪武之治：南征北伐与明初四大案 / 清风明月著. -- 北京：华文出版社，2024. 10. -- ISBN 978-7-5075-6022-0

Ⅰ. K248.09

中国国家版本馆CIP数据核字第2024WD8501号

洪武之治——南征北伐与明初四大案

作　　者：清风明月
责任编辑：袁　博
出版发行：华文出版社
地　　址：北京市西城区广外大街 305 号 8 区 2 号楼
邮政编码：100055
网　　址：http://www.hwcbs.cn
电　　话：总编室 010-58336210　编辑部 010-58336191
　　　　　发行部 010-58336267　010-58336202
经　　销：新华书店
印　　刷：北京新华印刷有限公司
开　　本：710×1000　1/16
印　　张：23.75
字　　数：300 千字
版　　次：2024 年 10 月第 1 版
印　　次：2024 年 10 月第 1 次印刷
标准书号：ISBN 978-7-5075-6022-0
定　　价：88.00 元

版权所有，侵权必究

目录

第一章	徐达北伐	/ 001
第二章	元朝内讧	/ 007
第三章	觉醒反攻	/ 012
第四章	西征陕西	/ 016
第五章	攻占上都	/ 021
第六章	将星陨落	/ 024
第七章	自食恶果	/ 027
第八章	征南伐蜀	/ 040
第九章	政治体制	/ 054
第十章	大鼓廷杖	/ 068
第十一章	明朝科举	/ 080
第十二章	大诰三编	/ 086
第十三章	休养生息	/ 097
第十四章	普查编户	/ 109
第十五章	官员收入	/ 123
第十六章	社会福利	/ 127
第十七章	兔死狗烹	/ 134
第十八章	空印案发	/ 145
第十九章	淮西书吏	/ 154
第二十章	胡惟庸案	/ 165

第二十一章	真正动机	/ 174
第二十二章	沐英挂帅	/ 186
第二十三章	就藩北平	/ 190
第二十四章	白色恐怖	/ 213
第二十五章	亮祖之死	/ 223
第二十六章	四伐北元	/ 233
第二十七章	征讨云南	/ 237
第二十八章	奢香传奇	/ 244
第二十九章	皇后之死	/ 249
第三十章	锦衣校卫	/ 257
第三十一章	重开科举	/ 272
第三十二章	郭桓案发	/ 276
第三十三章	徐达之死	/ 287
第三十四章	后起之秀	/ 292
第三十五章	不世之功	/ 302
第三十六章	威震云南	/ 308
第三十七章	藩王守边	/ 313
第三十八章	重立皇储	/ 319
第三十九章	蓝玉案发	/ 335
第四十章	长河落日	/ 355
后　记		/ 372

第一章　徐达北伐

朱元璋出身贫寒，经过一番艰苦奋斗，终于逆袭，先后灭掉了陈友谅、张士诚和方国珍等人。

虽说当时朱元璋统一了南方，不过北方还在元朝的统治下，好比一只猛虎卧在床榻边，你说朱元璋能睡得着吗？于是他决定率军北伐，彻底推翻元朝。

其实，从南京出发北伐元朝是一项非常艰难的任务！为什么呢？

纵观历史，中原王朝大都以步兵为主，而北方游牧民族盛产马匹，喜欢游猎，以骑兵为主。从兵种上来说，骑兵正好是步兵的克星，那么中原王朝靠什么来对抗北方的游牧民族呢？

答案是燕云十六州。

古代燕云十六州，指的是幽州、蓟州、瀛州、莫州、涿州、檀州、顺州、云州、儒州、妫州、武州、新州、蔚州、应州、寰州、朔州，大致相当于今天的北京、天津北部，以及河北和山西北部的部分地区。

虽然燕云十六州的面积并不大，但对于中原王朝来说，却至关重要。因为燕云十六州是北方与南方的接壤地带，是个易守难攻的险要之地。

如果失去了燕云十六州这个屏障，那么中原就完全赤裸裸地暴露在北方游牧民族的铁骑之下。因此，从某种意义上说，它对中原王朝的盛衰乃至兴亡，有着极为重要的战略影响。

天福元年（936），后晋高祖石敬瑭为了反唐自立，取得契丹人的援助，竟然恬不知耻地认比他自己小十岁的辽太宗为干爹。这干爹可不好认啊，还得送礼，于是他便将燕云十六州割让给了契丹。

石敬瑭上嘴皮一碰下嘴皮，说割让就割让，倒也轻松。但是屏障没了，中原步兵可就惨了，直接跌入了"死亡深渊"。从那以后，他们在千里平原上不得不用血肉之躯去抵抗北方游牧民族骑兵的横冲直撞，呜呼哀哉。

如此一来，中原王朝在与游牧民族的军事斗争中就完全处于无险可守的被动地位，从某种程度上说，整个大宋朝就毁在了石敬瑭的手中。

宋太祖赵匡胤乃是中国古代少有"雄才伟略"的皇帝。他先后灭掉了后蜀、南汉、南唐等割据政权，建立了北宋王朝，还未收复燕云十六州，就在斧声烛影中意外离世。后来，宋太宗赵光义一心北伐，想要收回燕云十六州，遗憾的是，在最为关键的高梁河战役中，宋军大败，最后功败垂成。赵光义自己也中箭受伤，乘一辆驴车逃走，后来因箭伤复发而去世，令人惋惜不已。

唉，这燕云十六州落入北方游牧民族之后，一晃就是四百多年。

朱元璋是个军事天才，自然知道夺取燕云十六州的战略重要性，也知道此次北伐的艰巨性。不过艰巨归艰巨，夺还是必须夺的，因此他拿出了自己手上的王牌，命"大明第一功臣"徐达为主帅、"大明第一猛将"常遇春为副帅，率领二十五万大军进行北伐，夺回了燕云十六州。

朱元璋是个亲力亲为的好领导。自从起义以来，每逢大的战事他都要亲自部署，更不要说北伐这样的大行动了。在北伐出征之前，他召集诸将开了个军事会议，想听听大家伙儿的意见。

常遇春是个急性子，发言也积极，第一个起立发言。他认为，元朝已是强弩之末，北伐时别想太多，挥兵长驱直入，直捣元大都（今北京）便是。只要拿下大都，其他各地必会望风而逃，北伐不战自胜。

这道理大家都懂，众人后悔自己没有第一个起立发言，被常遇春抢了风头。

参会将领纷纷点头，表示赞同。

按理说，大家都赞同常遇春的观点，那么这个作战方案自然是错不了的，大家伙儿就等着朱元璋最后发言，一声令下了。

不过，真理有时掌握在少数人的手中！

当时，朱元璋一直默不作声，只是一个劲儿地低头查看地图，自顾自地研究元朝在西北的兵力部署。

过了许久，他才摇了摇头，说这个作战方案并不可取，理由有以下两点。

第一，元大都城墙太厚，很难攻破。虽说当时元朝政府党争不断，扩廓帖木儿（王保保）与李思齐、张良弼等军阀混战，但是元朝建都已近百年，经过那么多年的经营，大都肯定是城坚墙厚，粮草充足，一时之间，怕是很难攻破。

第二，孤军深入，太过危险。倘若孤军长驱直入，攻打元大都的话，那么元朝廷必会发布命令，让四方诸侯迅速发兵，前来援救大都。而大都城坚墙厚，若久攻不下，一旦援兵四集，切断北伐军的退路，那么必会粮草不继。到了那时，北伐军势必非常被动，陷入进不得战、退无所据的困境。

因此，朱元璋认为常遇春的建议太过轻敌冒进，并不可取，否决了这个方案。参会人员无不暗自庆幸，幸好刚才被常遇春抢了先，不然的话，现在尴尬的就是自己了。

接着，朱元璋又提出了自己的观点，抛出一个稳扎稳打、渐次推进的北伐战略。史书上记载：

先取山东，撤其屏蔽；旋师河南，断其羽翼；拔潼关而守之，据其户枢。天下形势，入我掌握，然后进兵元都，则彼势孤援绝，不战可克。既克其都，鼓行云中、九原以及关陇，可席卷而下矣。

——《续资治通鉴》

从这段记载中，我们可以看出朱元璋卓越的军事才能。他将整个北伐的战略行动分为三个阶段。

第一阶段，首先派兵攻取山东，然后再掉转枪头，攻打河南，占据潼关，孤立元大都。这是兵法上的声东击西，打敌人一个措手不及，好招数。

第二阶段，断了元大都的左膀右臂，使其成为一座孤城之后，再率兵攻打河北及元大都，就可以轻而易举地消灭元朝了。"锁城法"是朱元璋的看家本领，平定江南的时候屡试不爽。

第三阶段，大都攻克之后，元兵没了斗志，再率大军由大都一路南下，攻取山西，略定陕甘，完成北方之统一。

听完朱元璋的部署，众将士纷纷点头，无不心服口服。

徐达和常遇春更是暗暗下了决心，一定要竭尽全力，消灭元朝，建立这不世之功。

至正二十七年（1367）十月，徐达和常遇春按照朱元璋定下的战略思想，率领二十五万大军浩浩荡荡北伐中原。

当时，明军士气正盛，一路上所向披靡，仅仅用了四个多月便攻下山东。

次年（1368）三月，各处春意盎然，徐达来不及欣赏，又指挥大军继续西进，进攻河南。

当时他兵分两路，一路从济宁溯黄河而上，攻打汴梁（今开封）；另一路由河南永城、归德出发，进攻许州（今许昌）。同时，他还抽调力量，布置了一支队伍，命令征南将军邓愈率领。这支队伍的作战任务是从湖北一路向北，进攻南阳，协同北伐主力作战。照这个作战任务安排来看，这支队伍算是"打酱油"的，主要起到迷惑元军的作用。

当时，明军士气高涨，所向披靡，很快先后攻克汴梁、洛阳等地，没过多久，又占领了潼关。

至此，朱元璋布置的北伐第一阶段战略任务基本上已经完成了。

这时，元大都的左右两臂已被去除，大都孤立无援，完全陷入了明军的弧形包围圈，形势非常喜人！

朱元璋收到捷报后大喜，亲自抵达前线汴梁，一是前来慰问一线辛苦作战的三军将士，二是来部署下一阶段的北伐工作。

这次军事会议上，常遇春学乖了，也不抢先发言了，众人也不说话，最后还是徐达开了口。他建议冯胜守汴梁，何文辉守洛阳，郭兴守潼关，自己亲率大军直捣大都便是。

上次常遇春的观点众人一致说好，最后被朱元璋否决了。这次，众人见朱元璋不说话，摸不准他的心思，个个面面相觑，一言不发，静静地看着朱元璋，就等他拍板决定了。

过了半晌，朱元璋点了点头，采纳了徐达的建议，命令冯胜、何文辉、郭兴等人留守，徐达率领大军直捣大都。

七月，明朝大军从汴梁出发，一路上所向披靡，势如破竹，连克数地。在德州，又与常遇春、张兴祖等人会师，再挥师北上，气势如虹，锐不可当，直逼元大都。

当时，徐达率领的北伐大军到达河北通州一带（今属北京），距离元大都也就只有一两天的路程，众人无不斗志昂扬，摩拳擦掌，想要一举攻破元大都，捉拿大元皇帝，建立不朽之功。可是诡异的事情出现了，北伐军统帅徐达偏偏在这个时候下了一道命令，停止行军，在通州安营扎寨。就这样，北伐大军什么事也不干，一直傻傻地待在通州城。

明朝北伐军势如破竹，抵达通州时，吓得元顺帝不知所措，可是让元顺帝不解的是，北伐军为何一直停留在通州城呢？不过眼下他没有时间去思考这个问题，缓过神来，见大势已去，便顺应天命，连夜携太子、后妃偷偷从健德门溜了，从居庸关逃了出去。

待元顺帝逃跑之后，八月初二日，徐达才率领大军进占大都。徐达率军进城之后，立即派兵看守故宫殿门，封存府库财宝，他还命令士卒进城后一律不得抢掠百姓、侵占妇女。

大军抵达通州时，按理说应快马加鞭，迅速进攻大都，捉拿大元皇帝，可是徐达为什么突然停止进军？正史里面没有记载，这里暂且卖个关子，留待后面再说。

徐达和常遇春亲率大军攻占大都，宣告北伐完全胜利，元朝灭亡。至此，可以说朱元璋基本上统一了中国，而且还打破了历史上由北向南统一的固定模式，可谓千古奇功。

第二章　元朝内讧

为什么徐达和常遇春能够北伐成功，顺利夺回燕云十六州呢？

这里面固然有多种原因，其中有个重要的原因就是当时元朝内讧。

元末，元朝军队中最有实力的两支部队，一支是察罕帖木儿和李思齐率领的，另一支是孛罗帖木儿率领的。在朱元璋平定江南之时，这两支部队时有摩擦，相互攻击，斗得不亦乐乎。而且，当时元朝的朝廷内部也爆发内讧，简直就是一笔烂账。

当时，察罕帖木儿与孛罗帖木儿为了争夺察罕之地，打得"热火朝天"，元朝廷实在看不过去，于是下诏令两边罢兵和解。可是两人拥兵自重，哪里肯听，继续相互攻伐。后来察罕帖木儿去世，由养子扩廓帖木儿代为统帅，继续与孛罗帖木儿开战，仇怨一直如故。

扩廓帖木儿本名王保保，是察罕帖木儿的外甥，自幼被收为养子。小说《倚天屠龙记》中，赵敏郡主有个能征善战的哥哥，叫作王保保，指的就是此人。

至正二十三年（1363），朝中重臣老的沙、秃坚触犯了太子，担心获罪被杀，于是逃到孛罗帖木儿的领地，被孛罗帖木儿藏匿了起来。元朝廷大怒，于是下诏罢免孛罗帖木儿的官职，解除他的兵权。

孛罗帖木儿没有办法，只得举兵造反，直接率军攻打京师，杀死丞相搠思监，自称左丞相，老的沙为平章，秃坚主持枢密院，把持朝纲。

太子没有办法，只得逃到扩廓帖木儿那里求援。

扩廓帖木儿立即率领上万骑兵入京护卫，可是战败，只得和太子逃往太原。

至正二十五年（1365），扩廓帖木儿不甘心失败，于是又以太子之令举兵讨伐孛罗帖木儿，兵临元大都。元顺帝走投无路，没有办法，只得袭杀了孛罗帖木儿。

当时，扩廓帖木儿功劳太大，升为丞相，但是朝中旧臣看不起他行伍出身，妒忌他，暗中对他十分不满。其实按照扩廓帖木儿的个性来说，他也不喜欢在朝中当官，于是他请求统率军队，前往江南平定暴乱。

元顺帝同意他的请求，封他为河南王，命他统领天下兵马，代替皇太子出征。史书上记载，出征军队横贯数十里，军容十分威严。

当时，朱元璋已经除掉了陈友谅，尽得江楚之地，声势十分浩大，张士诚占据淮东、浙西，也不可小觑。扩廓帖木儿不敢轻易进攻，于是在河南驻兵，特地派人传递檄文，征召关中的李思齐、张良弼、孔兴、脱列伯四人领兵前来会师，再一起进攻。

李思齐当年与察罕帖木儿一同发动义兵，资格很老，哪里看得起后辈扩廓帖木儿？他收到檄文后大怒，骂道："小子，我与你父相交之时，你还是个乳臭未干的小子，现在却敢来征召我？"

李思齐下了一道命令，命部下一兵一卒都不得出武关。张良弼等人得知情况后，也都不听调遣。

扩廓帖木儿大怒，叹道："我奉诏总领天下之兵，然而众将却不受节制，我怎么去讨伐贼寇呢？"

先别说讨不讨贼，眼下李思齐等四人不听调派，自己面子上肯定挂不住，以后还怎么在朝廷混，还怎么率领三军、发号施令呢？

有道是"哪里跌倒，就要从哪里爬起来"，既然你李思齐不给我面子，那么我就从你这里讨回来！于是，扩廓帖木儿率领大军向西入关，进攻李思齐。

李思齐见扩廓帖木儿挥军来打自己，知道不妙，单凭自己很难抵挡，于是联合其他三人，一起抵挡。张良弼、孔兴、脱列伯三人知道，自己不听调令，肯定也没好果子吃，要是李思齐被扩廓帖木儿收拾了，到时候定会腾出手来对付自己。于是四人一拍即合，会师长安，相互结盟，合力抵抗扩廓帖木儿。

双方一打就是一年，具体的过程就不细说了。史书上记载，两军相持一年，交战数百次，不分胜负。

这一年，双方打得不亦乐乎，但是元顺帝心疼啊：不管哪方赢，到头来损失的都是我大元的有生力量。一年后，元顺帝终于坐不住了，下令扩廓帖木儿罢兵，要求他领兵攻打江淮贼寇。

扩廓帖木儿不干了：李思齐还没跪地求饶，老子的面子还没找回来呢，你皇帝小儿却要我罢兵，你让我这老脸往哪里搁呀，我以后还怎么在江湖混呀！不对，是朝廷！

于是，他不听调令，继续自己玩自己的。史书上说，他引军向东，并派了一员骁将貊高，率兵直扑河中，想要直捣凤翔，彻底倾覆李思齐的老巢。

天有不测风云，人有旦夕祸福。哪知貊高的部众早就心怀不满了，趁机兵变，那么主将貊高怎么办？当年赵匡胤陈桥兵变，被属下黄袍加身，最后开创了大宋王朝，成了宋太祖。不过，貊高的属下可没那么好心，也没准备什么黄袍，而是直接把刀架在了貊高的脖子上。

你干，也得干！不干，也得干！一句话，没得选择！

就这样，他们胁迫貊高一起叛离扩廓帖木儿，并向朝廷揭发他的罪状。

这皇帝的宝座，天下谁不觊觎啊？历史上太多人因为争这宝座，父子相残，兄弟相残。唐太宗李世民不就策划过玄武门之变，逼李渊退位吗？

当初，扩廓帖木儿率兵保护太子回大都，太子本想趁机学学李世民，胁迫元顺帝禅位。没想到这扩廓帖木儿不是尉迟恭，关键时刻坚决不同意，最后太子只得作罢。

太子对此事耿耿于怀，一直怀恨在心。

当时，扩廓帖木儿深得元顺帝信任，太子一直没机会下手，然而现在情况不同了。他不听朝廷调令，群臣纷纷出言指责，元顺帝也开始慢慢疑心他，再加上貊高在奏章上揭发的罪行，元顺帝终于忍不住了，下令剥夺他的官职，让太子总领天下兵马。

扩廓帖木儿这下开始意识到事态不妙，决定低调做人，向后退让一步，避过风头再说，于是在受诏后，退军泽州。

有道是"屋漏更遭连夜雨，船迟又遇打头风"。前不久，部将貊高刚刚叛变，还向朝廷揭发自己的罪行；如今，另外一个部将关保是个"墙头草"，见自己失势，也跟着投靠了朝廷。

部将接连叛变，而扩廓帖木儿低调做人，主动退让，这一番操作，让朝廷误判了。

当时，朝廷认为扩廓帖木儿势孤力薄，不敢与朝廷争锋，是个"痛打落水狗"的好机会，于是命令李思齐与貊高合攻他。

"做人留一线，日后好相见。"这次朝廷太过分了，直接将事情做绝了，不给扩廓帖木儿留活路。

"兔子急了也咬人"，更不要说手握重兵的扩廓帖木儿了。他当即大怒，指挥大军直接占领了太原城，并将城内官员全部杀死。

如此一来，元顺帝的脸面挂不住了，也彻底被激怒了。到了这一步，他也不管是不是内战、损失的是不是元朝的有生力量了，命令天下兵马四面征讨扩廓帖木儿。

元朝的将士们，你们也别管什么朱元璋、李元璋了，全部去征讨扩廓帖木儿，将他打趴下再说！

由于元朝内讧，明军北伐一路上势如破竹，如入无人之境，到了这时，已经顺利攻下了山东，并收复了大梁。当时，扩廓帖木儿命弟弟脱因帖木儿率兵对抗明朝，结果他战败逃走，其他将领惶恐不已，无心恋战，或降或逃，没有一人敢于抵抗。

明军继续前进，逼近潼关之时，李思齐这才反应过来，慌忙率军逃走。元顺帝也才如梦初醒，大为惶恐，连忙"甩锅"给太子，下诏归罪太子，并恢复扩廓帖木儿的官职，命他与李思齐停止内战，分别率军南征。

不过为时晚矣，明军已逼近大都，扩廓帖木儿来不及救援，大都失陷，元顺帝连夜逃走了。

呜呼哀哉，对手强大其实并不可怕，最可怕的是内部不团结甚至内斗，元朝的败亡就是一个活生生的例子！

第三章　觉醒反攻

虽说元大都被明军攻破，元顺帝也连夜逃到上都去了，但是大家如果认为眼下情况如当初常遇春说的那样"只要拿下大都，其他各地必会望风而逃，北伐不战自胜"，那就大错特错了，因为元朝的有生力量依旧存在，而且十分强大。

徐达和常遇春接着挥师进攻山西和陕西，不但遇到了元军的顽强抵抗，而且还遭受了几次大规模的反攻。徐达和常遇春从至正二十七年（1367）十月开始率军北伐，次年（1368）八月攻占元大都，耗时不过十个月，可是"两西"之地却打了整整一年，可以说这段岁月是北伐军最为艰苦的日子。

北伐军占领大都之后，令孙兴祖留守，徐达、常遇春两人兵分南北两路。北路军由常遇春率领，南下攻打山西；南路军则由徐达亲自率领，驻扎于彰德一带，前锋由汤和担任。由于攻占大都太过顺利，以致明军上下或多或少都有骄傲轻敌情绪，汤和也不例外。

有道是"骄兵必败"，明朝的先锋部队在从怀庆攻取泽州的过程中，孤军冒进，在韩店被扩廓帖木儿打得惨败。

韩店之败还有一个原因，就是汤和的指挥能力有欠缺。汤和参加红巾军比朱元璋还早，资格很老，身经百战，不过这人之前一直镇守常州，后来虽说也带兵歼灭过方国珍和陈友定，但带的是水军，并非骑兵。

从这份"人事履历"上来看，此人可能缺乏大兵团野战的实战经验，尤其是与骑兵野战；现在碰上的是扩廓帖木儿这样的高手，打法跟以前完全不一样，难免发蒙，败了也不足为奇。

元顺帝是个"给点颜色就开染坊""给点阳光就灿烂"的家伙，听到捷报之后，大喜过望，立即晋封扩廓帖木儿为齐王，并赐给他金印，命令扩廓帖木儿率领大军收复大都；还要求李思齐和张良弼也一道出兵，但是两人虚与委蛇，不肯出兵，令元顺帝不满。

当时，北伐军主力在外，北平空虚，扩廓帖木儿认为是个千载难逢的好时机，当即集合主力，率领大军浩浩荡荡北出雁门，直逼北平。

其实扩廓帖木儿心里头早就打好了如意算盘。如果徐达不救北平，那么他们二话不说，直接攻占北平就是；如果徐达率军回救北平的话，那么他们以逸待劳，设下埋伏，到时候来个围点打援，势必能够重创徐达大军。

不管徐达作何抉择，这场战役似乎注定将万劫不复！

扩廓帖木儿似乎已经看到了胜利的曙光，脸上洋溢着灿烂的笑容，可是他还是低估了徐达的军事指挥能力。

他万万没想到，徐达没有按套路出牌，竟然作出了第三种选择。

当扩廓帖木儿率军直逼北平的消息传到徐达军中时，众人十分惶恐。

徐达不愧为名将，并没有像其他人一样慌乱，而是冷静地分析了当时的局势。

一是，北平虽然兵力不多，但是墙高城坚，一时半会儿还不足为虑；而扩廓帖木儿倾巢而出，那么太原肯定比北平还空虚。如果眼下明军去攻打太原的话，那么势必易如反掌。

二是，扩廓帖木儿的大军离北平还有一段距离，而北伐军的主力恰恰就在太原附近。要是真打起来的话，扩廓帖木儿怕是还没到北平，北伐军就已经攻下太原了。

三是，太原对于扩廓帖木儿来说比北平对于徐达来说更为重要。北平是北伐军刚刚攻占下来的，将士们的全家老小并不在北平城中，从某种程度上说，北平对于北伐军来说就是座空城，意义不大，失去了也没什么大不了的，找个良辰吉日再重新打回来便是。然而太原就不同了，它是扩廓帖木儿的老巢，元军很多将士的妻儿老小都在里面，万一太原丢了，对元军来说就不得了了。

徐达经过一番冷静分析，得出结论：只要率军攻打太原，扩廓帖木儿就不得不亲率大军前来营救！

从这里可以看出徐达是个不世出的名将，深通《孙子兵法》中"围魏救赵"的道理——攻其必救。

小子，你不是要攻打我北平吗？那我就攻打你太原，看你怎么办！

接下来的事情就像徐达导演的一样。扩廓帖木儿在路上探知到北伐军的动向后，吓得面色惨白，二话不说，立即率领十万大军回救太原。

真的是无巧不成书啊！洪武元年十二月初一日（1369年1月9日），徐达率领骑兵刚刚抵达太原城下，发现远处尘土飞扬，原来挥师回救的扩廓帖木儿也来了，就这样两军不期而遇，对峙在太原城外。

当时为了赶速度，徐达只带了骑兵，步兵还在后面。从兵力上来看，徐达不及扩廓帖木儿，因此徐达不敢贸然发动进攻，而扩廓帖木儿也没想到竟会在太原城下遭遇明军，见对方既不进攻又不撤退，不知今日唱的是哪出戏。

扩廓帖木儿是"丈二和尚摸不着头脑"，情况不明，贸然发动进攻，怕中对方圈套；此时撤退，阵脚一乱，对方趁机发动进攻，后果不堪设想。进攻不敢，撤退不行，他索性也站在原地一动不动，瞪大眼睛注视着北伐军，静观其变。

就这样，双方十分默契，既不进攻，也不撤退，一动不动，"傻傻地"站在原地。

这时，郭英登高远眺敌人大营，心生一计，对常遇春说道："敌众虽多但阵容不整，军营虽大却无防备，我们趁夜劫营如何？"

> （郭英）复从常遇春取太原，守将王保保军于城西。英凭高望之，谓常公曰："彼兵多而不整，营大而无备，请夜劫之。"常公深然其计，遣五十骑伏城东十里，以举火鸣炮为期。
>
> ——郭勋《三家世典》

常遇春同意了，来到徐达跟前，说道："元帅，我们的步兵尚未抵达，如果贸然发动骑兵与敌人对攻的话，只会徒增我军的伤亡，不如趁夜劫营。"

徐达点点头，回道："好。"

有时候好运来了挡也挡不住，正当两位名将达成一致意见之时，门外有使者求见。原来这仗还没有开打，太原守将豁鼻马内心已经崩溃了，表示愿意主动来降，并充当内应。

到了晚上，常遇春和郭英率领骑兵发动袭击，再加上豁鼻马的内应，蒙古大营顿时乱作一团。当时，"学习模范"扩廓帖木儿同学正在挑灯夜读兵书，突然间听到杀声四起，得知明军偷袭。二话不说，他扔了兵书，穿了一只靴子翻身上马，夺门而出。

史书上说，这一仗下来，只跑了扩廓帖木儿和十八个随从，其余四万多人马全做了明军的俘虏。

看来，扩廓帖木儿不该叫王保保，而应该叫"王跑跑"。

第四章　西征陕西

攻克山西之后，就剩下陕西了。自古以来，陕西是个易守难攻之地，当年秦国以函谷关拒六国，不过这一次情况却并非如此了。

当时，陕西之地的元军头领是"老朋友"李思齐和张良弼，二人皆是久经沙场之人，手下还有十万之众，不过早已是惊弓之鸟。洪武二年（1369）三月，徐达率领西征军一路穷追猛打，所向披靡。李思齐就像踩到了西瓜皮，一路滑到底，先是逃到了凤翔，后又退到了临洮，张良弼则在庆阳。

一日，徐达在凤翔召集众将，商讨下一阶段的西征策略，说白了就是讨论李思齐和张良弼到底先打哪一个？

此言一出，底下众将纷纷开口讨论，都认为张良弼的军事才能不如李思齐，本着先易后难的原则，应该先攻庆阳，再打临洮。

此次会上，大家思想高度统一，众人脸上无不洋溢着笑容，就等着徐达作最后的总结报告。没想到徐达却一直眉头紧锁，默不作声。

片刻之后，徐达终于开口说话了："众位，这先易后难的道理是不错，不过今日情况并非如此，我们应该先打临洮，再攻庆阳。"

众人一听，大惊，无不面面相觑，十分不解。

徐达笑了笑，当场仔细剖析了李思齐和张良弼的兵力部署，以及临洮和庆阳两地的地理形势，最后缓缓说道："这庆阳城城池险要，守备精良，不易攻取。反倒是这临洮，北与河湟毗连，向西控制羌戎，容易攻取，一旦我们攻占此处，就能获得大量人员和物资的补充。如今我们大军压境，遮天蔽日，李思齐若不向西逃入胡地，必定束手就擒。"

徐达这番言论鞭辟入里，合情合理。众将听后，纷纷点头称是，无不心悦诚服。

> 大将军徐达在凤翔会诸将，议师所向。诸将咸以张思道（张良弼）之才不如李思齐，庆阳易于临洮，欲先由鄜州取庆阳，然后从陇西攻临洮。达曰："不然。思道城险而兵悍，未易猝拔，临洮之地，西通番夷，北界河湟，我师取之，其人足以备战斗，其土地所产足以供军储。今以大军蹙之，思齐不西走胡，则束手就降矣。临洮既克，则旁郡自下。"
> ——《明太祖实录》

后面的事情竟然如徐达导演的一般，徐达大军压境，李思齐果然立马举手投降，明军上下无不欢喜，一路捷报送至南京城。

朱元璋大悦，给徐达传话，说现在李思齐已经投降，那么进攻庆阳、宁夏的时机也已成熟；不过，张良弼兄弟狡诈多变，不好对付，如果他们主动投降，定要小心谨慎处置，切莫中计。

朱元璋能夺取天下，确实有其过人之处，尤其是军事能力和识人用人的能力，令人不得不服，在这里又得到了印证。

徐达按照之前的战略部署，决定率军起征庆阳城，于是命薛显为先锋，率领五千骑兵先行，自己随后就到。

这薛显相信大家并不陌生，明军将士见了他都纷纷避道走，生怕不小心惹恼了他。在洪都大战中，洪都城两万守军被陈友谅六十万大军团团围困，薛显却敢反冲锋，还亲手斩杀了敌将。总之一句话，此人就是个不要命的狠角色。

"阎王开道"，谁敢阻拦！蒙古骑兵一触即溃，四下逃散，没有几日，明军便杀到了庆阳城。

话说这张良弼被明军打怕了，早已成了惊弓之鸟，一听徐达大军压境，连忙"脚底抹油"，溜了，留下弟弟张良臣和部将留守庆阳。或许是上天看不过眼，张良弼刚逃到宁夏，就被死对头扩廓帖木儿逮了个正着，可谓人算不如天算。

这张良臣可不简单。此人久经沙场，骁勇善战，还有七个养子，个个英勇无畏，十分了得。当时庆阳城中流传着这么一句话，叫作："不怕金牌张，惟怕七条枪。"

徐达率领大军想要直接进攻庆阳，不过他想了想，还是先礼后兵，看看情况再说，于是派张焕率领骑兵前往庆阳劝降，顺便侦察一番。当时，张良弼被捉的消息传到了庆阳城，张良臣热情地接待了张焕，说自己兄长张良弼被扩廓帖木儿捉了，自己跟扩廓帖木儿不共戴天，若是此仇不报，自己便枉为人也。说着说着，他还当众痛哭流涕，最后当即跪倒在地，说自己愿意归投明军。为了展现诚意，他还当场呈上庆阳城的军民、马匹和装备登记册。

这张良臣绝对是"影帝"，这番操作下来，张焕信了。他回去后告诉徐达，说张良臣愿意归降，并将这事一五一十地汇报给徐达。或许是张良臣戏演得太好，又或许张良臣归降乃顺应时代潮流的明智之举，是最合情合理的选择，就连一向小心谨慎的徐达也忘记了朱元璋的嘱托，没有怀疑此事。

徐达同意了，于是派薛显前去受降。

受降那日，张良臣戏份很足，他率领城中众人全都出了庆阳城，全部低着头，匍匐在道路的右侧，模样十分卑微，迎接明军入城。

众位看官，你们可瞧清楚了，这可不是跪地迎接，而是匍匐迎接。戏都演到这分上了，这下别说薛显信了，如果你当时在场，估计你也信了。

当时，薛显深信不疑，于是率领骑兵全都入了城。入城之后，张良臣自然率领众人款待明军。明军上下全都信了，吃饱喝足之后，这才回营。

戏演了一天，鱼儿也已经上钩，是时候拉钩了！张良臣露出了狡黠的笑容！

当天夜里，张良臣露出了真面目，派兵偷袭明军军营。当时，明军来的全是骑兵，这骑兵的长处就是攻击力猛，善于突破敌人阵型，若是列阵防御还不如步兵。加上明军当时毫无防备，被打了个措手不及，全面溃败，张焕当场被擒。

薛显知道自己上当，于是大骂张良臣虚伪、不得好死，挥剑乱砍，夺路而逃。

"兔子急了也咬人"，这不要命的薛显急了，那还得了，吓得众人不敢近前捉拿，最后还真被薛显逃了，不过他也受了伤，挂了彩。

徐达得知后，对着众位将领说道："皇上英明，高瞻远瞩呀！他能在万里之外明察秋毫，今天发生的事情果然如皇上所料。张良臣降而复叛，乃是螳臂当车，自取灭亡罢了，我们应当同心协力，诛灭此贼！"

"同心协力，诛灭此贼！"众人异口同声地说道。

当即，徐达调派各路人马围攻庆阳城。冯胜、汤和、俞通源、傅友德等人得令后，哪敢怠慢，连忙交代了手头工作，亲自率领大军四面合围，直扑庆阳城。

"出来混总是要还的"，这个道理我相信张良臣也懂。

其实，张良臣敢降而复叛，心里早已做好了坚守的准备，那么到底是谁给了他坚守的勇气呢？

主要原因有两点：一是，庆阳城位于险要之地，是个易守难攻的好地方；二是，城中有"井泉"，不用担心水源问题，张良臣又在城中囤了不少粮草，就算围困三五个月，也没什么问题。他相信明军久攻不下，便会退了。

徐达率领明军到了庆阳城下，双方也不多话，直接开战。可是庆阳城城高墙厚，明军没讨到便宜，张良臣不免有些得意，于是出城攻击明军。当时，明军士气高涨，只是碍于城墙，才没讨到便宜，现在你出城攻击，自然不在话下。没有几个回合，张良臣就被明军杀败，只得回城死守。

张良臣有点不服气，一连试了几次，都是如此，最后学乖了，任凭明军如何叫阵，他就是坚守不出。如此一来，徐达也没办法，久攻不下，只得团团围困。

第五章　攻占上都

说到此处，徐达的西路军我们暂且按下不表，且先说一说常遇春的东路军。话说元顺帝被朱元璋赶到上都，却一直念念不忘大都昔日的繁华喧闹，日夜企盼着有朝一日能够反攻北平，王者归来。他见徐达率领明军主力长驱直入秦晋之地，北平空虚，是个难得的良机，于是命令丞相也速率领大军反扑北平，不久便抵达通州。

徐达得知后，镇定自若，命令常遇春与李文忠率领八万步兵、一万骑兵火速驰援北平。

元军可谓"在马背上长大"，善于骑射，骑兵十分强大，通常来说，是中原步兵的克星。他们的祖先曾经更是天下无敌，横扫欧亚大陆。不过历史上也有一些中原名将打得蒙古骑兵闻风丧胆，常遇春和戚继光无疑是最杰出的代表。

戚继光打蒙古骑兵靠的是"三件套"：车阵、火枪加骑兵。而常遇春的特长是"奇袭"，就是率领骑兵奔袭千里，骤然间如天兵下凡一般出现在敌人的面前，然后瞬间爆发，攻破对方阵型，大获全胜。

蒙古军一听常遇春来战，吓得不轻，完全不堪一击。史书上说，这一仗常遇春率军追奔千里，大获全胜。

把你赶到上都，你却乘我攻打秦晋，反攻北平，这下可把徐达给惹毛了。既然你不死心，那就把你赶得再远一些，让你彻底绝望吧！

常遇春率领大军，所向披靡，如砍瓜切菜一般，在锦州城大败江文清，又在全宁击败也速，拿下大兴州（今河北省承德市滦河镇一带），最后把开平（即上都，今内蒙古多伦县滦河源头金莲川）围住了。

真是"偷鸡不成蚀把米"，本想趁机拿回大都，这下倒好，别说大都拿不回来，眼下上都也不保了。元顺帝悔得肠子都青了，不过没有办法，只得连夜"搬家"，由于走得太过匆忙，上万将士、五万头牛、三千只羊来不及带走，全都送给了明军。

史料记载，此次开平战役，明军兵临城下，元顺帝早已成了瓮中之鳖，插翅难飞，不过徐达却偏偏围而留缺，结果元顺帝就从这个缺口连夜逃走。前面我们说过，攻占大都时，徐达就曾停军不前，让元顺帝趁机夜遁了。

常遇春真不愧为"大明第一猛将"，在不经意间创造了无与伦比的不朽战绩，连续攻克元朝两个首都（大都、上都），这样的战绩在明军中独一无二，必将被历史铭记！

然而，这次他明明可以活捉元顺帝，成就不世之功，名留青史，却又被徐达故意放走了。

常遇春终于愤怒了，于是前来当面质问徐达。

徐达看着气急败坏的常遇春，不慌不忙地说道："元顺帝虽然不过一介夷狄（古代对少数民族的蔑称），但不管怎么说也曾是我们的皇帝，还管理中原大地那么久，是个合法的统治者。如果真被我们逮住了，你让皇上如何处置呢？对于这个前任皇帝，是要封一块土地给他，还是要将他杀之而后快呢？我觉得嘛，两种选择都不好，还不如把他放了，别让我们的皇上为难。"

有道是"官大一级压死人"，常遇春闻言后，虽然心中不太认同徐达的做法，但是也不好再说什么。不过，他心中还是有些怨气，班师回朝后向朱元璋打了小报告，说是徐达故意放走了元顺帝。

朱元璋得知后，只是点点头，并没有怪罪徐达。

史书上是这样记载的：

> 大将军达之麾元帝于开平也，缺其围一角，使逸去。常开平怒亡大功。大将军言："是虽夷狄，然尝久帝天下。吾主上又何加焉？将裂地而封之乎，抑遂甘心也？既皆不可，则纵之固便。"开平且未然。及归报，上亦不罪。
>
> ——冯梦龙《智囊·上智部》

据说在北伐之前，关于如何处理元顺帝的问题，徐达曾经跟朱元璋有过密切的交流。有一次，朱元璋在汴梁的时候，徐达曾秘密向朱元璋请示：如果元顺帝逃跑，要不要乘胜追击，将其擒获？朱元璋回答说，只要将元顺帝赶到塞外就行了。

上述记载其实并不太可靠，理由很简单，常遇春在凯旋的路上就暴毙于军中了，怎么可能去朱元璋面前打小报告呢？

不过话说回来，在封建社会，虽然元朝是朱元璋率领群雄推翻的对象，但是对于元顺帝，无论是朱元璋还是徐达，都是把他当成"君"的，毕竟在当时的历史背景下，君臣观念还是很重的。

倘若元顺帝被擒获，朱元璋与他相见确实尴尬万分，杀也不是，不杀也不是。既然如此，倒不如不见。

其实在元朝政府那里，元顺帝被称为"元惠宗"。朱元璋命徐达等人多次北伐，元顺帝多次弃城而去，史书上说他是"知顺天命，退避而去"，因此朱元璋封他为"顺帝"，或许这才是最好的结局。

第六章　将星陨落

有道是"物极必反,乐极生悲",常遇春到达了人生的巅峰,不过"死神"正在慢慢向他靠近。洪武二年七月初七日(1369年8月9日),常遇春从上都凯旋途中,行至柳河川(今河北省赤城县),因暴病死于军中,年仅四十岁。也有人说常遇春这一生杀戮太多(他有杀降的习惯),遭到天谴。

朱元璋闻讯后,痛哭流涕,赐葬于钟山之下,并亲自出奠。

纵观常遇春的一生,他曾勇往直前,奋不顾身,力拔采石矶;也曾在鄱阳湖大战中,箭射张定边,勇救朱元璋,凭一己之力,力挽狂澜,扭转乾坤;在对元作战中,更是打得蒙古骑兵闻风丧胆。史书上记载,常遇春体貌奇伟,沉毅果敢,长臂善射,一生从未败北。他用行动证明了自己是真正的军事奇才,是真正的"大明第一先锋"。

他的生命就像灿烂的流星,虽然短暂,却是那样的光耀照人,他的军事才能和功绩也将永远为后人所传颂。

就是这样一个猛人,坊间传言,在他老婆面前却"俯首帖耳",言听计从。关于常遇春与家中"悍妇"的故事,野史中有记载,在民间也流传甚广。

传言说,常遇春一生南征北战,英勇无敌,却膝下无子(其实,历史上的常遇春有三个儿子,其中一个儿子叫作常茂,《大明英烈》等演义小说将他神化成幽默风趣的无敌神将)。朱元璋对常遇春十分器重，见他膝下无子，十分可怜，于是便将自己宫中两个貌美如花的宫女赐给了常遇春，希望他早日生下个一男半女，了却心愿。

据说，常遇春得了两个美貌女子，心中十分欣喜，却非常惧怕家中的"母夜叉"，不敢去动那两个宫女分毫，甚至连歪念也不敢有。那两个宫女倒也识趣，对常遇春家中的"母夜叉"也有所耳闻，所以一直对常遇春毕恭毕敬，只是照顾他的生活起居，从不敢越雷池半步。

一日早晨，常遇春一觉醒来，随即起床。两个宫女便端了面盆进来，伺候常遇春梳洗。

常遇春一边让两个宫女伺候着梳洗，一边仔细端详着两个宫女。他见其中一个宫女的双手皮肤十分白皙，晶莹剔透，有如白玉一般，不由得摸了一下，赞道："好白的双手，竟如白玉一般。"说完之后，便穿好朝服，匆匆上朝去了。

退朝后，常遇春回到府中，发现房中放有一个精美的盒子，打开一看，不由得大惊失色，原来盒子里装的是一双血淋淋的手，竟是自己早上夸赞的"好白的双手"。

虽说常遇春征战沙场，见惯了生死，但是这次却也被吓得不轻，竟然还落下心病，一连数日，总是精神恍惚，神不附体。

朱元璋是个心细之人，见早朝上常遇春无精打采、神不附体，有些纳闷，等退朝后，便单独召他询问所为何事。

常遇春连忙跪倒在地，将整件事情一五一十地说出来。

朱元璋听后，浅浅一笑，说道："将军莫要忧愁，且到我宫中喝上几杯小酒再说。"

常遇春闻言后，跟着朱元璋去了后宫喝酒，酒酣之时，侍者端上一大碗汤来。

朱元璋指着那汤，说道："将军，这道菜叫作'妒妇汤'，尝尝如何？"

常遇春没听懂什么意思，便尝了一口，没说什么话。

酒罢，常遇春便出了宫，准备打道回府，却在回府的路上，发现文武百官手里都拿着一个小小的包裹，不知何物。

常遇春十分纳闷，于是上前询问这包裹之中到底是何物。一问之下这才知道，原来皇上今儿个不知道为什么，突然给朝中大臣每人分了一块肉。

常遇春问完，也未曾多想，直接回府了。到了府中，发现妻子并未在房中，于是他大声呼喊，却没人答应。常遇春寻遍了整个府邸，却没有她的踪影。

那么常遇春的妻子为何会莫名其妙地失踪了呢？

原来，刚才朱元璋请常遇春在宫中喝酒之时，悄悄地派人将常遇春的妻子杀了，还将她大卸八块，分给朝中众臣，常遇春当时喝的那碗"妒妇汤"其实就是用他老婆的人肉所炖之汤。

常遇春得知此事之后，吓得脸色惨白，还得了怪病，久治不愈。

上面这个故事记载于野史《龙兴慈记》中，并不靠谱。在真实的历史中，常遇春的妻子乃是蓝玉的亲姐姐，蓝玉是常遇春的妻弟。洪武二十六年（1393），凉国公蓝玉以"谋反罪"下狱，受剥皮楦草之刑，还被灭了三族，前前后后一共株连了约一万五千人。如果那个时候常遇春的妻子尚在人间的话，或许真有可能被朱元璋所杀。

第七章　自食恶果

常遇春死后，朱元璋面临着一个问题：这个职位由谁继任？

徐达一直是明军的元帅，军中地位最高；而常遇春往往是副元帅或先锋，军中地位仅次于徐达，这是毋庸置疑的。如果继任者资历不够，众人不服，这队伍怕是不好带了；如果继任者资历够老，但是指挥作战能力不够，这支虎狼之师就会失去昔日的光辉，不再耀眼。那么到底由谁来接替这个位置呢？

朱元璋思前想后，最后举贤不避亲，让自己的亲外甥李文忠接替常遇春，统领这支王牌部队。李文忠乃是朱元璋的外甥，当时年纪不大，才三十一岁，不过此人善使长枪，武艺超群，每次带领骑兵冲锋陷阵，必定身先士卒，在军中威信极高，是再合适不过的人选了。

我们再把目光转向徐达的西路军。话说徐达率领西路军团团围困庆阳城（今甘肃省庆阳市），虽说一时之间攻占不下，但是庆阳城情势危急，破城是必然的，只是时间问题。虽然扩廓帖木儿和张良弼兄弟是死对头，但是唇亡齿寒的道理他还是懂的。一旦庆阳城破了，张良臣被杀，那么明军下一个要对付的就是他。

国难当头，扩廓帖木儿做了一个重要决定，即摒弃个人恩怨，与张良弼兄弟一起对付明军。

扩廓帖木儿令贺宗哲、韩扎儿等人率领大军，火速增援庆阳城。为了进一步缓解庆阳压力，他又令孔兴、脱列伯率领部队围攻大同，想办法牵制住一部分明军。

一顿操作猛如虎！

扩廓帖木儿还是很清醒的，自太原一战，铁骑元气大伤，现在经过休整，虽说恢复了一些，但是想要正面跟明军骑兵硬碰硬，自然还是不行。不过此人是个军事天才，吸取太原之战的教训，采取了灵活多变的游击战术，一方面尽量避免铁骑与明军正面冲杀，另一方面派轻骑兵不断去袭扰明军。他深得游击战术的精髓，明军哪里比较空虚，他就派轻骑兵去攻打哪里；明军派兵援救，他转身就跑，哪怕是已经占领的城池他也不要。

当时，扩廓帖木儿运用避实击虚的策略，命令韩扎儿出其不意地进攻庆阳城西面的原州。这韩扎儿曾在韩店战胜过明军，绝非善茬儿，驻扎在原州的明军将领陈寿率部英勇迎敌，不幸战死，原州沦陷。

韩扎儿来势汹汹，直逼庆阳城，情势十分危急。

徐达立即召开临时军事会议，商讨对策。当时，在庆阳城和原州之间有个驿马关，只要扼住此关，来援的元兵就毫无作为。众人意见一致，必须固守驿马关。

若是常遇春在，率领一队骑兵，弹指间便可破了韩扎儿的大军，解了驿马关之围。可是当时常遇春还在东路军，那么应派谁去守这驿马关呢？

徐达环视了一下四周，问道："你们谁愿意率兵前去固守驿马关？"

"末将愿往！"有个人挺身而出，主动请缨，要求率领部队增援驿马关。

徐达抬头一看，原来是冯胜。此人久经沙场，经验丰富，是个合适的人选，于是徐达就同意了。

为了保险起见，徐达还四处分兵防御，密切关注扩廓帖木儿的动向，阻击一切来援之敌。如此一来，庆阳城的压力减轻不少，张良臣好不容易松了一口气，战局进一步延长。

冯胜率领部队来到驿马关。韩扎儿不傻，知道就凭手上这点人想要拿下驿马关，打通前往庆阳城之路，那是痴人说梦。于是他改变策略，趁夜南下，掉头去打泾州（今甘肃省泾川县），结果当天夜里泾州就被韩扎儿攻破了。

有道是"屋漏更遭连夜雨，船迟又遇打头风"，这下冯胜坐不住了，当机立断率领大军直扑韩扎儿。韩扎儿见势不妙，连忙"脚底抹油"，又开溜了。

冯胜先后收复原州和泾州，却不敢继续追赶韩扎儿，怕中了他的调虎离山之计。要是把驿马关搞丢了，那麻烦就大了。

前脚赶跑了韩扎儿，后脚贺宗哲又来了。元军这游击战术玩得得心应手，专攻明军的薄弱之处，你若分兵来援救，他转身就跑，又去攻击你其他薄弱的地方。当时，贺宗哲也率领轻骑兵，长途袭扰防守薄弱的凤翔，企图迫使徐达分兵支援，减轻庆阳城的压力。

徐达可不傻，看他又用老套路，不想被敌人牵着鼻子走，这次坚决不分兵回援了。他一方面给凤翔守将下了死命令，让他们死守到底；另一方面加紧对庆阳城的攻势，力争在元军拿下凤翔之前攻下庆州城。

双方都在打攻坚战，都在与时间赛跑，谁要是先攻克对方城池，谁就占据了战略主动权，仗打到这分上，可真算激烈了。

徐达和扩廓帖木儿都是当世名将，彼此之间也很了解，好比"针尖对麦芒"，一时之间难分胜负。

当时的战况就好比天平的两端，稳稳当当，不偏不倚。不过，有时候战场上的些许变化就会打破这种平衡，起到意想不到的效果，这场战斗就是如此。

在这千钧一发之际，明军来了一个人，起到了非常关键的作用，这个人就是接替常遇春的李文忠。

当时，李文忠正在东路打扫残军，朱元璋见西路军打得如火如荼，觉得李文忠这把"牛刀"打扫东路残军太可惜了，于是命令李文忠率军支援西路军，一起攻打庆阳城。

可是没想到，李文忠人还没到庆阳城，却听到元军围攻大同的消息。李文忠当时得到的命令是帮助徐达攻打庆阳城，现在却听到大同危急，救还是不救呢？

当然，稳妥的做法是先跟皇帝打个报告，说路遇大同危急，请示一下到底是先救大同呢，还是直扑庆阳城呢？

不过，战场瞬息万变，古代通信如此落后，若是行军打仗靠打报告的话，"黄花菜都凉了"，可能报告还没送到南京城，大同已经沦陷了。

李文忠真是艺高人胆大，当即对身边人说道："我们奉命而来，如果有利于国家的军务，我们可以自己决定。而今大同情况紧急，我们可以顺路前去救援。"于是他当机立断，率领军队解了大同之围。

刚开始，扩廓帖木儿派人四方援救，徐达分兵四方阻挡，庆阳城的压力减轻不少，张良臣松了一口气，决定坚守到底，以待援兵。可是打到现在，四方援兵一个也没到，眼下这庆阳城就是座孤城，而且明军攻势一天比一天猛，张良臣感觉不妙，知道再这样死守待援，肯定是死路一条。

于是，张良臣的心态发生了变化，决定突围。他先是组织精兵强将从城东突围，结果被顾时打败，只得退回城中；又组织人马从西门突围，结果又被冯胜打败，还损兵折将；最后走投无路，登上城楼，呐喊投降。

上次张良臣诈降，明军吃过一次亏，这次他是真心投降，结果没人敢信了，徐达也不答应，继续猛攻庆阳城。

当时庆阳城中弹尽粮绝，到了吃战马，甚至吃人肉的境地。张良臣有个部将叫作姚晖，知道再这样顽抗下去毫无意义，于是开门迎接明军入城。张良臣父子知道自己不会有好结果，于是投井寻死，却被明军所救，最后斩首示众。

庆阳之战的胜利，标志着徐达彻底平定陕西。这场战役也是明军北伐后少有的恶战，明军上下终于全都松了一口气，准备凯旋回京，好好休整一番。不过没过多久，又出事了。

扩廓帖木儿是个军事天才，在敌强我弱的情况下，这游击战术玩上瘾了。明军刚走，他也不出击，等到明军刚刚回到南京城，他就率领部队围了兰州城，时间把握得非常好。

当时兰州城的守将叫作张温，一个被低估了的将领。日暮时分，他带领手下众将登上城头一看，只见元兵黑压压的一片，有种"黑云压城城欲摧"的感觉。

众将吓了一跳，纷纷表态据城固守，以待援兵，然后再想退敌之策。

没想到，张温却说："打开城门，出门迎敌。"

众将闻言后，无不瞠目结舌，还以为张温今天脑子坏了。就这点兵力，还主动出城迎敌，这不是自寻死路吗？

张温见众人疑惑不解的样子，缓缓地说道："对方远道而来，不知我们虚实如何，现在日暮时分，正好趁机发起进攻，必定能挫败他们的锐气。倘若他们不退，我们到时候再回城固守也不迟啊！"

> 温曰："彼远来，未知我虚实，乘暮击之，可挫其锐。倘彼不退，固守未为晚也。"于是整兵出战，元兵少却。
>
> ——《明史》

第七章 自食恶果

031

从这番话中，不难发现张温是位有勇有谋的将领，只可惜关于他的记载不多，他是一个绝对被低估了实力的将领。

张温还真不按套路出牌，说完便打开城门，整兵出战，还真把扩廓帖木儿唬住了。

若是胆小之人，怕是早就献城投降了，你张温再牛，也该坚守待援吧，怎么还敢出城迎战？到底是哪里来的底气？难不成有什么圈套？

打仗这件事，胆小的怕胆大的，胆大的怕不要命的。元兵虽说人数众多，但是全都蒙了；明军虽然人少，但是个个拼命。奇怪的一幕出现了，数万元兵竟然不敌数千明军，向后退却了。

元兵退却并非因为实力不敌明军，而是被张温搞蒙了，若是回过神来，真要拼命，几千明军哪里抵挡得住？

张温这家伙有勇有谋，而且头脑十分清醒，知道时间一久，难免被元兵瞧出蹊跷，是时候见好就收了。

他见元军向后退却，便双手一招，收队回营了。

老子玩了一辈子鹰，最后被鹰啄瞎了眼睛！扩廓帖木儿发觉上当了，气急败坏，命令手下进攻，并不停辱骂。不过，张温这家伙可不吃他这一套，任凭元兵如何，就是坚守不出，拼命抵挡，等待援军。

骑兵的长处是冲击力强，瞬间可以冲垮敌人阵型，适合平原作战，但是攻城并没有优势。扩廓帖木儿率领数万骑兵打不下一个兰州城，却也不走，而且也不心急，似乎在等待着什么。

兰州城被围的消息传开了，当时明朝指挥使于光得到消息，立即率领部队前来营救。

可是当他风尘仆仆地从巩昌赶到兰州附近的马兰滩时，发现周围全是元军，这才明白自己中了埋伏。

原来扩廓帖木儿用的是围点打援之计，一边攻打兰州城，一边暗中埋伏骑兵，准备吃掉来援明军。

于光等人个个英雄，虽然身陷埋伏，却奋战不息，最后全军覆没，只剩于光一人，被绑到扩廓帖木儿跟前。

扩廓帖木儿可舍不得杀他，眼珠子一转，计上心头，打算用他来瓦解兰州守军的士气，从而撬开兰州城大门。

于光被绑到兰州城下，元兵拿刀架在他脖子上，两眼一瞪，恶狠狠地说道："小子，你想活命的话，就乖乖听话，你冲张温喊话，让他立马献城投降。"

没想到于光却毫不畏惧，十分冷静，侧目瞧了瞧元兵。

"你若不喊，老子一刀结果了你。"说完，那元兵一抖长刀，装出一副要砍杀的样子。

于光回过头来，润了润喉咙，缓缓地朝前走了几步。

"算你识相。"那元兵愤愤道。

于光来到城下，朝着城头守军高声大喊："诸位，我不幸被捉，望你等继续坚守，徐总兵率领大军马上就到了。"

元兵没想到这人竟然连死也不怕，敢跟他们作对，当即恼羞成怒，上前砍掉了他的双手和头颅，于光就这样被害了。

于光和洪都城下喊话的张子明一样，乃是忠勇之人，令人敬佩！后来，朱元璋感念他的忠勇，特地赐他金头银手，凑成全躯。

于光城下被害，更加激怒了兰州城守军，他们又听到援军就要到了，顿时士气高涨，同仇敌忾，发誓与兰州城共存亡。

这时，兰州城被围、于光所部全军覆没的消息传至南京城，朝廷上下震惊无比。当时还在正月里，全国上下都在欢度新春佳节，不过朱元璋坐不住了，决定派兵北伐。

他立即召集手下诸将召开军事会议，商讨此次北伐的作战方案。

朱元璋环视了一圈，说道："元主一直盘踞塞外，今日扩廓帖木儿又率兵进犯我大明边境兰州，他们只不过是争夺蝇头小利，苟延残喘罢了。倘若我们此次出兵，应该先讨伐谁呢？"

诸将发言踊跃，都说："扩廓帖木儿之所以兵犯边关，还不是因为元主还在位的缘故。如果我们发兵直捣北元，擒住元主，让他没了效忠之人，不就可以不战而降了吗？"

诸将认为，上都被破之后，元主逃到了应昌（今内蒙古自治区赤峰市克什克腾旗西北部达里湖西岸），纷纷建议直接率领大军直扑应昌，逼迫扩廓帖木儿从兰州撤兵，回救应昌，如此一来，兰州之围就解了。

"围魏救赵"确实是个高招，与会将领也知道扩廓帖木儿是个难缠的主儿，不太情愿与之交锋，纷纷点头赞同。

这次会议，大家思想如此统一，按理说朱元璋也没什么好考虑的，按照这个方案部署便是，可是他却一直默不作声，不以为然。

朱元璋认为，扩廓帖木儿已经率领大军进犯兰州，倘若明军舍弃他，反而去应昌攻打元主，那是舍近求远，不分轻重缓急。

最后，他力排众议，否决了这个方案，命令明军兵分东西两路，双管齐下。一路由大将军徐达亲自率领，从潼关出发，去解兰州之围，想办法找机会歼灭扩廓帖木儿的有生力量；另一路由李文忠率领，从居庸关出发，直捣应昌，继续"帮元主搬家"。

朱元璋的军事才能确实厉害，这招双管齐下让元主和扩廓帖木儿顾此失彼，不能遥相呼应、相互救援，同时元主远居沙漠，没想到明军会深入沙漠，被打了个措手不及。

有句话叫作"兵马未动，粮草先行"，说的是古代打仗出征时，有押粮官押送粮草，给作战部队提供补给。这蒙古军擅长骑射游猎，打仗可就不同了。他们通常骑一匹马，带一匹马，后面还跟着羊群；若是马困了，就换一匹，肚子饿了就杀羊吃，实在不行则就近抢掠。扩廓帖木儿久攻兰州城不下，就纵容手下士兵四处抢掠，边境百姓可就惨了。

洪武三年（1370）四月，徐达率领十万大军到了安定。扩廓帖木儿深通兵法，见十万明军来援，而且士气正盛，于是避其锋芒，下令不得主动与明军交战，先是采取防御策略，后又撤退。

徐达一年到头南征北战，好不容易回趟南京城，陪陪老婆孩子，欢度春节，你倒挺会折腾，害得徐达又领兵北伐。现在徐达来了，你又开溜，我可告诉你，没那么容易。徐达率兵攻击前进，一直追到了沈儿峪（今甘肃省定西市安定区鲁家沟镇的关川河峡谷一带）。

扩廓帖木儿见徐达这次来真的，明军一直"阴魂不散"地跟在后面，心里头直骂娘，心想，反正"躲得过初一，躲不过十五"，迟早大战一场，不如就地干他一架。扩廓帖木儿打定主意后，命令部队严阵以待，就等明军主动发起进攻，大战一回了。

可是没想到明军也不着急动手，摆下阵势，严阵以待，却不发动进攻，双方就这样耗着。看来双方是老对手，都知道对方是难缠的主儿，谁也不敢轻举妄动。没过多久，明军竟然就地安营扎寨了，这下可把扩廓帖木儿整蒙了！

徐达这葫芦里卖的是什么药啊？千里迢迢率领十万大军追我到此处，打也不打，走也不走，还安营扎寨起来？

饶是扩廓帖木儿聪明绝顶，也看不出徐达到底在搞什么把戏，于是连忙派出小股部队前去试探骚扰，可是很快就被明军打退了，也没探出什么情况。

徐达部队安营扎寨之后，丝毫没有进攻的意思，而是将士兵分成三班倒，白天在城下摇旗呐喊，叫战对骂。

扩廓帖木儿，你们要是有种的话，就打开城门，决一死战！

明军只是"打嘴炮",却不进攻,要是喊累了,喝口水,休息会儿,等下接着叫骂;有时手脚痒了,想活动一下筋骨,就派出小股部队袭扰一番,搞得元军不胜其烦。

一到晚上就更离谱了,明营像是开庆祝晚会一般,全都敲锣打鼓,唱歌跳舞,一刻也不得安宁。一连数日,搞得元兵坐立不安,彻夜难眠,难受至极。

再这样下去,仗也别打了,部队全垮了!

扩廓帖木儿见势不妙,心生一计,找了个当地人做向导,率领一千精兵从侧翼小路对明军发起了突然袭击。当时,明军首领胡德济一见元兵,惊慌失措,转身就跑。

有道是"将是兵的胆,兵是将的威",你主将都跑了,士兵哪敢抵挡,纷纷四下逃散,顿时大乱。

大兵团作战,自乱阵脚是最可怕的,不用敌军进攻,就会自相踩踏,溃不成军。

徐达之所以为名将,确实有其过硬的胆色和素质,有着应对突发事件的超强能力。他见东南角骚动,便知必是元兵偷袭,而且判定是小股部队。他当即拔剑高呼,朝东南方直奔而去。

眼看东南方就要溃不成军了,就在这千钧一发之际,徐达率兵赶到现场,持剑高喊:"大家莫慌,保持阵型,击溃元兵!"溃逃的士兵一看徐达来了,顿时士气大振,纷纷停了脚步,转身拔剑与元兵拼命。徐达在旁拔剑督战,没过多久便稳住局势,将元兵击溃,成功化解了此次危机。

就这样,锣鼓喧天地闹了数日,搞得元兵心烦意乱,一个个疲惫不堪,想死的心都有了。

可是数日之后,怪事来了。到了晚上,明军突然偃旗息鼓,毫无动静。

"事出反常必有妖!"这夜静得出奇,元兵知道今夜反常,必定不妙，虽然疲惫不堪，但是一个个不敢大意，眼睛瞪得比铜铃还大，生怕一闭上眼睛，明军便会冲杀进来！

可是奇了怪了，一整夜静悄悄的，别说偷袭，连个明军的人影也没见到！

第二天晚上，明军又偃旗息鼓，静悄悄的。元兵又不敢大意，整夜没合眼，生怕明军趁机偷袭，可是发现又错了。

一连数日都是如此，害得元兵几日没合眼，实在抵受不住，没过多久一个个便昏睡不醒。

徐达知道时机成熟了，建功立业在此一举，立即召集部队，给马儿卸了铃铛，给马脚裹上棉布，朝元兵杀去。

当时，许多元兵还在梦乡，便做了刀下之鬼。有些元兵睡眼蒙眬，却见天降明军，一个个"凶神恶煞"一般，哪敢抵挡，纷纷逃散。

这一战下来，元兵被杀得哭爹喊娘，全军覆没，连严奉先、韩扎儿等人也被生擒。史书上记载，元朝官吏1865人被俘，元兵死了84,500多人，太可怕了。不过扩廓帖木儿还是厉害的，竟然逃走了，还是带着老婆孩子一起逃走的，令人不得不服。

"老婆孩子热炕头"，一个也不能少！

有意思的是，扩廓帖木儿跑到黄河边上，前有滚滚黄河水挡住去路，后有明朝追兵，蒙古军不会游泳，眼看就要被擒了。不过这家伙聪明，不知在哪里找了根木头，一家老小就趴在这木头上漂过了黄河。

> 战于沈儿峪，大败，尽亡其众，独与妻子数人北走，至黄河，得流木以渡，遂奔和林。
>
> ——《明史》

扩廓帖木儿上岸后，望着对岸的十万大军，又看了看老婆孩子，悲痛欲绝，泣不成声，不过他相信自己肯定会东山再起。

徐达，你等着，我会回来的！

徐达暂且按下不表，我们来聊聊乐于助人的"好青年"李文忠，看他是如何"帮元主搬家"的。话说李文忠率领大军北伐，一路上势如破竹，如入无人之境，擒获竹真，赶跑沙不丁，到达了元顺帝的老巢应昌。

当时，元顺帝因痢疾刚死不久，终年五十一岁，元兵上下沉浸在悲痛之中，哪有心思抵挡。元顺帝的孙子买的里八剌及后妃、宫女、王公大臣等五万多人全部被擒，只有元顺帝的儿子爱猷识里达腊（买的里八剌的父亲）继位后北逃，史称元昭宗。

失魂落魄的元昭宗逃到和林，碰到了灰头土脸的扩廓帖木儿。有道是"老乡见老乡，两眼泪汪汪"，君臣二人竟在这样的境地下见面，不禁抱头痛哭，发誓一定要报仇雪恨。

正当北伐军节节胜利之时，江南出现大旱，庄稼都死了，百姓叫苦不迭。一般来说，古代百姓遇到这种情况，都会拿出猪羊等供品，祭拜龙王与河神，祈求早日降雨。朱元璋见百姓受苦，心里头不是滋味，于是决定斋戒，希望以此感动上苍，求天赐甘露。他还命令后宫嫔妃全部亲自下厨做饭，皇太子、诸王也一律必须在斋所吃饭，不得在外面花天酒地，谁要是触犯了斋戒的禁令，一定严惩不贷。

按理说，皇帝亲自带头斋戒已属不易，也算诚心了，但是朱元璋觉得不够，还要亲自祷告上苍。

洪武三年（1370）六月初一日，朱元璋穿着草履，一身素服，带着文武百官，一路步行到山川坛，亲自祈求上苍，希望早日降雨。祷告结束后，他也不着急回宫，竟然就在原地露宿，一住就是三天，回来后又继续吃斋。可惜上苍似乎并不买朱元璋的账，就是不降一滴雨。

朱元璋一看情况不妙，认为自己诚意不够，没能感动上苍，于是继续加码，以表诚意。六月初四日，他又下令犒赏全军将士，大赦天下，释放了许多囚犯，还命有关部门四处寻访精通经术、懂得治国之道的人才，问他们该如何是好。

皇帝一口气做了这么多事，老天爷似乎还真被他的真诚感动了。史书上记载，六月初五日，大雨滂沱，百姓无不喜出望外。这老天爷也真是有意思，要么不下雨，要么就一次下个够。

又过了十日，李文忠进宫向朱元璋报捷，还押着买的里八剌等俘虏到了京师。当时，文武百官纷纷请求皇帝举行献俘礼。

所谓献俘礼，就是重大战争结束后，大军凯旋回朝之时，先在太庙祭拜祖宗，然后在午门向皇帝敬献战俘，借以彰显国威。

不过，朱元璋却不以为然，问道："周武王讨伐殷商的时候用过这种方式吗？"

朱元璋这样问，很显然是不赞成这献俘礼。不过，当时有个中书省的官员情商不高，不太会揣摩圣意，反驳说唐太宗李世民曾经举行过这种礼仪。

朱元璋一听，心里头不爽。

他看了看那个官员，说道："唐太宗用过这种礼仪，只是对待王世充罢了。倘若他遇到隋朝子孙，恐怕不会这样吧。"

那个官员无言以对，最后献俘礼取消。

朱元璋看完李文忠的捷报，觉得里面有太多轻浮夸大之词，心中不悦，于是对宰相说："元朝统治中国百年，我和你们的父母都赖其生养，你们为何要用如此轻浮刻薄之言？快点改掉吧。"最后，朱元璋封买的里八剌为崇礼侯。

自古以来，多少英雄豪杰取得一时成功而得意忘形，最后身败名裂。当时，朱元璋已然登基称帝，却还能如此谦虚谨慎，善待俘虏，确实令人称道，也值得后人学习。

第八章　征南伐蜀

朱元璋命令徐达领兵北伐的同时，也派了汤和、廖永忠南下征讨福建的陈友定。

陈友定，字国安，福清人，本是穷困农民，十分豪气，乡里人对他十分畏服。史书上记载：

（陈友定）为人沉勇，喜游侠，乡里皆畏服。

——《明史》

元朝末年，朝廷腐朽，是个群雄并起的年代。陈友谅和朱元璋是一样的，他们都信奉"明王转世"，以推翻暴元、拯救百姓于水火为目标；张士诚胸无大志，一心只想做个独霸一方的割据势力而已；方国珍是个鼠目寸光、反复无常的小人，一会儿向元朝称臣，一会儿背叛元朝，"有奶便是娘"，毫无立场可言。而这陈友定则完全不同，虽说此人也起于元末乱世，但是却跟朱元璋、陈友谅、张士诚、方国珍等人截然不同，他并非造反起家，而是为了"平贼"应征为元朝官员，死心塌地为元朝政府南征北战，平定四方贼寇。

元末，群雄纷纷揭竿而起，元朝政府哪里顾得过来，因此时常招募义兵，依靠他们去镇压农民起义。当然，这些人虽然打着义兵的幌子，口头上说自己帮元朝政府镇压农民起义，跟元朝政府要官要爵位，其实出工不出力，而且还时常反叛元朝，方国珍就是最为典型的一个。不过，陈友定算是个例外，他是极少数死心塌地为元朝政府卖命的忠心奴仆。

他靠着平定农民起义的功劳扶摇直上，做到了行省参知政事，后来分设福建分省时，还当上了平章，成为行省最高长官。

至正二十五年（1365），朱元璋平定婺州后，与陈友定相邻，二人便成了邻居。

老话说得好："远亲不如近邻。"不过，他们可不是这样想的。当时，陈友定派大军攻打处州（今浙江省丽水市），结果被朱元璋部将胡深击退，连部将张子玉也被俘虏了。

老子没有冒犯你，你却敢主动攻打老子，我要是不好好收拾你一顿，你"不知道马王爷有三只眼"！胡深决定好好教训陈友定一顿，让他长长记性，于是与朱亮祖兵合一处，继续进攻陈友定。而陈友定有个部将叫作阮德柔，率军悄悄地绕到明军的后方，切断了他们的归路。

领兵进攻时，要是被切断后路，断了补给，这是最可怕的。胡深自然知道这个道理，可是察觉的时候已经晚了，只得奋勇杀敌，希望突出重围，不过没有成功，被陈友定擒杀了。

你俘虏我猛将，我杀你爱将，这下两人冤仇可就结得深了。当时，朱元璋正与张士诚打得不可开交，顾不上陈友定，不过"出来混总是要还的"，等到朱元璋平定张士诚和方国珍后，决定找陈友定好好算算这笔老账。

孤胆英雄陈友定

至正二十七年（1367），朱元璋派了三路大军前去讨伐陈友定。第一路由胡廷美与何文辉率领，从江西出发，直逼杉关（今福建省光泽县止马镇杉关岭）；第二路由汤和与廖永忠率领，从海路进攻福州；第三路由李文忠率领，从浦城（今福建省浦城县）出发，攻取建宁（今福建省建宁县）。同时，朱元璋还派了一名使者前去招降陈友定。

陈友定听闻朱元璋派了使者前来招降，于是大摆酒宴，宴请手下诸将及宾客。在宴会之中，没想到陈友定当众下令砍杀朱元璋所派的使者，并将他的血沥入酒坛，然后分与众人同饮。他端起酒碗，朗声说道："众位将士，现在大敌当前，我可把丑话说在前头。我们一直深受元朝厚恩，如果谁不能以死拒敌的话，那么将受磔刑，并杀他妻儿。"说完一饮而尽，并将酒碗摔于地上，砸了个粉碎。

陈友定随即布防，修筑工事，环城而垒。每五十步，筑成一台，严阵以待。可是这没什么用处，没过多久，杉关便失陷了。陈友定又将部队一分为二，一部分驻守福州，一部分防守延平，互为掎角，相互支援配合。

不过大势已去，汤和与廖永忠等人率领水师杀到福州五虎门时，守将不敌，纷纷逃散。金院柏帖木儿见回天乏术，便在楼下堆积柴火，杀死妻妾及两个女儿之后，放火自焚而死。

在汤和率军进攻延平时，陈友定手下诸将纷纷请求出战，可是陈友定坚决不同意，一直固守不出。手下将领不愿意当"缩头乌龟"，群情激昂，不断有人主动请战。

明明不敌，部将却主动请战迎敌，这是为何？

陈友定多疑，认为部将想要趁机叛变，于是将他们处死。城内士兵见状，无不害怕心寒，斗志全无，于是纷纷出城投降。

说来也巧，当时不知怎的，恰巧军器局发生火灾，引发炮声，城内顿时一片混乱。城外明军见城内骚动，知道必是城内发生巨变，于是趁机发动攻击。

陈友定见大势已去，与手下众人挥泪诀别，说道："如今大势已去，我只有以死报国，以谢皇恩，还请诸君继续努力。"说完，便缓缓地退入内堂，整理好衣冠，面向北面缓缓跪倒，两拜之后吞药自杀了。

手下将士见陈友定自杀后，争相打开城门，迎接明军。

明军入城后，却发现陈友定并未断气，便将他抬出。恰巧当时雷声隆隆，天降大雨，陈友定又苏醒了过来。明军见陈友定没死，便给他戴上枷锁，送往应天，请朱元璋亲自定夺。

朱元璋见到陈友定，当面指责他。陈友定却不害怕，厉声说道："国破家亡，要杀就杀，不必多言。"

朱元璋大怒，于是下令将陈友定及其子陈海一起处死。

元末，像陈友定这样对元朝如此忠心之人确实极少，因此他与扩廓帖木儿、迭里弥实三人并称"闽三忠"。

当时，元朝早已穷途末路，陈友定一来可以自立为王，二来可以投靠朱元璋，这两种结局都会比他选择当元朝忠臣好上许多。可是他并没有这样做，而是固执地选择了做元朝的一位孤胆忠臣，也正是这种精神，才令后世钦佩。

木牌传信

在平定福建陈友定之后，除去北元残余势力之外，还有两股势力：一股是云南一带的梁王，这个我们暂且按下不表，后面会详细道来；还有一股是西蜀明玉珍父子的夏国，下面我们来说一说这西蜀明玉珍父子。

明玉珍，湖广随州（今湖北省随州市）人，生于元末，论年纪，比朱元璋要小一岁，不过出身比朱元璋强过不少，乃是个地主。根据史书记载，此人长有异相，其中一只眼睛是"重瞳子"。所谓"重瞳子"就是眼睛里有双瞳，说白了就是一种先天性畸形。但是在古代可不得了，古人认为这是一种吉相，日后必定飞黄腾达，不是登基称帝，就是出将入相，例如舜、项羽、黄巢都是"重瞳子"。

明玉珍身材魁梧，足有八尺余，而且从小胸怀大志，瞧不上种田务农这等小事。从这里，我们可以隐约感觉到他的身上有当年项羽的影子。元朝末年，战乱四起，明玉珍组织了乡里的青壮年上千人，屯守自保，后来率领这上千人归附了徐寿辉。他被任命为征虏大元帅。

有一次，明玉珍率领几十艘船在四川江面上运送粮草，有人前来说重庆城内空虚，让明玉珍引兵攻取。明玉珍一时拿不定主意，后来在部下的劝说下，令一部分人护送粮草回去，自己则率领剩下的人去攻打重庆城，碰碰运气。结果，重庆城果然十分空虚，被他轻而易举地拿了下来。

徐寿辉得知后大喜，任命明玉珍为陇蜀行省右丞。明玉珍势如破竹，不久又攻下四川，其他各地纷纷归附。这时发生了大事，陈友谅诛杀了徐寿辉，并自立为王，还兵犯朱元璋，结果在龙湾（今南京市下关宝塔桥一带）被朱元璋设伏打败。明玉珍说陈友谅弑主篡位，大逆不道，应当讨伐，与陈友谅彻底决裂，后来在刘桢等人的拥立下，登基称帝，国号大夏。

当时，朱元璋和陈友谅、张士诚等人打得不可开交，谁也顾不上明玉珍这大夏国。再加上四川地形易守难攻，是个天险，大夏国还真像一个独立王国。明玉珍享受了几年的皇帝生活，就病逝了，传位给年仅十一岁的明昇。

有道是"主少国疑"，夏国百官相互争斗残杀，国力衰退，一日不如一日。当时，明昇见明军攻克大都，推翻了元朝统治，声势浩大，锐不可当；听说朱元璋要造宫殿，于是主动派人送上木料和土特产，讨好朱元璋。可是朱元璋让他投降，他却又不肯。

朱元璋算是看明白了，这明昇只是愿意给明朝当附属国，想要继续保持独立。

现在情况完全不同了，朱元璋经过南征北战，中原之地尽入明朝版图。明昇还做着他的独立王国皇帝的春秋大梦，朱元璋能答应吗？

洪武四年（1371），朱元璋决定派兵伐蜀，于是派出了水陆两路大军：一路是水军，沿长江而上，攻打三峡，由中山侯汤和、江夏侯周德兴、德庆侯廖永忠等人率领；还有一路是陆路步骑兵，攻打河南、陕西，直逼成都，由颍川侯傅友德率领。

每次派兵出征，朱元璋都要亲自部署，此次攻打夏国，也不例外。出征前，他还特地跟傅友德等人交代了一番。

朱元璋说，蜀地地势险要，精锐之师必定布置东边和北边，也就是在三峡、金牛一带；此次出兵伐蜀，决不能强攻，不然将损伤惨重；兵法上说"兵贵神速"，要出其不意，攻其不备，迅速攻打阶州（今甘肃省陇南市武都区）和文州（今甘肃省陇南市文县）；至于能不能顺利拿下阶、文二州，就看你们够不够神勇了。

傅友德闻言后，拍拍胸膛，当场保证一定会舍生忘死、杀敌报国，这才率领部队出征。

傅友德按照朱元璋事前布置的战略，率领手下，奋力攻打阶、文二州。两地果然如朱元璋所料的一样，防守空虚，禁不起明军的猛攻，四下逃散。傅友德趁势率领大军直抵汉江江畔。

这时，汤和大军正与夏军激战于三峡。五月大雨不绝，江水暴溢，傅友德决定渡过汉江，与汤和协同作战，于是命人打造战船。

傅友德想要通知汤和，一起协同作战，可是当时江水险阻，又没有手机等现代通信工具，想要把消息传递出去又谈何容易呢？

这时，有人想到了一个好办法：我们只要做些木牌，然后在木牌上刻上消息，再将这些木牌扔到江里，让其顺江而下，那么肯定有一些木牌会被明军捡走。

傅友德闻言后，觉得是个好办法，于是采纳了。他一面向朱元璋报捷，一面令人做了上千个木牌，写着攻克阶、文二州的消息，丢到江中。

如此一来，不仅明军得知了傅友德攻克阶、文二州的消息，就连夏国守军也得到了这个消息，搞得夏军人心惶惶、军心动摇。

汤和得到江中的木牌后，士气大振，于是命人将一些小船暗中抬到江的上游，然后分兵两路攻打，一路从陆路攻打寨门，一路乘上游的小舟冲将下来，两路夹击，攻破三峡，直抵重庆。

当时，明昇不过是个十多岁的孩子，早就吓得不知所措了，最后在母亲的劝说下，把自个儿绑了，嘴里还叼着碧玉，主动到军门前请降，夏国就这样灭亡了。

第二次北伐

灭了夏国之后，朱元璋还没来得及高兴，北边又告警了。

前面说过，朱元璋第一次北伐势如破竹，大获全胜，令北元闻风丧胆。可是经过一段时间休养生息之后，到了洪武四年（1371）年末，北元又开始猖獗，不断南下抢掠大明。朱元璋十分恼怒，于是召集群臣商议对策。

当时，朝中众臣的意见出现了分歧。朱元璋一开始主张防御，而魏国公徐达主张主动出击，进攻北元。经过不断讨论，权衡利弊之后，朱元璋最后采纳徐达的建议，决定出兵攻打北元。这就是明朝第二次北伐。

洪武五年（1372）正月二十二日，朱元璋命令徐达、李文忠、冯胜三人分别为破虏大将军和左右副将军，各率兵五万，兵分三路攻打北元。

朱元璋是个军事天才，每次出征之前总是定好作战方案，领兵者按部就班即可，这次也不例外。

当时他所定的作战方案如下：

一、徐达为中路军，担任主攻任务，兵出雁门关，到处宣扬要急攻和林，而实际上行军却非常缓慢，目的是引诱元军出战，然后找机会将其歼灭。

二、李文忠为东路军，担任的任务是助攻（策应中路军），出居庸关，直扑和林，出其不意地攻打元军。换句话说，如果北元出兵与徐达的中路军决战，那么李文忠率领东路军迅速包抄到北元的后方，就可以打他个措手不及，切断北元后路，然后与徐达的中路军合击元军。

三、冯胜为西路军，出金兰关，没有具体的作战任务，是一支疑兵，主要是为了迷惑元军，希望能够分散元军，最好能够牵制住一部分元军。说白了，西路军完全是个小配角，是出来"打酱油"的，不值一提。

从兵法上来讲，中路军为正，东、西两路为奇兵，奇正并用，三路合击，是个相当完美的战略计划。殊不知，这战争并非演戏，而且战况瞬息万变，无法预测和掌握。因此，朱元璋虽然将如意算盘打得啪啪响，但是结果却让人瞠目结舌。

洪武五年（1372）二月二十九日，徐达率领中路军出雁门关，先锋官蓝玉率领骑兵一马当先，结果在野马川遭遇扩廓帖木儿的骑兵。

明初猛将如云，最善于率领骑兵攻城破敌的，非常遇春莫属，这蓝玉乃是常遇春的妻弟，也深得其传。

有道是"狭路相逢勇者胜"，蓝玉当即大喝一声，拔刀冲向敌军。众人见主将一马当先，如此勇猛，纷纷拔刀冲锋向前，轻而易举地将元军击败，并一路追击。

三月二十日，蓝玉又在土剌河遭遇了扩廓帖木儿，二话不说，拔刀就冲，吓得元军落荒而逃。

这一路简直就是所向披靡、势如破竹，明军上下开心不已。

接二连三的胜利冲昏了中路军的头脑，他们全都认为北元骑兵不堪一击，包括一向谨小慎微、用兵如神的徐达也是如此想法。

中路军为了建立功勋，早日凯旋回朝，没有按照原来的作战策略行事，而是一路上轻敌冒进，孤军深入，结果在岭北中了元军的埋伏。

原来，这是扩廓帖木儿的一个圈套。经过多次交锋后，他发现明军骑兵战斗力极强，若是正面决战，元军必败无疑，于是设下圈套，伏击明军。他事先派元将贺宗哲率领一队骑兵埋伏在岭北，自己则带领骑兵与明军屡次交战，故意战败，引诱明军进入伏击圈。

五月初六日，当徐达率领明军追击到岭北时，突然发现扩廓帖木儿不逃了，反而回过头来，便知不妙。这时，贺宗哲率领骑兵突然冲杀过来，偷袭明军。明军毫无防备，大败，死伤万余人，只得向南撤退。

北元骑兵获胜后，士气陡涨，扩廓帖木儿和贺宗哲大喜，合兵一处，想要趁机吃掉整个中路军。

徐达不愧为名将，关键时刻临危不乱，指挥残余部众奋力抵抗，这才稳住局势，安全撤出。

有道是："福无双至，祸不单行。"当中路军大败之时，东路军进展也不顺利。东路军一路上浩浩荡荡，于六月底抵达口温（今内蒙古查干诺尔南）。元军一听李文忠的大名，不敢与之对战，纷纷闻讯而逃，丢下一堆牛马辎重。李文忠见状，留下部分将士守卫辎重，自己则亲率大军轻装急进，一路追击元军。

这剧本跟中路军如出一辙。当时，李文忠一心想要率领骑兵，千里奔袭，速战速决，也有些轻敌冒进，在土剌河、阿鲁浑河（今蒙古乌兰巴托西北）一带追上元将哈剌章部队。

不过这时，李文忠突然发现有些不妙。元军并无疲惫之色，反而个个精神抖擞，摩拳擦掌，跃跃欲试。看来，并不是自己追上了元军,而是他们早有预谋,在此守株待兔。

李文忠的判断完全正确。这哈剌章也是个将才,知道正面无法与明军对抗,于是故意败退,引诱明军追击,孤军深入,然后找机会与明军决战,所用套路跟扩廓帖木儿一模一样。结果,李文忠也上当了。

李文忠见状,倒吸了口冷气,不过他临危不乱,连忙指挥部队决战。双方激战数日,最后明军打败元军,俘虏上万人,可是明军也没讨到便宜,死伤不少。

按理说,仗打到这分上,面子找回来了,也有台阶下了,是时候撤军了。可是,拼命三郎李文忠是个狠角色,他仍不罢休,继续挥师追击。

当时,哈剌章有意将明军诱到土剌河、阿鲁浑河决战,本想要歼灭明军,没想到激战数日后,发现明军勇猛,抵挡不住,于是撤军躲避。没想到这李文忠欺人太甚,还敢一路追击,哈剌章这脸面哪里还挂得住?

有道是"兔子急了也咬人",何况是人呀。哈剌章火了,于是集合部队,摆开阵势,豁出性命与明军决战。

打仗这件事,胆小的怕胆大的,胆大的怕不要命的。现在元军个个玩儿命,明军讨不到半点好处。

穷寇莫追的道理,李文忠自然懂得,他连忙修建营垒,转攻为守。

元军见明军不打了,也不敢主动发起进攻,就这样,双方一直僵持着。

仗打到这分上,明军局势开始不利了。因为明军孤军深入,时间久了,粮草自然不足,然而元军并无后顾之忧。

明军若是此时撤兵,风险也极高。因为大兵团作战,一旦撤兵,元军趁机发起猛攻,明军阵脚一乱,后果不堪设想。

李文忠也不简单,他故布疑阵,然后大摇大摆地命令部队撤

第八章 征南伐蜀

退。元军知道李文忠深通兵法，生怕设有埋伏，不敢追击。就这样，明军安全撤军了。

这一仗下来，东路军没讨到便宜，双方死伤相当。

有道是："有心栽花花不开，无心插柳柳成荫。"被寄予厚望的中路军和东路军都遭遇了元军的顽强反抗，中路军损失惨重，东路军得失相当。一直没被看好的小配角西路军在冯胜和傅友德的带领下，却所获颇丰。

当时，西路军并没有具体的作战任务，只是为了迷惑元军而已。按理说，冯胜只要带着明军到塞外"观光旅游"一番，就可以打道回府了。不过，有些人就像黑夜里的星光，到了哪里都是明亮万分，藏也藏不住。西路军进至兰州之后，傅友德率领骁骑五千人一路瞎逛，结果在西凉（今甘肃武威）碰到元将失剌罕。

傅友德是个猛人，这次没有拿到作战任务，心里头窝火，见到元军，分外眼红，二话不说，提刀就砍，大败元军。

随后，傅友德率领部队一路追击到永昌（今属甘肃），又大败元军，获得辎重牛马无数。

傅友德连胜两仗，冯胜也坐不住了，连忙率领主力与傅友德会师，合兵一处，在扫林山（今甘肃酒泉北）再次大败元军，毙敌四千多人，还活捉了平章，军威大振。

于是，冯胜和傅友德决定一鼓作气，继续痛击元军。西路军接下来如"开挂"一般，一路横扫北元，遇神杀神，遇佛杀佛，先后逼降了元将上都驴、伯颜帖木儿等人，吓得元岐王朵儿只班遁去，获得马驼牛羊十余万。傅友德还不解气，又率兵追击，大败元军，获金银印、马驼牛羊两万，可谓大获全胜。

这西路军七战七捷，横扫北元，出尽风头，载入史册，固然有傅友德等人英勇作战的原因，其所遇元将并非扩廓帖木儿、哈剌章之流，也是一个原因。

第二次北伐一直打到洪武五年（1372）十一月，三路大军才先后班师回朝。此次北伐，中路军损失惨重，东路军得失相当，西路军所获颇丰。总的来说，明军的第二次北伐以失败告终，并没有达到肃清北元的目的，双方进入了僵持阶段。

正如前文所说，从兵法上来讲，中路军为正，东、西两路为奇兵，奇正并用，三路合击，是个相当完美的战略计划，可为什么会战败呢？

奇正并用，三路合击，最关键的是要做到相互联动，协同作战。倘若做不到协同作战，则很容易被敌人各个击破。第二次北伐中，中路军一开始就违背了原定的作战策略（行军缓慢，引诱元军出战，找机会将其歼灭），轻敌冒进，孤军深入，由此，三路军基本形成各自为战的局面，并没有做到相互协同作战。而三路军遭遇的元军强弱有所不同，命运也截然不同。

关于这次北伐，《明太祖实录》详细记载了这样一番君臣谈话：

> 上御武楼，与诸将臣筹边事。中书右丞相魏国公徐达曰："今天下大定，庶民已安，北虏归附者相继，惟王保保出没边境，今复遁居和林。臣愿鼓率将士，以剿绝之。"上曰："彼朔漠一穷寇耳，终当绝灭。但今败亡之众，远处绝漠，以死自卫，困兽犹斗，况穷寇乎？姑置之。"诸将曰："王保保狡猾狙诈，使其在，终必为寇，不如取之，永清沙漠。"上曰："卿等必欲征之，须兵几何？"达曰："得兵十万足矣。"上曰："兵须十五万，分三道以进。"于是，命达为征虏大将军，出中路；曹国公李文忠为左副将军，出东路；宋国公冯胜为征西将军，出西路。
>
> ——《明太祖实录》

《明通鉴》《国榷》《明会要》《玉光剑气集》等文献对此都有

记载，主要来源于《明太祖实录》。从记载来看，第二次北伐的计划是徐达主动提出来的。其实一开始朱元璋心有顾虑，并不赞同主攻，是在徐达等人的一再坚持下，这才同意兵分三路，主动攻打北元的。

可是，关于这次出征，《皇明通纪》中的记载却有所不同，里面说第二次北伐的作战计划是由朱元璋提出的。

分道再征北虏议征沙漠。上谓诸将曰："今天下一家，尚有三事未了。其一，历代传国玺在胡，未获；其二，统兵王保保未擒；其三，前元太子不闻音问。今遣汝等分道征之。"

——《皇明通纪》

意思是说，朱元璋与众臣商议征讨北元时，朱元璋对诸将说："现在天下一家了，不过还有三件事没有了结。第一，传国玉玺还在北元手中，我们并没有获得；第二，北元统兵扩廓帖木儿没有被擒获；第三，前元太子失去了音信。如今你们去分兵讨伐。"

《弇州史料》中也有关于第二次北伐的记载，与《明太祖实录》也有出入。

高帝御武楼，与计边事。曰："扩廓游魂尚在，出没奈何？"达乃请曰："亟发兵厄竖子耳。"

——《弇州史料》

意思是说，朱元璋驾临武楼，与众臣商议边境之事时，说道："扩廓帖木儿的游魂还在，有没有办法？"徐达说："赶快发兵讨伐这小子吧。"

《皇明通纪》和《弇州史料》中的记载显示，第二次北伐的实际倡导者是朱元璋，而并非徐达。可为什么《明太祖实录》中却说是徐达呢？历史的真相到底是什么？

《明太祖实录》主要记录的是明太祖和建文帝两朝皇帝的事迹，其史料价值是毋庸置疑的。《明太祖实录》初修的时候是建文朝，燕王朱棣夺位后又修改过几次，总的来说就是朱元璋死后官方编写的史书。这样的史书或多或少有吹嘘朱元璋的嫌疑，对于朱元璋出生时各种天生异象的描述（神化朱元璋），就是最好的证明。据此判断，《明太祖实录》中说朱元璋好的地方，可能有些会失实；但是说朱元璋不好的地方，估计是错不了的。（如果皇帝没有错，哪个史官敢写他犯错？难道是嫌自己命太长了吗？）有些史官为了取悦皇帝，可能会把皇帝的责任轻描淡写，甚至直接推卸到其他人的身上。

朱元璋是个军事奇才，每次大战前总是亲自布置好战略，才会派人出征，这次应该也不例外。如果是徐达主张出战，朱元璋心存顾虑的话，依照朱元璋的个性，应该不会主动出兵。因此笔者认为，《明太祖实录》中关于朱元璋是在徐达的一再主张下才同意出兵征讨北元的记载并不可靠。《明太祖实录》之所以如此记载，目的很明显，就是为了帮朱元璋开脱责任，让徐达等人背黑锅。

总之，明军第二次北伐失败的主要原因很有可能是朱元璋轻敌，战略部署上有些冒进。

《龙飞纪略》中是这样记载的：

> 壬子春正月，以大将军徐达帅师伐迤西，李文忠总东道兵趋上都。帝以残虏未除，终为边患。乃以达帅师伐之。冯胜、傅友德、文忠各总东、西道兵。顾时、陈德为副将军，率兵以从。赐敕谕戒以务察胡人情状，审其来否，则慎督三军，一鼓可俘，否则坚守斥堠，以静朔方。
>
> ——吴朴《龙飞纪略》

第九章 政治体制

朱元璋派兵南征北伐暂且告一段落。现在,我们来聊聊大明建国之后的社会风貌,让大家简单了解一下,"放牛娃"成功逆袭建立的大明王朝到底是怎样的。

政治体制

那么大一个帝国摆在面前,朱元璋碰到的首要问题就是依靠谁来帮自己管理国家,以及如何管理。跟他出生入死的兄弟们,除了刘伯温等少数文人,个个是粗人,大字不识几个,冲锋陷阵可以,但是管理国家无能为力。相信只要是脑子稍微正常一点的皇帝,为了社会稳定,都会先沿用前朝的官员和管理机构继续管理国家,朱元璋也不例外。

"存在即合理",朱元璋也深知这个道理,搬搬抄抄元朝现有体制,形成了明初三大府。一是中书省,总理政务,后来朱元璋杀了胡惟庸,废除了中书省,提升六部职权;二是大都督府,掌管军队(元朝和两宋叫作枢密院),后来分权,改为五军都督府;朱元璋害怕这些官员手握重权,贪污腐败,于是又建立了第三大府,即都察院(御史台被撤销),专门纠察百官。

六部,乃是中央行政机构吏、户、礼、兵、刑、工各部的总称,每个部门设置一个尚书(正二品)和两个侍郎(正三品),直接听命于皇帝。杀了胡惟庸、废除宰相后,朱元璋亲自执掌六部,实在忙不过来,当时设过春夏秋冬四辅官来辅佐政事。不

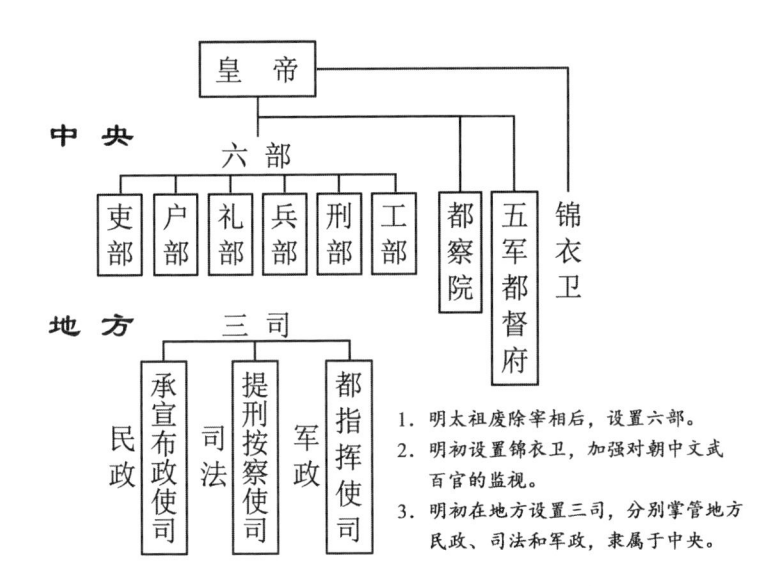

明朝中央集权示意图

1. 明太祖废除宰相后，设置六部。
2. 明初设置锦衣卫，加强对朝中文武百官的监视。
3. 明初在地方设置三司，分别掌管地方民政、司法和军政，隶属于中央。

过，这四辅官成效不明显，没用几年就取消了。后来，朱元璋又聘请翰林学士和詹事府的人（东宫辅导太子的官员）为国家顾问，处理政事的时候也时常听听这些顾问的意见。内阁机构的设立，乃是朱棣所创，这个机构也影响了整个明朝政府。其实，朱元璋的四辅官也好，国家顾问团也罢，在他们的身上都能看到内阁的影子。

吏部：掌管全国官吏任免、考核、升降和调动的机关。

户部：掌管全国田地、户籍、赋税、俸饷及一切财政事宜的机关。

礼部：掌管全国典礼事务与学校、科举之事的机关。

兵部：掌管全国军卫、武官选授的机关。

刑部：掌管全国刑罚政令及审核刑名的机关。

工部：掌管全国工程事务的机关。

都察院：监察机构，洪武初年叫作御史台，洪武十三年（1380）废除御史台，十五年（1382）改置都察院。

五军都督府：前身为大都督府，掌管天下兵马的最高军事机构，废除中书省后，提升六部职权，大都督府也分权为五军都督府。

锦衣卫：这个机构相信大家都不陌生，在影视剧中时常看到，直接听命于皇上，四处监听百官，可以随意逮捕，并进行秘密审讯，是令人闻之色变的一个机构。

地方上设置三司，即布政司、按察司、都司，分别掌管行政、刑狱和军政。

布政司：全称为承宣布政使司，"承宣"二字其实就是承上启下的意思，布政就是实施政策，字面上来看，不难理解，这就是实施朝廷政策的部门，主要对接六部，通常也叫作"藩司"。

按察司：全称为提刑按察使司，主要掌管地方司法，主要对接都察院，通常也叫作"宪司"。

都司：全称为都指挥使司，主要掌管地方军政，主要对接大都督府（五军都督府）。

执法三司

戏曲和影视剧中时常会出现三堂会审，其实就是三法司会审。那么这三法司会审到底是怎么回事？明朝的三法司指的又是哪几个机构呢？

在古代，一些重大案件都是由三个司法机关共同审理的。在明朝，这三法司指的是刑部、都察院、大理寺。

刑部，正二品衙门，国家最高的司法机关，到了明朝，权力进一步提升，负责刑狱案件的审理。

都察院，正二品衙门，与六部同级，不仅可以监督审判机关，而且还拥有"大事奏裁，小事立断"的权力，是明朝最高监察机关。

大理寺，正三品衙门，比刑部和都察院低一级，不过司法权力很大，在明朝主要负责复核案件，管理冤假错案的驳正和平反。

总之，三法司之间既职权分离，又相互牵制监督。遇到一些重大案件，都是由三个司法机关共同审理。

岗位编制和职责

这一整套行政机构，经过一段时间的磨合，机构下设部门已经明确，人员稳定，职责清晰。于是，朱元璋又模仿《唐六典》，亲自编修了一部行政法典，叫作《诸司职掌》，于洪武二十六年（1393）发布。

这部法典非常重要，是明初行政的立法宝典，对整个明朝职官制度影响深远。

法典中明确了六部的职责、一正二副的领导配置，还明确了各部下设四个司，每个司配置正副司长各一名（除吏部选司外），以及各部司人员编制数和岗位职责。

比如吏部，掌管全国官吏任免、考核、升降和调动，设有一个尚书、两个侍郎，下面设有文选司、验封司、稽勋司、考功司。各司设郎中一名，正五品；员外郎一名，从五品；下面还有若干工作人员。

文选司：主管官员品级与选补、升调等。

验封司：主管封爵等。

稽勋司：主管勋赏等。

考功司：主管文武官吏考核等。

其他六部同理，就不一一细说了。

这部法典还明确了都察院的职能是纠劾百司、辨明冤枉，设左右都御史各一名，正二品；左右副都御史各一名，正三品；左右佥都御史各一名，正四品；按照区域划分，下面还设有十二道监察御史（后改为十三道），分巡全国各省。平时这些监察御史都在京城办公，有事就带上印章出巡，巡察结束后回京上缴印章，"霸气侧漏"。

值得一提的是，明朝设吏、户、礼、兵、刑、工六科给事中，其实也是承袭了旧制。六科给事中的职位虽然不高，只有从七品，不过权力不小，专门监察六部工作，对改善朝政起到了积极的作用。

明朝所设通政司，其实是宰相分权的一个机构，掌内外章疏、臣民密封申诉之事，设通政使一名，正三品；左右通政各一名，正四品；左右参议各一名，正五品。

大理寺的主要职能是复核案件，设置大理寺卿一名，正三品，下面还设有左右寺官。

五军都督府的职能是掌管天下兵马，设置左右都督各一名，正一品；都督同知一名，从一品；都督佥事一名，正二品；下面还设有司官。

我们通常说的"九卿"到底是哪九位呢？其实就是六部尚书（六部的负责人）、通政使（通政司的负责人）、大理寺卿（大理寺的负责人）、左都御史（都察院的负责人），亦称"大九卿"。

这套行政体制非常细致清晰。在六部当官，想越权不行，想不作为不行，想多配置几个下属帮忙干活儿也不行。如果左都御史想提拔官员，对不起，那是吏部的事情，并非左都御史的职能，办不到。如果有百姓向左都御史举报官员，而那官员又是其亲朋好友，左都御史想睁只眼闭只眼蒙混过关，对不起，这也不行，这是左都御史的职责，若不受理、不作为，朱元璋可不答应。

宁可不要税收，也不催逼百姓

朱元璋不仅亲自编修了《诸司职掌》，明确了机构和编制，而且还编修了《责任条例》《到任须知》等规章制度，明确规定各级官员的职责，要求官员们严格遵守，勤恳工作，为大明江山社稷服务。

朱元璋对官员有了制度要求，自然就要定期考核官员，看看他们是不是遵守制度，是不是热爱人民，是不是勤恳工作。当时，明朝对各级官员的工作考核主要有两种形式，一种是"考满"，另一种是"考察"。

考满就是官员每三年任期已满的时候，根据《诸司职掌》的标准考核官员，评定等级分为"称职""平常""不称职"三级。考察则是每六年一次，对全国官员都要考察，考察完毕后还要追责，有降级，有罢免，有京官调出京城的，有处分的；当然，干得好的官员，肯定是提拔重用，真可谓全国官员的一次"大考"。

史书上记载，洪武十八年（1385）正月初九日，吏部向皇帝奏言，说这天下的布政司、按察司及府、州、县等官员共计4117人，对他们的政绩进行一一考核，其中考核结果为"称职"的官员有435人，考核结果为"平常"的官员有2897人，考核结果为"不称职"的官员有471人，贪污的官员有171人，资质愚钝（阘茸）的官员有143人。

朱元璋听完奏报后，大笔一挥，下了诏书，说考核"称职"的官员提拔使用；考核"平常"的官员复职留任；考核"不称职"的官员降级使用；贪污的官员直接依法逮捕，交给法司治罪；资质愚钝的官员削职为民。

吏部的考核结果直接决定天下官员的命运，可见吏部权力之大。吏部向来是六部之首，吏部尚书被称为"天官"，为百官之首。

因此，逢年过节，考核将近之时，天下官员都往吏部跑，尤其是吏部考功司，更是门庭若市。其实这也不难理解，有的官员在任上勤恳工作三年，政绩斐然，要是这考核结果上写"平常"，那他岂不是原地踏步了；有的官员在任上懒政不为，当地百姓怨声载道，要是这考核结果上写"平常"，他就可以蒙混过关，继续留任。

虽然朱元璋把对官员工作考核任务交给了吏部考功司，但是官员的考核结果并不是完全由考功司来定的。因为朱元璋知道，再严密的考核制度，不法官员也有应对之策，所以他不完全相信官员进京所作的工作报告，而是发动群众考核和监督官员，鼓励百姓上京告状。

朱元璋始终坚持一个原则，那就是："百姓的眼睛是雪亮的，大多数百姓说好的官员肯定是好的，而大多数百姓说坏的官员就是坏的。"

请大家闭上眼睛，试想一下这样的场面：百姓成群结队地上京向皇帝告状，皇帝要不厌其烦地听取百姓的诉说，然后帮忙解决问题。这样的皇帝不仅没时间吃喝玩乐，而且还要不停地工作，让人肃然起敬。

史书上记载过百姓上京找朱元璋反映情况的事例，下面给大家说一说。

洪武年间，高斗南被举荐到四川定远县当了知县。这高知县才思敏捷，施行善政，颇受百姓颂扬。洪武二十九年（1396），高知县因为某些事而被处分，关入大牢。当地百姓得知后，认为不公，于是便选了一些德高望重的老人，到京城向皇帝为其鸣不平。他们罗列高知县等人在任上的一些功德和政绩，并将文章呈给朱元璋，请求撤销对高知县等人的处分。朱元璋查阅了那些老人的呈文，不但撤销了对高斗南等人的处分，而且还对其进行了嘉奖，赏赐袭衣、宝钞等财物，又将他们派回原地继续任职，服务百姓。朱元璋还给上京告状的老人们分发了返乡的路费。如此一来，高斗南等人对朱元璋和当地百姓感激涕零，回去后更加努力工作，后来政绩显著，还被收入表彰全国廉吏的《彰善榜》《圣政记》中，成为天下官员的楷模。

还有一次，永州知府余彦诚由于政绩考核时征税没有达到规定的目标，将要被拘捕问罪。当地百姓得知后，纷纷跑到京城向朱元璋恳求，希望将余彦诚继续留任永州知府。朱元璋纳闷不已，经过询问后，这才恍然大悟。原来余彦诚是由于爱惜百姓、怜悯百姓生活艰苦，所以没有强制征税，这才造成政绩考核不达标。朱元璋当即赦免了余彦诚，还宴请了余彦诚和此次上访的父老们，让他复职还任，并鼓励他继续好好工作，造福百姓。余彦诚不辱使命，政绩卓著，后来官至河东盐运使。

有道是"得民心者得天下"，朱元璋对父母官的考核不完全取决于吏部考功司，还要时常倾听百姓的呼声，看看官员到底是不是真心爱民。朱元璋宁可不要税收，也不愿催逼百姓；余彦诚等官员宁可冒着受到处分的风险，也不愿催逼百姓。这样的社会怎么可能会不安定呢？

认死理的监察御史

从行政体制上看，官员腐败，还可以靠御史纠察，那么如果御史腐败，该怎么办呢？

朱元璋知道，这些御史纠察百官，权力非同小可，一旦腐败，那么后果不堪设想。于是他想了个法子，把这些御史的品级定得很低，只有正七品，希望以此来压制一下御史。同时为了进一步管理好这支反腐队伍，他专门选用那些新科进士为御史。

那么朱元璋为什么要选用新科进士为御史呢？

第一，新科进士刚刚进入官场，没有错综复杂的党派关系，纠察百官时不会偏袒，不会徇私枉法。关于这一点，其实不用解释大家也能明白。因为在古代官场，即使你没有背景，一旦入朝为官，不用多久，就会有高官认你当门生；也会有同地方的官员主动结识你，邀请你入同乡会；若你是个未婚的优秀青年，肯定有高官愿意将自己的女儿许配给你。不管是哪种形式，说白了都是拉帮结派。一方可以壮大自己的势力，另一方可以找到靠山，以后步步高升，双方皆大欢喜，只是苦了百姓。这样的人一旦当了御史，纠察百官，办起案来，你说能没有顾虑吗？能公平公正吗？

第二，新科进士都是读书人，不熟悉官场的潜规则，即使知道潜规则，他们也看不上眼。说白了就是这些读书人往往有一种共性，大都是认死理的愣头青，一点也不圆滑世故，遇到事情没有顾虑，照着真理一干到底。朱元璋就是看中了这一点，还真选了一批认死理的愣头青。

史书上记载，有个御史叫作韩宜可，个性耿直，是个认死理的愣头青。只要官员犯了案子，不管你是当朝只手遮天的权贵，还是皇亲国戚，他都照参不误。

当时，胡惟庸当了丞相，在皇帝面前非常得宠，百官无不敬畏三分，哪敢与之争斗，可是韩宜可是个例外。

有一次，胡惟庸和御史大夫陈宁、御史中丞涂节三人一起陪同太祖朱元璋喝茶聊天，气氛十分融洽。

这时，韩宜可孤身前去，说要觐见皇帝。朱元璋有些不太情愿，但是不见又有些不好意思，只得宣他觐见。

只要官员脑子稍微正常一点，一看自己要弹劾的官员正在和皇帝聊天，而且气氛十分融洽，肯定会有所顾虑，先不弹劾此人也罢。毕竟人家跟皇帝如此亲昵，一旦弹劾不倒他，那自己岂不是"吃不了兜着走"吗？

可是这个韩宜可就是认死理，竟然当面从怀中拿出弹劾的奏章，当着胡惟庸三人的面向朱元璋弹劾他们，说他们险恶奸诈却又装得像忠臣，说他们奸佞却又装出一副正直的样子，还说他们恃功怙宠，擅作威福。

胡惟庸三人听得面红耳赤，一个个咬牙切齿，无不想要将这个小御史碎尸万段，但是韩宜可却浑然不顾，一口气将三人弹劾了一遍，最后跪倒在地，请求皇帝将他们斩首以谢天下。

朱元璋当场大怒，骂道："快口御史，胆敢当面诬陷大臣！"令手下将韩宜可拿下，投入锦衣卫狱中。不过，后来胡惟庸案爆发，韩宜可得以释放，并得重用。

史书上记载，还有一位御史叫作周观政，也非常有意思。

他当过九江教授，后来被提拔为监察御史，曾经奉命监察奉天门。有一次，有个太监奉了皇命领着一批歌女想要入宫，结果被周观政拦了下来。

那太监有恃无恐地朗声说道："我乃奉了皇上之命。"

一般人要是听了这话，肯定立马放行，并说自己有眼不识泰山等道歉的话，生怕得罪了皇帝身边的贴身太监，可是没想到这招在周观政这里却不太好使。他是个愣头青，摆了摆手，说奉了皇帝之命也不行，死活不让这批歌女入宫。那太监没有办法，只得将歌女留在宫外，自己独自一人恼怒离去。

没过多久，那太监又出来传旨，说道："御史暂且回去休息，女乐停止不用。"

没想到这周观政的愣劲儿又犯了，拒绝道："不行，一定要当面奉诏。"意思是，你出来传旨不行，一定要皇帝自己出来解释说明。

那太监没有办法，只得悻悻离去。

没过多久，朱元璋还真亲自出宫，对他说道："宫廷音乐废缺，我是想让宫女学习罢了。朕现在追悔莫及，御史你所言极是。"

旁边的人无不目瞪口呆。

按理说，你这周观政也太不知好歹了，竟然将皇帝的舞女全部挡在宫外，还要皇帝出来解释说明，这不是找死吗？没想到，朱元璋还真听他的话，立即改正缺点。这说明朱元璋打心底里喜欢这些坚持原则的愣头青，也非常支持他们的工作。

观政亦山阴人。以荐授九江教授,擢监察御史。尝监奉天门。有中使将女乐入,观政止之。中使曰:"有命。"观政执不听。中使愠而入,顷之出报曰:"御史且休,女乐已罢不用。"观政又拒曰:"必面奉诏。"已而帝亲出宫,谓之曰:"宫中音乐废缺,欲使内家肄习耳。朕已悔之,御史言是也。"左右无不惊异者。观政累官江西按察使。

——《明史》

第三,新科进士刚刚进入官场,都有一腔抱负,想要大干一场,这种工作态度是朱元璋最欣赏的,当然有时候也让他非常头疼。因为不管是谁犯了错,即使是皇帝,这帮新科进士也要说上几句。

在古代,官员犯罪的话,妻子儿女也要受到株连,要么发配从军,要么没入官妓。有时候,皇帝会将这些官妓赏赐给手下官员。

一般来说,官员得到这些赏赐,都是心花怒放的。因为即使家里的"母老虎"不同意,那也不用害怕,可以正大光明地收入家中,因为这些貌美如花的官妓可是皇帝赏赐的,你要是反对,那可是欺君之罪啊。

有一次,朱元璋又将官妓赏赐给手下大臣。人人欢天喜地,唯独韩宜可不太高兴,还当场拒绝,并说道:"治罪不累及妻子儿女,这是古代的制度。一人犯罪随意株连他人,这是法制的泛滥。更何况男女之事是重要的伦理问题,婚姻逾时尚且还要伤彼此和气。一人犯罪,全家族连坐的制度又怎么能与圣朝相宜?这些罪人的妻女,我是不能要的!"

朱元璋感慨万千,说道:"韩宜可敢于当面指出君王的过错,已属难能可贵了。而一般大臣受赏时,无不欣然接受,今天韩宜可不为女色赏赐所动，确实是朕的清正股肱之臣啊！"

（韩宜可：）"罪人不孥，古之制也。有事随坐，法之滥也。况男女，人之大伦，婚姻逾时，尚伤和气。合门连坐，岂圣朝所宜！"

——《明史》

第四，新科进士刚刚进入官场，不懂官场陋习，更容易保持廉洁。新科进士刚入官场，不懂套路，不懂潜规则，没被官场的不良风气污染。这些人具有很强的可塑性，让这些"书呆子"去纠察百官，是最合适不过的。

基于上述四点原因，明朝喜欢选取新科进士当御史来纠察百官，时间久了之后，便形成了一种规矩：御史这样的清要之职，如果不是科举出身，是不能担任的。如果你科举考中进士，但是之前你做过教官，对不起，你也不能担任御史一职。

御史的职责是纠劾百司，辨明冤枉，提督各道，为朝廷整顿纪律，纠正不良风气。史书上有这样的记载：

十三道监察御史，主察纠内外百司之官邪，或露章面劾，或封章奏劾。

——《明史》

"内外百司之官"指的是普天之下的官员都归御史管，别看御史级别不高，这手里的权力还真不小。

御史还有两个特殊权力。

一个是言者无罪。如果你是御史，你就大胆说、放心说、尽管说，即使说错话，也不会追究你的责任。是人就难免犯错，御史更是如此，为了保护直言敢谏的言官，所以朝廷给了御史言论豁免的特权。

另一个是风闻言事权。你若是说某人贪污纳贿，结果有关部门查实后发现没有这回事，对方可能反过来告你诽谤罪、诬告罪；但是你如果是御史的话，那就什么事也没有。说白了就是御史在没有确凿证据的情况下，仅凭道听途说、小道消息，就可以弹劾某人，即使查证后发现传闻不实，也不能追究御史责任。

御史不仅可以在朝上弹劾官员，而且还可以被皇帝委派到全国各地巡察。我们在影视剧里见过威风凛凛的八府巡按，动不动就拿出尚方宝剑，来个先斩后奏，这些就是皇帝委派到地方的巡按御史。

史书上记载：

> 巡按则代天子巡狩，所按藩服大臣、府州县官诸考察，举劾尤专，大事奏裁，小事立断。
>
> ——《明史》

"大事奏裁，小事立断。"巡按御史到了地方上巡察，可以随时处理地方官员，这可不是开玩笑的。别看御史品级不高，但是地位一点也不低，哪怕是封疆大吏见到御史，那也得点头哈腰，笑脸相迎，不敢得罪。

下面我们举个简单的例子。

某天，甲、乙、丙、丁四个官员恰巧碰到，大家好久不见，甚是想念，于是打算一起吃饭喝酒聊天，顺便谈谈人生和理想。而中国古代的座次是很有讲究的，一般上位都是位尊的人才有资格坐，若是德不配位，坐错了位置，那可是要惹人笑话的。

如果甲是礼部侍郎（正三品），乙是兵部郎中（正五品），丙是户部员外郎（从五品），丁是御史（正七品），那么这上位到由谁来坐呢？

按品级来看，当然是礼部侍郎最高，三品大员自然应该坐上位，然后依次是正五品、从五品，最后是正七品。不过，这七品的小官一旦亮明御史身份，那么甲、乙、丙会立马肃然起敬，恭请他坐上位。

第十章　大鼓廷杖

在影视剧《包青天》中，我们时常能看到开封府衙门口立有一只大鼓，百姓若是上前击鼓鸣冤，包大人就会立刻升堂审案，为百姓昭雪冤情。

我们假设，古代百姓一不小心得罪了权贵，遭遇不公之事，到县衙击鼓鸣冤，结果县官昏庸不作为，竟然不受理；那么没有办法，只得将状纸递到州府，可是州府官员也不作为，只是一味推诿；万般无奈之下，只能将状纸递到省里，没想到官官相护，省里也万般推诿，不为百姓做主。

试问，寻常百姓报官无门，该如何是好？

或许有人会说，可以上京城拦龙辇告御状。

他们认为，只要到了京城，看到龙辇，奋不顾身地冲上去一拦，扑通一下跪倒在地，头顶状纸，口里大喊："皇上，小民有天大的冤屈，还望皇上明察，替小人做主啊……"然后皇帝就会缓缓起身，接过状纸，看完后说道："你且放心，朕自会为百姓做主。"

如果有谁这样认为，那估计是影视剧看多了，上京城拦龙辇可不是闹着玩的。如果寻常百姓贸然去拦龙辇告御状，大概没到龙辇跟前，已经被当作刺客乱刀砍死了。龙辇是谁都能靠近的吗？

到了这里，估计蒙冤的百姓早已万念俱灰，接着就是寻死了。

朱元璋意识到了这个问题，也想给百姓做主，于是特地设置了一只大鼓，为百姓进京上访告御状开辟了"绿色通道"。

洪武元年十二月（1369年1月），朱元璋命人在午门外设置了一只大鼓，还每天派一名监察御史轮流值班看管，这只大鼓叫作"登闻鼓"。后来朱棣迁都北京，这登闻鼓也搬到了长安右门外，改由一名六科给事中和一名锦衣卫轮流看守。

如果有老百姓前来击鼓，那么登闻鼓的值班御史就会带他去见皇帝，谁也不能阻拦。

许击登闻鼓，监察御史随即引奏。

——《大明会典》

这登闻鼓好啊！一敲就能面圣诉说冤情，直达天听，而且还没人敢阻拦，因此很受百姓欢迎，百姓纷纷要去南京城排队敲鼓。

张三昨天晚上和老婆吵架了，老婆说过不下去了，扬言要离婚分家产。张三不同意，所以想去敲鼓。

李四邻居造新房子，围墙的地界越过李四家，李四和邻居吵起来了。可是对方家族庞大，人多势众，吵不过呀，李四想想自己太吃亏了，便也想着去敲鼓。

王五借给朋友一百两银子，说好年利息十两，可是到期了，朋友不但没有给利息，连本金也不还了。王五越想越火，也想去敲鼓。

…………

如果这些人都去敲那登闻鼓，朱元璋可要累坏了，也忙不过来。毕竟这皇帝断案也是国家资源，是有限的，可不能这么糟蹋，于是朝廷对登闻鼓的受理范围作了规定。

> 其户婚田土斗殴相争军役等项，具状赴通政司，并当该衙门告理。不许径自击鼓。守鼓官不许受状。
>
> ——《大明会典》

意思是说，比如家庭纠纷、婚姻纠纷、土地纠纷、经济纠纷、斗殴等琐碎案件都不在登闻鼓的受理范围，这些纠纷只能到当地衙门告状诉讼，或是去找通政司，不能敲登闻鼓。

当然，即使你敲了登闻鼓，轮流看守登闻鼓的官员也不会受理，绝不会带你去见皇帝。

同时，朝廷对敲登闻鼓还设置了一个条件，其实就是一套程序。比如你有冤屈，可不能直接到京城敲登闻鼓，要走一套自下而上的程序：你先要到县衙击鼓告状；倘若县令判案不公，那么你再去府衙告状；府衙还是不行的话，你再去按察司告状；如果一路下来都不满意，你才可以到京城敲登闻鼓，直达天听。

> 凡民间词讼，皆须自下而上，或府州县省官，及按察司不为伸理，及有冤抑，机密重情，许击登闻鼓。
>
> ——《大明会典》

这套自下而上的程序有了，为了防止刁民越级，恶意诬告，又加了一条规则：你若是不按照规则自下而上，而是直接进京敲鼓，那么就是越诉，不管你有没有冤情，即使你比窦娥还冤，对不起，先打你五十大板再说；倘若查证后发现你所说的情况不实，那么就再打一百大板，并将你以诬告治罪。

> 凡军民词讼，皆须自下而上陈告。若越本管官司，辄赴上司称诉者，笞五十。
>
> ——《大明律·刑律》

朱元璋摆下这登闻鼓后，又设下了这套敲鼓程序，这鼓可就敲得热闹了。

《明太祖宝训》中记载，洪武二十四年（1391）七月，龙江卫吏因为工作中犯了错误，被罚抄书。当时正遇上母亲病故，于是他就打了请假条上去，请求回家为母守孝，这请假时间还有点长——三年。

明朝有个制度，父母去世，在朝为官者不论是谁，都要回家守丧三年，三年内不用上班，这是孝道，乃是亲情所在。倘若你是国之栋梁，若是朝廷缺了你，大明王朝就运作不下去，那么你可以不回去守丧，叫作"夺情"，意思是说由于工作需要，为了国家迫不得已夺了孝亲之情。明朝的张居正就曾被皇帝下旨夺情。

龙江卫吏一请假就是三年，你说他这三年的活儿谁干呀？当时的吏部尚书叫作詹徽，心中不乐意了，这请假条到他手里后，他竟然没签字，不同意。龙江卫吏万般无奈下只得敲登闻鼓，向朱元璋申诉。

朱元璋了解情况后，立即召见詹徽，当面将他斥责了一顿，说道："龙江卫吏虽然被罚劳役，但是天伦不可废除，如果不让他为母亲守丧，那么这当儿子的会遗憾终身。帮助别人向善，尚且怕别人不能为善；如果别人要为善，你却阻止他，那还用什么来劝善呢？孝顺的子子孙孙永不匮乏，上天自然会恩赐福祉给孝顺的人。"

詹徽闻言后，惭愧不已，回去立即批准了龙江卫吏守孝的请假条。

洪武二十四年七月己巳，龙江卫吏以过罚书写，值母丧，乞守制。吏部尚书詹徽不听，吏击登闻鼓诉之。太祖召徽切责之曰："吏虽罚役，天伦不可废，使其母死不居丧，人子之心终身有慊。夫与人为善，犹恐其不善，若有善而沮之，何以为劝？诗曰：'孝子不匮，永锡尔类。'乃独不然耶？"徽大惭，吏遂得终丧。

——《明太祖宝训》

洪武二十五年（1392）二月，曹县主簿刘郁因为犯了一个小错被捕了。这刘郁平时人缘不错，县里有德望的百姓在杨德的带领下进京面见朱元璋，奏报刘郁平日为官两袖清风，勤政爱民，颇受百姓好评。朱元璋闻言后，龙颜大悦，说道："为官施政不难，得民心难。刘主簿在县里施行善政，惠及百姓，所以深受百姓爱戴。"说完便释放了刘郁，并恢复了他的官职。

朱元璋对身边的文武百官说道："今天，百姓进京跟朕说刘主簿的贤德，朕便原谅了刘主簿，并恢复其官职，让他继续治理，如此一来，我们上下之间就没有隔阂了。如果官员都能得到当地百姓的爱戴，那还怎么会担忧治理不好国家呢？"

这皇帝哪里是寻常百姓说见就能见的呢？杨德等人诣阙面圣，后人推测应该是登闻鼓的功劳。

洪武二十五年（1392）四月，怀远县有个百姓叫作王出家儿，已经七十多岁，膝下两个儿子都参了军，随军出征，全都战死沙场。家里还有一个小孙子，刚满八岁，结果地方政府却强迫小孙子参军。王出家儿不服，于是便将此事上告朝廷。

强迫一个刚满八岁的孩子去参军，这不是让孩子去送死吗？再说了，家中两个儿子都已参军战死，理应免除兵役，地方政府怎么还强迫他家服兵役呢？

朱元璋得知此事后大怒，当即下令免除王出家儿孙子的兵役,并赏赐钱财,送他们回了家乡。王出家儿将此事诉于朝廷,告状成功,后人推测也是登闻鼓的功劳。

> 洪武二十五年四月壬子,怀远县人王出家儿年七十余,二子俱为卒,从征以死。一孙甫八岁,有司复追逮补伍。出家儿诉其事于朝,令除其役。
> ——《明太祖实录》

所以说,朱元璋设置登闻鼓,给百姓进京上访告御状开辟了"绿色通道",确实意义非凡。这样一来,皇帝不仅能够听取百姓呼声,审视朝廷政策利弊,而且还能监督官员,威慑官员,防止他们贪腐懒政、官官相护、为所欲为。

洪武二十四年(1391)五月初一日,有个地方官员千里迢迢地跑到京城敲响了登闻鼓,不过没想到他并没有面圣诉苦,却直接自尽于登闻鼓下。

这人到底是谁呢?

这个地方官员叫作青文胜,乃是洞庭湖畔龙阳县的典史。这典史一职,乃是知县下面掌管缉捕、监狱的属官,在明初没有品级,不入流。

一个没有品级的小官为何要敲登闻鼓,还要在鼓下自尽呢?

原来龙阳县临近洞庭湖,常年发生水灾,百姓粮食收成不好,吃饭都成问题,更交不起赋税。可是当地官员无视水灾,为了自己头顶上的乌纱帽,强行征赋,严刑追缴,逼得百姓家破人亡。青文胜对此很忧愤,于是带领百姓筑堤抗洪,可惜几次三番都被冲垮了。

洪武二十四年(1391)夏天,龙阳县再次遭遇了百年不遇的洪涝灾害,庄稼颗粒无收,百姓苦不堪言。青文胜体恤百姓疾苦，决定为民请命，毅然赶赴京城递上奏章，请求朝廷减免百姓赋税。可是这奏书递上去后就石沉大海，杳无音信。

其实这也不难理解，你一个没有品级、不入流的小官递交的奏章，又怎么能引起朝廷的重视呢？

青文胜在京城苦等多日，不见回音，可是这样长久等下去也不是个办法，于是叹道："老天爷，我有何面目回去见父老乡亲呢？"

五月初一日，青文胜又上了一次奏章，再去午门外敲响登闻鼓，然后自尽于鼓下。

朱元璋得知此事后，立即派遣官员火速赶往龙阳县勘察灾情，情况属实。朱元璋感念青文胜为民杀身，特地降旨免去龙阳赋税2.4万石，定为永额。龙阳百姓无不欣喜，纷纷返回故里，重建家园。

青文胜去世后，有个老仆将他的尸体带回了龙阳。青文胜为官清廉，家无余资，留下孤儿寡母无人照料。龙阳百姓深感他的大恩大德，为他建祠立庙，还用公田百亩供养他的家人。

> 青文胜，字质夫，夔州人。仕为龙阳典史。龙阳濒洞庭，岁罹水患，逋赋数十万，敲扑死者相踵。文胜慨然诣阙上疏，为民请命。再上，皆不报。叹曰："何面目归见父老！"复具疏，击登闻鼓以进，遂自经于鼓下。帝闻大惊，悯其为民杀身，诏宽龙阳租二万四千余石，定为额。邑人建祠祀之。妻子贫不能归，养以公田百亩。
>
> ——《明史》

百姓捉官赴京

朱元璋出身贫寒，从小见惯了官吏下乡扰民，也受尽了官吏的欺凌，于是他当了皇帝之后，便下令官员不得下乡骚扰百姓。

为了更好地监督官员，他不仅将登闻鼓放在宫门口，鼓励百姓前来击鼓鸣冤，而且还发动百姓监督官员，鼓励百姓进京上访。

在古代，民告官是不敢想象的。但是在洪武时代，竟然真发生过类似事件，史料中还记载了"百姓拿下官吏上京"的故事。

> 十二布政司及府州县，朕尝禁止官吏、皂隶，不许下乡扰民。其禁有年矣。有等贪婪之徒，往往不畏死罪，违旨下乡，动扰于民。今后敢有如此，许民间高年有德者民，率精壮拿赴来京。
>
> ——《大诰续编·民拿下乡官吏第十八》

故事是这样的：

北平布政司下属乐亭县的主簿汪铎与县衙负责人一起设计了一出"敛派徭役"。当时，乐亭县其实不需要征调民夫，但是主簿汪铎与县衙负责人借着朝廷征调民夫的旗号，进行索贿，乘机敛财，结果搞得满城风雨，民怨沸腾。

这时候，百姓自我保护的意识已经得到了提高，知道皇帝（朱元璋）有过命令，如果有不法的官员在地方上为非作歹，百姓可以抓住官员解送京城治罪。当地有一位德高望重的老先生叫作赵罕辰，振臂一呼，聚集了三十四名精壮村民，把这伙违法乱纪、下乡扰民的地方官吏捆绑了起来，立即押解京城。路上，还有说事人、管事人等十人幡然悔悟，一同辅助百姓进京。

主簿汪铎得知情况，大惊失色，知道此事非同小可，立即拍马追赶，在出县城四十多里之地，终于赶上了这群人。汪铎立即翻身下马，来不及休息，气喘吁吁地说道："我从十四岁开始努力读书，经过一番努力奋斗，好不容易考了个功名。你们能不能暂且放过我这一次，不要坏了我的前程啊。"

我十四岁读书，灯窗之劳至此，你可免我此番，休坏我前程。

——《大诰三编·县官求免于民第十七》

百姓哪里肯听他的哀求，硬是将这些人押解到了京城。朱元璋知道此事后，说道："到底是谁家的父母生了这么没出息的儿子！经过一番寒窗苦读，考取了功名，当了县官，光耀门楣，本应受到当地百姓的爱戴，如今却干了这等坏事，被百姓绑了送京城，这才求饶乞免，纵然百姓饶过他，还有什么面目再回去当官呢？"

呜呼愚哉！孰父母生此无藉不才之徒。官于是县，是县民瞻，今既不才，为民所觉，乞怜哀免于耆民，纵然得免，何面目以居是任？

——《大诰三编·县官求免于民第十七》

最后，朱元璋感叹道："呜呼！虽然不是本人，但凡听说这件事的人都会觉得脸红。贤明有德的君子，应该以此为鉴！"

呜呼！兴言至此，虽非本人，凡听读者亦皆赧焉。贤人君子，可不为之戒乎？

——《大诰三编·县官求免于民第十七》

在封建王朝，通常都是百姓处处哀求官员。而县里的主簿虽说官不大，但是在地方上也是个有头有脸的实权人物，先是耀武扬威地下乡骚扰百姓，结果却被百姓押解进京，立即露出一副可怜巴巴的样子，向百姓乞怜。这种事在古代，恐怕也只有洪武朝才会出现吧？

朱元璋将县衙的大鼓搬到京城，变成了登闻鼓。除此之外，他还将县衙的一样东西搬到了朝廷，这样东西是什么呢？

廷杖

在戏曲和影视剧中，我们时常看到古代县官在衙门里审理案子的时候，两边站满衙役，手中拿着木杖，嘴里喊着："威武……"令堂下被审之人瑟缩不已。如果堂下被审之人不服或是不老实回答，就会挨板子，一顿板子下去，被打之人不死也会丢掉半条命。明太祖朱元璋当了皇帝之后，觉得这个方法不错，便把木杖搬到了宫中。上朝之时，哪个臣子不听话，触怒龙颜，他便让人用这木杖伺候臣子，这木杖就是后来百姓口中的"廷杖"。

廷杖之刑，亦自太祖始矣。

——《明史》

明初有个官员叫作茹太素，每次写文章不写则已，一写惊人。本来五百字能说清楚的事情，他至少要写八九千字，甚至上万字，而且语意艰涩，令朱元璋十分头痛。有一次，茹太素又给朱元璋上了一道奏章。朱元璋一看，洋洋洒洒几万字，眉头皱了一下，便不想再看他的奏章，于是就叫中书郎王敏念给自己听。王敏接过奏章一字一句地念将开来，念到一万六千五百字的时候，王敏口干舌燥，而朱元璋还是没听出头绪，不知所云，当场大怒，骂道："全是花言巧语，没用的东西，朕最讨厌这些了。"于是命人用廷杖将茹太素当场暴打了一顿。

这个茹太素还算是幸运的，虽然挨了一次打，至少没丢性命。又有多少正直的官员因为触怒了朱元璋，而枉死在这廷杖之下呢？明初工部尚书薛祥就是较为典型的一位。

薛祥，字彦祥，安徽无为（今安徽芜湖）人，后来跟随俞通海一起，率领巢湖水军投奔朱元璋。明军渡过长江之后，薛祥担任水军军营的管军镇抚一职，跟随太祖皇帝朱元璋征战四方，屡立战功。

洪武元年（1368），薛祥奉命从水路转运粮食到河南，半夜抵达蔡河，结果贼人突然从四面八方拥来。薛祥临危不惧，好语良言劝解，最后使贼人散去。朱元璋得知后，称赞有加。薛祥在淮安等地做官时，见到灾民便尽力慰问救济，碰到暴乱，牵连甚广时，他总是亲自参加会审，宽大处理，尽量不株连，被当地百姓称道。百姓在薛祥的治理下，相互劝勉，乐做善事，当地民风得到很大的改善。

洪武三年（1370），三年一次的全国政绩大考核到了。薛祥政绩斐然，在此次考核中排名全国第一，因此被调任京城。当地百姓纷纷焚香祝愿，希望他再来此地为官。百姓为了怀念他，还将他的画像贴在家中。

洪武八年（1375），薛祥担任工部尚书。当时，宫中正在营造凤阳宫殿，朱元璋坐在殿中，隐约听到有人拿着兵器在宫殿屋顶打斗的声音。朱元璋是个多疑之人，便问到底怎么回事。太师李善长上奏说，这是工匠们在使用厌镇法（一种古代巫术），用来镇服或驱避。

这个说法当然不可靠，但是朱元璋十分相信，听后勃然大怒，要将全部工匠一律斩杀。

工匠按照轮班制上岗，使用厌镇法的工匠毕竟不多，但是朱元璋却要将全部工匠一律斩杀，确实有些不妥。于是，薛祥仔细区分出那些不在岗的工匠，而且还反问朱元璋："都说工匠们使用厌镇法，这事情一点根据都没有，而且这些铁匠、石匠跟皇帝您无冤无仇，干吗要那样做呢？"

朱元璋闻言后，仔细一想，有些道理，便不再斩杀这些铁匠、石匠了。

就这样，薛祥从"虎口"中一次性救下了上千人。

后来在营建谨身殿之时，有人欺骗皇帝，将中匠上报为上匠。朱元璋得知后，暴跳如雷，要将错报的工作人员和工匠们全部斩杀。朝中众臣见朱元璋正在气头上，谁也不敢惹火烧身，连大气都不敢喘，更别说进言了。

只有薛祥一人在旁争辩道："工作人员上报不准确，你就要斩杀全部工匠，恐怕不符合法规。"

朱元璋闻言后，想想确实不妥，便下旨改用腐刑（阉割）。薛祥又上奏说道："一旦用了腐刑，他们便全部成了废人，不如改用杖刑，这样他们还是能够劳动，为皇上服务。"

朱元璋想了想，最后还是同意了。

洪武十四年（1381），薛祥因为牵连到一个案子，最后竟然被朱元璋命人用廷杖活活打死，四个儿子也全都被贬到琼州。薛祥死时，天下百姓无不为之落泪。

薛祥是一个颇具治国能力的千古好官，为国为民，最后却悲惨收场，竟被朱元璋杖责而死，呜呼哀哉！

不过，这样的好官定会名留青史，百姓永远不会忘记他！

奏章写得太长，就要被当众扒下裤子打屁股；不小心牵扯到什么案子，就要被廷杖活活打死，还要全家流放。这洪武年间的官可真不好当呀！

不过，有道是"万般皆下品，唯有读书高"，中国古代学子谁又不想通过科举，考取功名，入朝为官呢？下面我们聊聊明朝的科举。

第十一章　明朝科举

在谈明朝的科举之前，先来看看古代的入仕指南。

入仕指南

在古代，你若想做官，只有三种途径：一是世袭，二是举荐，三是科举。

1.世袭制。这种制度盛行于夏、商、周时代。在这种制度下，你这辈子能不能当官，完全靠命。就是说，你祖上如果是开国功臣，那么你一出生，就注定日后将入朝为官，吃上皇粮。而且这世袭制还是个"长期饭票"，只要王朝存在，你的子子孙孙都可以继续当官，有饭吃。

2.举荐制，即九品中正制。这种制度盛行于汉朝。当时按照家世、德才和孝廉情况，将士人分为上上、上中、上下、中上、中中、中下、下上、下中、下下，一共三等九品（明朝的举荐制，主要以德行为本，而文艺次之，选用之人分为八种：聪明正直、贤良方正、孝悌力田、儒士、孝廉、秀才、人才、耆老）。你若是生在普通百姓人家，品行不错，在家孝顺父母，在外时常助人为乐，时间一久，美名在十里八乡得到颂扬。某天，一不小心惊动了朝廷官员（最好是宰相之类的大官），这位朝廷官员心情不错，举荐你入朝当官，那么你就能鲤鱼跳龙门，光耀门楣了。

3.科举制。这种制度从隋唐开始，一直沿用到清朝，是通过考试选拔官吏的一种方式。这种制度不看家世（有时候父亲太厉害还会有负作用，譬如杨廷和权倾天下，儿子杨慎才冠天下，主考官却不敢点他为状元，怕别人说作弊），完全看个人能力，与前面两种制度相比更为公正。

科举制发展到明朝，已经形成了完备的制度，共分四级：院试、乡试、会试和殿试。考试内容为儒家经义，以"四书"文句为题，规定文章格式为八股文。

（1）院试

明朝的读书人，若是一心立志想要通过科举入朝为官，光耀门楣，那么先要好好学习，参加院试，院试合格才能取得生员（秀才）资格，才可以进入府、州、县学学习。因此，可以将院试看作入学考试。

（2）乡试

通过了院试，取得了生员的资格，才能参加三年一次的乡试。这个乡试，大家可不要顾名思义，以为是乡里组织的统一考试，其实它的规格还是很高的，按照现在的考试制度来看，应该等同于高考。明朝规定，每三年在各省省城（包括京城）举行一次乡试，因为一般在八月举行，所以又被称作秋闱（闱：考场）。主考官往往是由皇帝亲自委派的。考试合格者叫作举人，第一名称为解（jiè）元。很多人知道，明朝的唐伯虎有解元的称号，也就是说他的成绩相当于江苏省全省第一！

（3）会试

如果通过了乡试，那么还要再接再厉，参加会试。明朝规定，每三年在京城举行一次会试，因为一般在二月举行（清乾隆时改为三月），故又被称作春闱。考试由礼部主持，各省的举人和国子监监生皆可参加考试。一般来说，国家会录取300名合格者，称为贡士，第一名叫作会元。

（4）殿试

成为会试的300名合格者之一，才有机会参加殿试。殿试是皇帝亲自主持的考试，考的是策问。殿试后，合格者成为进士，分三甲录取。一甲赐进士及第，只录取三名，第一名称为状元，第二名称为榜眼，第三名称为探花，合称三鼎甲；二甲赐进士出身，一般选取二三十名（每个朝代不一样），第一名（也就是总排名第四名）称为传胪；三甲赐同进士出身，剩下的合格者全是三甲。

一个读书人若是在乡试中得了"解元"，在会试中得了"会元"，最后在殿试中又考了第一，得了"状元"，便是所谓的"连中三元"。整个大明朝完成这一高难度成就的只有三人，分别是黄观、李骐、商辂。

以上三种选拔人才的方式，到底哪种最为科学合理呢？

1.世袭制。或许大多数人都不喜欢这种制度，毕竟这种制度选拔官员的标准并非看本人，而是看其长辈。倘若祖上是个开国功臣，那么即使自己是个无能之辈，也会入朝为官。这种制度限制了底层优秀人才的上升空间，对国家的稳定和发展极为不利。

2.举荐制。其实明朝一年举荐之人达数千，可谓人才济济。可是我们翻阅史料笔记，就会惊奇地发现，其实被举荐为官的人大多数在史书上并没有留下传记，应该说是事迹不详吧。或许我们可以这样认为，一般被举荐者并没有什么突出事迹可以流传史册，当然也有极少数被举荐者成为一代名臣。

3.科举制。一聊起这种制度，许多人都认为不合理。他们认为，年轻的学子整天读书考取功名，这样一来，书是念了不少，但是只会纸上谈兵，写得漂亮文章，却没有实际工作能力。当时，文坛泰斗宋濂对此就有过非常糟糕的评价：

> 自贡举法行，学者知以摘经拟题为志，其所最切者，惟四子一经之笺，是钻是窥，余则漫不加省。与之交谈，两目

瞪然视，舌本强不能对。

——《宋学士全集·中顺大夫礼部侍郎曾公神道碑铭》

因此，许多人认为举荐制选拔的人才往往有实际工作能力，比科举制更为合理。其实这种观点失之偏颇，科举制同样有着举荐制无法比拟的优势。

第一，举荐制不如科举制公正。科举制虽然存在一些弊端，但是其公正性却是毋庸置疑的。寻求达官显贵举荐确实是入朝为官的一条捷径，不过，正如电影《长安三万里》中程公公说的那样："天下间的捷径，岂是为寒门所开？"李白和高适都想走这条捷径，却发现此路不通，说白了就是举荐制之路寒门学子一般是走不通的。同时，举荐制容易滋生腐败，如何有效地监督举荐制是一个很难解决的问题。

第二，科举制促进社会阶层的变动，有利于社会稳定发展。科举制虽然从内容和形式上束缚了应试者，选拔了许多眼高手低、缺少实际工作能力之人，但是科举制解决了阶层固化的问题，彻底打破了血缘世袭和世族垄断，促使社会中下层有能力的读书人进入社会上层，获得施展才智的机会，从而激发整个社会的积极进取精神。

下面说说明朝洪武年间科举发生的那些事儿。

洪武三年（1370），朱元璋下了一道命令，他在诏书中说道："自洪武三年八月为始，特设科举，以取怀材抱德之士……"也就是说，从洪武三年（1370）开始，明朝开启了科举取士的时代大门。

洪武三年（1370）举行乡试，第二年（1371）在南京举行了会试，叫作"开国第一科"。这第一科的主考官是当时的礼部尚书陶凯，浙江临海人。此人才华横溢，博学多才，写得一手好文章，乃是皇帝的御用文人，洪武时期的诏令、碑文很多出自他之手。会试中，他最后选取吴伯宗等120人的文章给皇帝过目，还为每篇文章写了序言，后来这便成为定例。

洪武四年（1371）的明朝第一次科举便录取了120名进士。当时读书人还不多，录取率相对来说还是比较高的，浙江一带的学子就占了三分之一的名额。

这第一科的状元叫作吴伯宗，考上后到礼部工作，直接被授予从五品的礼部员外郎。

当然，这次提拔是个特例，可能因为是明朝第一次科举，制度还不完备，后来的科举选拔任职就没有这么快的速度了。

当时开科举后，人们发现读书人不多，录取率不低，而且一旦高中的话，就能"华丽转身"，入朝为官，光宗耀祖；要是考了全国第一，还能直接去六部当个员外郎……如此一来，全国的有志青年纷纷加入了科举的队伍。

正当全国上下一片"科举热"的时候，又发生了一件大事。洪武六年（1373），朱元璋突然又下旨停止科举了。

这是为什么呢？

朱元璋发现，很多科举选拔的官员，"四书五经"背得滚瓜烂熟，考试要点掌握得不错，但是实际工作能力却不行。说白了，科举选拔的多是眼高手低、纸上谈兵的家伙，理论与实际相脱离，说啥啥都行，干啥啥也不行。

其实也不难理解，当时考的是八股文，要求必须由破题、承题、起讲、入手、起股、中股、后股、束股八部分组成，而且要用孔老夫子和孟老夫子的口气说话，四副对子要求平仄对仗。这种文体格式本来就比较死板，答案多是模板化、套路化的东西，难免会跟实际相脱离。

当时，科举选拔出来的人才让皇帝和官员很不满意，正如前文谈到的宋濂的经典评价："与之交谈，两目瞪然视，舌本强不能对。"简直就是一副活脱脱白痴的样子。当时，朱元璋刚刚建立明朝，百废待兴，求才若渴，可是科举选拔出来的人才却不尽如人意，于是他便下令停止了科举，采用举荐制。

科举才开三年便又停了，改用举荐制，这一改便是十年。

没有对比就没有伤害。举荐制用了十年后，朱元璋又觉得举荐制弊端很多，还不如科举制，于是又在洪武十五年（1382）宣布恢复科举制。不过，当时科举还没开考就出了状况，京城童谣四起，朱元璋还做了一个梦。到底是什么事情呢？这里先卖个关子，后面再细细讲来。

值得一提的是，明初的学子都会去背一本奇书，因为这本书是科举必考书目，而且如果背诵得好，研读得好，还可以破格提拔录用。那么这本奇书到底是什么呢？

第十二章　大诰三编

洪武十九年（1386），嘉定县有位农民唤作郭玄二，在本地受了民兵首领杨凤春的欺负，便约人一起手持《御制大诰》，准备到京城告状。二人路过淳化镇的时候，当地巡检何添观和当地民兵马德旺故意刁难，还向他们索要过路费。朱元璋得知此事后大怒，下令将民兵马德旺枭首示众，砍掉巡检何添观的双腿，还下令："今后敢有如此者，罪亦如之。"

意思是说，今后还有谁敢这么干，他们的下场就是"榜样"！

为什么这两位农民进京告状，要头顶一本书呢？这本《御制大诰》到底是何神物？《明太祖实录》中有这样的记载：

> 洪武十八年冬十月己丑朔，《御制大诰》成，颁示天下。
> ——《明太祖实录》

所谓"御制"，就是指明太祖朱元璋亲自编写。《御制大诰》于洪武十八年（1385）至二十年（1387）陆续颁行。

那么，朱元璋为什么要亲自编写此书呢？

洪武中期，朝中官吏贪赃枉法、士绅豪强兼并等现象日趋严重。朱元璋为了维护封建统治，仿照周公《大诰》之制，亲自编写了《大诰》一书。其实，这就是他处理审判贪腐刑事案件的案例汇编，以此告诫官吏们不要重蹈覆辙，同时也警示天下臣民要忠君孝亲。

法律方面的书本来就比较枯燥乏味，条文解释更是晦涩难懂。一方面，朱元璋书没读几天，文化水平不高，写不出来；另一方面，当时的百姓文化水平也不高，也看不懂。因此，朱元璋创新思维，写了本案例汇编，通过讲故事来告诉大家法律知识，值得肯定。

朱元璋编写《大诰》之后，一发而不可收，接着又编写了《大诰续编》《大诰三编》《大诰武臣》，统称为《御制大诰》。

朱元璋在《御制大诰》中创造发明出很多残忍的刑法，史上罕见，令人不寒而栗。当时《大明律》规定的刑法是五刑，笞、杖、徒、流、死。死刑只有两种，一种是绞刑，另一种是斩首。可是《御制大诰》中的刑法五花八门，许多古代刑法已经被废止了，但是又重新启用，例如刖足、斩趾、去膝、阉割等；《御制大诰》中还创造发明了断手、剁指、挑筋等古代闻所未闻的刑法，而且有时候一人可能身兼数刑，有时候因为一事而株连数百人，甚至达数万人，令人毛骨悚然。

应该说，朱元璋编写此书的出发点是值得肯定的，但是因为《御制大诰》中的这些酷刑，朱元璋在历史上也留下了暴君酷政的千古骂名。

《御制大诰》的内容到底是什么呢？

有人对《御制大诰》的内容进行了详细的分类，将其大致分成三类：第一类是整顿官吏，打击贪腐官员；第二类是惩治地方豪绅，以及黑恶势力的犯罪；第三类是处罚平民犯罪。

在第一本《大诰》里面的74条中：第一类内容共有53条，占了72%；第二类内容共有12条，占了16%；第三类内容共有9条，占了12%。

在第二本《大诰续编》里面的87条中：第一类内容共有52条，占了60%；第二类内容共有20条，占了23%；第三类内容共有15条，占了17%。

在第三本《大诰三编》里面的43条中：第一类内容共有18条，占了42%；第二类内容共有12条，占了28%；第三类内容共有13条，占了30%。

从以上分析来看，《御制大诰》主要针对的还是贪官污吏和土豪劣绅，而并非平民百姓。朱元璋之所以用酷刑，主要是想杀一儆百，让官员有所惧怕，不敢贪污；让土豪劣绅有所忌惮，不敢欺压百姓。当然，由于朱元璋治贪力度的加大，明朝治贪还是有所成效的。

要让天下臣民人人奉公守法还是有难度的，因为前提是让天下臣民人人懂法。现在摆在朱元璋面前的最大问题，就是如何做好普法教育工作，如何宣传推广《御制大诰》，让天下臣民人人懂法。

这个问题难不倒朱元璋，他采取了以下三种方式。

第一，家中收藏《御制大诰》，犯罪时可以减刑；没有此书，罪加一等。

朱元璋十分重视自己亲自编制的《大诰》，认为此书应当作为对天下臣民进行普法教育的课本，因此他利用绝对权威在民间强行推广。《大诰》颁行时，朱元璋宣告：

> 朕出是诰，昭示祸福。一切官民诸色人等，户户有此一本，若犯笞杖徒流罪名，每减一等，无者每加一等。所在臣民，熟观为戒。
>
> ——《大诰》

意思是说，我亲自编写的《大诰》，里面告诉大家哪些事情可以做，哪些事情不能做。凡我大明境内的官员与百姓，家中都必须收藏此书，倘若你们犯了罪，家中只要有此书，罪行便可减免一等；倘若家中没有此书，便罪加一等。所有臣民，要熟读此书为戒。

后来，朱元璋颁行《大诰续编》时，又进一步说道：

> 斯上下之本，臣民之至宝，发布天下，务必户户有之。敢有不敬而不收者，非吾治化之民，迁居化外，永不令归，的不虚示。
>
> ——《大诰续编》

意思是说，《大诰》和《大诰续编》两本书，是我大明臣民的宝贝，我现在发布天下，你们家中务必要收藏此书。如果有人不收藏此书，对此书有非议，就不是我大明教化下的子民，我要将他逐出大明境内。

颁发《大诰三编》时，朱元璋又重申道：

> 此诰前后三编，凡朕臣民，务要家藏人诵，以为鉴戒。倘有不遵，迁于化外，的不虚示。
>
> ——《大诰三编》

家中只要收藏此书，便可减免罪责；要是没有收藏此书，便罪加一等。在明朝，谁也保不准自己哪天会犯罪坐牢，《御制大诰》堪称全国普法教育课本，价格又不高，因此百姓以防万一，大都会在家中收藏。

第二，通过科举，扩大《御制大诰》的影响力。

朱元璋为了使《御制大诰》深入人心，将其作为科举考试的必修课程，科举考试要从《御制大诰》中挑内容出题。这个政策一出，明朝的读书人纷纷主动研读《御制大诰》，使其成为"年度第一畅销书"，而且民间还出现了很多私塾教师，专门讲解此书。

史书上记载,当时天下讲读《御制大诰》的师生(考官与考试中选者)来京朝见者多达19万人,朱元璋均赐钞遣还。19万人从全国各地来到京师讲读,规模如此盛大,在中国历史上堪称空前绝后。

第三,熟背《御制大诰》,可以直接当官。

史书上记载,朱元璋特地发文给国子监正官,要求他们仔细讲解《御制大诰》,并严格督促国子监熟读此书,以资录用,倘若有谁不遵守,就要严格处理。此外,那些熟背《御制大诰》的读书人,不仅可以获奖,而且还可以被破格录用为官,平步青云。

自古以来,在我国封建社会,平民要想入朝为官,只有两种途径,一是参加科举考试,二是朝中当官者(通常是宰相或吏部尚书等官员)举荐。至于一般的寒门子弟,连认识朝中高官的机会都没有,更别说举荐了。

而古代科举之难,相信大家都有所耳闻,许多寒门学子寒窗苦读一辈子,也未必能够高中当官。古代有学子新婚不久,便进京赶考,希望一举中第,光宗耀祖,可惜未能如愿;为了节约盘缠,便留在京中复读,等待下回科举,可是三年后的科举依然名落孙山;如此三年又三年……

现在朱元璋规定,谁要是能熟背《御制大诰》便能破格提拔,录用为官,自然会引导那些读书人不顾一切地去研读和熟背此书。

总之,朱元璋依靠强有力的行政手段,大力推广《御制大诰》,取得了一定的效果。正如前文所说,当时有19万人来到京城讲读《御制大诰》,百姓家家藏有此书,可以说已经深入人心。可是,朱元璋死后没多久,《御制大诰》就被百姓抛之脑后了。到了清朝修订《明史》时,《御制大诰》已经成为罕见的奇书，连修史者都找寻不到此书，相信这也是朱元璋生前没有预料到的。

《御制大诰》是整治贪官污吏的案件汇编，里面记载着很多案例。朱元璋治贪的力度和手段史上罕见，下面聊聊朱元璋的治贪打黑。

有句话叫作"官逼民反"，是说官员贪污腐败，逼得百姓不得不揭竿而起。因此，但凡是有些作为的皇帝，都会在治贪问题上下些功夫。中国历史上曾经出现过多位大力反腐治贪的好皇帝，例如唐太宗、宋真宗、雍正帝等。

朱元璋出身于社会底层，见惯了贪官污吏欺压百姓，深知民间疾苦，恨透了贪官污吏，这也使他成为史上治理贪官手段最狠的一位皇帝。

朱元璋曾诏告天下："为惜民命，犯官吏贪赃满六十两者，一律处死，决不宽贷。"并下旨强调，上到中书省和六部，下到地方府、州、县，不管是谁，一旦发现贪赃枉法，便要秉公执法，一查到底，绝不姑息。

贪污60两银子就一律处死！那么，明朝60两银子的购买力换算成人民币是多少钱呢？我们来折算一下。

由于通货膨胀的原因，我们要是直接用现在的银子价格来换算，显然是不合理的。而大米是百姓的生活必需品，相对来说，米价更为稳定，下面我们通过米价来进行换算。

明末清初思想家顾炎武在《日知录》中记载，洪武十八年（1385）规定，银一两换米两石。石是计量单位，每个朝代都不同，明朝的一石米约为120斤，如果按平均米价6元/公斤来换算，洪武年间60两银子的购买力相当于人民币43,200元左右。

换句话说，在洪武年间，若是贪赃43,200元便要被处死，现在听起来真是让人不寒而栗。

朱元璋是治贪花样最多的皇帝。朱元璋以武取得天下，硝烟中成长的皇帝往往带着凶狠的特点。他惩治贪官的方法五花八门，一方面继承了凌迟、阉割、族诛等传统酷刑；另一方面还搞创新，创造发明了剥皮楦草、挑筋、断指、断手、削膝盖等新式酷刑。

这么多的新式酷刑中，剥皮楦草最具特点。所谓剥皮楦草，就是将贪官处死后，剥下他的皮，在皮囊内填充稻草和石灰，按照贪官的形象做成"标本"。"标本"做成后挂在贪官生前所任公堂的墙壁上，警醒下一任官员，时刻提醒他切勿重蹈覆辙。读到此处，不禁令人联想，下一任官员坐在这公堂上，背后墙壁挂着上一任的人皮标本，阴风阵阵，不知作何感想。

朱元璋不仅在惩治贪官的酷刑上有创新，而且在如何查处贪官的问题上也有创新，令人拍案叫绝，发人深省。

治贪

明朝初年，南方运粮到北方通常走水路，称为漕运，运送粮食的船只叫作漕船。为了保证漕运顺畅，朝廷每年都会拿出一笔可观的费用用于漕船建造和维护。自古以来，朝廷的建设部门和采购部门都是肥差，一来可以私下拿回扣，二来可以向上谎报，暗中截留一些钱财。大奸臣严嵩倒台之时，贪腐之巨胜过大明朝廷，令人瞠目结舌，当然这肯定与严嵩之子严世蕃在工部长期担任侍郎一职有关。

有道是"人为财死，鸟为食亡"，虽说当时查处贪官力度很大，刑罚严苛，但是负责漕船建造的官员还是铤而走险，暗中猛捞油水，损公肥私。

那么，当时的官员是如何捞取油水的呢？

漕船主要是用木板和铁钉建造的，若是向上虚报木板数，中饱私囊，到时候审计官员下来，只要拿出尺子一量，便一清二楚、明明白白。即使这些钱贪下来，也是没命花的。

这些官员也不傻，可不敢拿木板做文章，全都瞄着这铁钉。为什么呢？因为铁钉钉到木头里面去了，一是不能清点，二是不能称重，审计官员即使想查，也很难核查。

这其实有点类似我们现在的隐蔽工程。比如，造好了一栋大楼，审计人员去核查到底用了多少钢筋、多少管线，到底有没有虚报。审计人员会拿出设计图纸，测量出钢筋、管线的长度和数量，然后再按实际比例扩大计算。

今天我们有一套行之有效的科学方法，可是在明朝还没有。当时的审计官员只能查看材料台账，再找来工匠和官员询问一番，只要双方说法没什么大的出入，能够自圆其说，这事一般也就过去了。如此一来，掌管漕船建造的官员便和工匠沆瀣一气，私下串通，向上虚报铁钉用量，暗中截留一些，中饱私囊。

朝廷每年要营造不少漕船，旧的漕船还要维护保养，要使用铁钉耗材，日积月累，积少成多，这账目还真不少。

当时，有些胆子大的官员不仅虚报铁钉数量，还暗中偷工减料，所造之船乃是"豆腐船"，一经风浪，便会散架，沉入江中。朝廷想要调查，可是船已沉入江中，没有证据，也只能不了了之。

这种事在官场里算是潜规则，历朝历代都有，或许有些人早已习以为常，见怪不怪了。不过，这事不知怎的传到了朱元璋的耳中。他当即大怒，决定找个机会好好治治这帮贪官，改改这官场的陋习。

一日，朱元璋视察漕运衙门。文武百官自然不敢怠慢，前呼后拥，好不气派。说来也巧，当时有一艘漕船刚造好，停在岸边。朱元璋朝船走去，众人连忙跟了过去。

他当众指着那艘漕船，缓缓问道："这船用了多少铁钉啊？"

旁边陪同的漕运官员一听，眉头一皱，心中暗呼不好，连忙双手一挥，"甩锅"了，示意造船的工匠去回答。

旁边的工匠十分机灵，立即拿出厚厚的账本递到朱元璋面前，然后一边翻，一边解释铁钉的用量。

朱元璋听后，一言不发。

众人见状，吓得大气也不敢喘。

过了片刻，朱元璋缓缓说道："来人啊，拿个火把过来。"

没过多久，便有人拿了火把过来，递给朱元璋。

朱元璋接过火把，二话没说，往那船上随手一扔，就把那艘崭新的漕船给点着了，顷刻间，那船便被烧得一干二净。

一艘漕船耗费巨资，就这样付之一炬，众人无不吓得目瞪口呆。

这时，朱元璋指着那火堆，说道："你们去把里面的铁钉子全部找出来，然后一一过秤。"

众人一听，纷纷上前捡铁钉并一一过秤，没过多久便算出了铁钉总量。

铁钉总量算出来后，朱元璋看着营造漕船的官员和工匠们，说道："以后每只漕船铁钉，不管你们用多少，只能按这个数量上报。"

营造漕船的官员和工匠们一个个吓得大汗淋漓，战战兢兢，连连点头说好。

这"烧船称钉"的方法并非朱元璋首创，在他之前，宋人许元就用过这个方法，在魏泰的《东轩笔录》中有记载。虽说这方法不是朱元璋所创，但是他能够结合实际，科学借鉴，还是很值得称道的。

朱元璋这一生治贪到底杀了多少人，史书上没有直接记载，而洪武四大案中的空印案和郭桓案就是贪腐案，史书记载这两案共杀了七八万人。只凭这两案，朱元璋便能"荣登榜首"，成为历史上处死官员最多的皇帝。(这两件大案暂且按下不表,后面细细道来。)

扫黑

自古以来,贪官污吏总与黑势力暗中勾结,欺压百姓。一方面,黑势力需要贪官污吏充当他们的保护伞,从而发展壮大;另一方面,贪官污吏也需要黑势力帮忙搜刮民脂民膏,帮忙干些见不得人的勾当,于是对他们的不法之事睁一只眼闭一只眼。朱元璋整顿吏治如此坚决,对黑势力更不会心慈手软了。

洪武十八年(1385),溧阳县有个官差名叫潘富,说白了就是地方上的"黑老大",府中养了几百号游手好闲之徒。当时溧阳县县令叫作李皋,也非善类,二人沆瀣一气,暗中勾结在一起。潘富"狗仗人势",巧立名目,明目张胆地向地方百姓搜刮钱财。

当地百姓见他有权有势,黑白通吃,在溧阳县只手遮天,个个敢怒不敢言。

潘富见李皋乃是个好色之徒,为了讨好他,便从苏州买来一个美女送给他。李皋见那女子美艳动人,两眼放光,心中欢喜万分,一番云雨之后,更加割舍不下,于是便将女子安顿在潘府,以待日后再来幽会。

肉挂在狼的嘴边,你说这肉能安全吗?

可笑的是,李皋刚走,潘富见那女子楚楚动人,当即见色起意,便也跟那女子一番巫山云雨。潘富尝到了甜头,又怎会放下?于是他索性将这女子纳为小妾,据为己有了。

李皋得知后大怒,想要跟潘富翻脸,可是想想他在地方上一呼百应,势力非同小可,便也无可奈何,只得忍气吞声。

连县太爷都不敢惹他,潘富更加肆无忌惮,不停地向百姓敲诈勒索。若有百姓拒绝上交或是上交不及时,他便会拳打脚踢,毫不手软。当地百姓谈潘富色变，唯恐避之不及，只好老实交钱了事。潘富就是利用这种非法的手段，肆无忌惮地搜刮百姓钱财，从而富甲一方。

当地有个百姓叫作黄鲁，被潘富逼得走投无路，只得冒死上京向皇帝老儿告御状。朱元璋得知后大怒，当即拍案而起，下旨捉拿潘富，严查此案。本以为这事到了这里也就结束了，没想到还只是个开始。

朱元璋下旨捉拿潘富，没想到潘富耳目众多，事先得知消息，早就逃之夭夭了。

在他逃亡的一路上，各地党羽纷纷前来相助，竟然不顾国法，不惜与官府缉捕人员公然对抗，帮助潘富逃跑到崇德县的富豪赵真府中。

这个富豪赵真家财万贯，府中也蓄养了几百号无业游民，暗中做些贩卖私盐的非法勾当。缉捕的衙役得知情况，随后赶来，赵真连忙命人将潘富暗中护送到附近的一座寺庙里，还纠集200余人，反将缉捕潘富的差役们团团围困，直至杀伤人命，这才扬长而去。

朱元璋知道后，暴跳如雷，决心彻底铲除这帮黑势力，为民除害。他下令，凡参与围攻差役的200多户人家，全部斩杀，抄没家产；沿途藏匿潘富、助其逃跑的107户人家，全部砍头示众，抄没家产。

朱元璋这扫黑的力度和手段可着实厉害！绝非一般皇帝所能比肩！

第十三章　休养生息

新王朝建立时，因为连年战乱，百废待兴，只要是脑子稍微正常一点的皇帝都会实行休养生息政策，朱元璋也不例外。不过现在有个问题摆在朱元璋的面前，如果不解决，就无法休养生息，发展农业。

元朝末年，官吏腐朽不堪，各地群雄并起，连年战乱。当时，许多百姓为了躲避战乱，只得丢弃田产家业，背井离乡。等到朱元璋平定了天下，建立大明王朝后，才一个个扶老携幼，兴高采烈地回乡。可是，等他们回到家乡，全都傻眼了：自己以前的田地早被别人占走了，还种上了庄稼。

"这明明是我家的田地，这些年我虽然在外乡，你也不能占了我的田地，让我成了失地的流民啊。"被人抢占了土地的百姓想想，心里很不平衡，纷纷拿出地契上告官府，要求拿回土地。

占了土地种上庄稼的百姓也不乐意了。"你逃了那么多年，土地荒了那么多年，我帮你开垦成熟地，你现在一回来就要拿回土地，那我不是白种了？而且现在改朝换代了，你这地契早就过期作废了，凭什么拿着一张废纸，就要求我归还土地呢？"

双方似乎都有些道理，如果告到县衙，该如何判决呢？

如果按照现在西方土地私有制的法理精神来讲，自然是看地契，因为土地是百姓的私有财产，虽然改朝换代，但是也改变不了回乡百姓私有财产的事实啊。所以地契还是有效的，土地应该要还给回乡百姓。可是在中国封建社会，土地全是皇帝的，并非百姓私有，那么县太爷该如何处理？

第一，不归还土地，谁占归谁，那么将纷争四起，社会不稳。按道理，封建社会的土地并非百姓私有，现在王朝更替了，那么地契自然也就没有用了。但是也决不能说谁现在占了土地，这个土地就是谁的。

第二，认同地契有效，按地契判决，也不切合实际。当时这种事情并非一件两件，而是群体性的事件，如果真让县太爷按地契一一判决的话，估计县太爷就是不睡不吃，还没有判决完案子，也已经累死在岗位上了。而且还有一个不合理的地方：你外逃他乡多年，田地本来荒掉了，可是人家给你开垦好了，你总不能白捡这个便宜吧？

因此，上面两个一刀切的方法是行不通的，不过这个难题却难不倒睿智的朱元璋。"没有三两三，哪敢上梁山？"要是朱元璋没有智慧，怎么可能建立明朝？

朱元璋立即发布了一个《大赦天下诏》，内容如下：

> 州郡人民，因兵乱逃避他方，田产已归于有力之家，其耕垦成熟者，听为己业；若还乡复业者，有司于旁近荒田内如数给与耕种。其余荒田，亦许民垦辟为己业，免徭役三年。
>
> ——《明太祖实录》

意思是说，百姓为了躲避战乱，外逃他乡，回乡时发现自己的田地被其他有耕种能力的百姓占据了，如果还没有开垦成熟田的，就可以拿回去；如果已经开垦成熟田了，就不能再要回去了，政府按照原有田地的数量和条件，再分配一块荒地，自己开垦。凡是没有人耕种的其他荒地，谁有能力，谁去开垦，就归谁了，而且新开垦的荒地，三年不用缴税，不派徭役。

从这个诏书中，我们可以看出朱元璋的治世智慧。他并没有一刀切，而是采用了分类讨论的思想，完美地处理了土地纷争问题，维护了社会的和平与稳定。可见，朱元璋是一个了不起的现实主义者。

移民热潮

有道是"食为政先，农为邦本"，说白了就是先吃饱肚子，不然全部免谈。朱元璋是农民出身，在农村长大，对农业问题了如指掌，也深知恢复农业生产迫在眉睫，于是出台了一系列鼓励农民生产垦荒的好政策。

由于连年战乱，各地发展极不平衡。有些地方地广人稀，正如前文所言，只要你愿意去垦荒，自己开垦出来的荒地，朝廷还给你发地契。只要大明王朝还在，这土地都归你所有，同时朝廷还免费给你提供耕牛、农具和种子。为了进一步激发你垦荒的热情，朱元璋还颁布法令，你开垦出来的荒地三年不用赋税，还不给你派徭役。

老百姓心中都有一本账。在自己家乡无地可种，假如给富户打工种地，除去被剥削的，也不会剩下多少口粮；与其一家人食不果腹，倒不如带上家人，移民他乡，开荒种地，重新开始。因此那个时候，只要有人愿意带头，振臂一呼，亲朋好友、左邻右舍都会纷纷跟随，一起移民他乡。这移民的规模还真不小，距离也不短，从南到北，从东到西，比比皆是。

农民只要手中有土地，生产积极性就上来了。当时政策导向好，百姓纷纷响应号召，拖家带口，移民他乡，开荒种地。洪武初年，全国人口流动现象非常普遍，且有很多跨省的大规模人口流动，如"江西填湖广""湖广填四川"等。总之，全国上下掀起了开荒种地、农业大生产的热潮。

朱元璋出身贫寒，一直十分关心农民。他知道好的政策还需要有好的官员去执行，所以他在百官面前更是苦口婆心地盼咐他们要善待农民，减轻赋税，帮助农民恢复生产。洪武元年（1368），他还特地召集全国性的官员大会，在会议上对各府、州、县的"一把手"语重心长地说道："天下刚刚安定，百姓财力都很困乏，就像刚刚学会飞翔的小鸟，我们不能拔它的羽毛；也像刚刚种植的树木，我们不可动摇它的根基。一定要让百姓好好休养生息。"

> 太祖谕之曰："天下初定，百姓财力俱困，譬犹初飞之鸟不可拔其羽，新植之木不可摇其根，要在安养生息之。……"
>
> ——《明太祖宝训》

朱元璋语重心长、苦口婆心地强调过多次，可是有些官员却仍然没有放在心上。

一日，朱元璋闷在宫中太久，便想到南京的三山门去走一走，察访民情。

他刚出城门不久，便看到一些农民光着身子，泡在河水中，像是寻找着什么。当时已经是寒冬腊月，天气十分寒冷，可这些人为什么会光着身子泡在水中呢？

朱元璋心中十分纳闷，于是上前询问他们到底在找什么东西。

"锄头。"那些人头也没抬，回答了一句，又继续寻找起来。

"锄头？这不是农民的干活儿工具吗？怎么会在河里呢？"朱元璋心里头更加纳闷了，于是又问了一句。结果，原因让他十分气愤。

原来，农民们的锄头是被督工的官吏扔进河里的。

自己一而再，再而三地规劝百官要善待百姓，减免赋税，帮助他们恢复生产，没有想到这些官员当着自己的面一个个唯唯诺诺，满口答应，一转身就把自己的话当成了耳旁风。再说了，这些当官的不爱惜百姓也就罢了，竟然还变着法儿祸害百姓，竟然把农民的锄头扔进河里，可恶至极。

　　朱元璋越想越生气，立即让农民们全部上来，命人给他们送来了新锄头，又把督工的官吏抓了起来，当着众人的面狠狠地暴打了一顿，还治了罪。百姓纷纷叫好，无不称快。

　　朱元璋的"三年免税"政策自然是好的，但是在执行过程中却出现了一些偏差。一些地方官员为了自己的政绩考核优秀，想办法多缴税收，一见百姓有了收成，便蠢蠢欲动，于是没到三年便开始向百姓收税了。

　　这皇上说好的三年免税，你倒好，没到三年就开始征税了。百姓心中虽说不爽，但是自古以来民不与官斗，没有办法，只得卷铺盖走人，继续移民到那些严格执行三年免税的地方，继续垦荒，发展生产。如此一来，有些地方刚刚开垦出来的荒地又被抛荒了。

　　可见，上级虽然有好的政策，但是执行到位更重要，不然，再好的政策也是一场空。

　　当然，还好有些地方官员非常讲信用，例如山东济宁府的知府方克勤（方孝孺的父亲，浙江台州人）就严格执行了朱元璋的三年免税政策，使老百姓得到了很大的实惠，各地垦荒百姓蜂拥而至。济宁府的户籍人口陡增一倍，从原来的三万增加到了六万；赋税更是增长了十多倍，从原来的万余石增加到了十四万四千余石。

　　本来老百姓都不愿意背井离乡，而由于朱元璋的各种优惠政策，全国上下到处都有规模不小的移民运动。由于各地方官理解

第十三章　休养生息

和执行的力度不一样，有些城市拥入了大批外来人口，例如山东济宁府；而有些政策执行不到位的城市难免存在人口流出，山西繁峙县就出现了大量人口流出，当地官员有些急了。

洪武二十四年（1391），山西繁峙县当地官员就给朱元璋写了本奏章，说自己经过统计核查，发现繁峙县的城市人口流出了三百多户，而且这些人流出后，逢年过节也不回来，想要在外面安家立业了，所以自己准备派遣军队将这些人追捕回来。

当时山西本来就是地狭人稠，现在其他城市政策红利不断，人口流出乃是再正常不过的现象，你现在却要派人追捕，这干的是什么事啊？试问将这些人追捕回来，你又该如何安置呢？

朱元璋不以为然，说道："老百姓就是因为在当地吃不饱穿不暖，或是政令太过残酷，这才出逃的。如果当地能够使他们丰衣足食，又没有严酷的政令，你们就算是赶他们走，他们又怎么会轻易离开，远走他乡呢？"

民窘于衣食或迫于苛政则逃，使衣食给足，官司无扰，虽驱之使去，岂肯轻远其乡土？

——《明太祖实录》

朱元璋接着告诉繁峙县官员：你也不要派人追捕了，他们爱在哪里生活就在哪里生活好了，你现在应该做的是好好安抚当地其他百姓，这才是正事。同时，他又告诉那些百姓流入城市的官员，要好好善待他们，让他们加入城市户籍，让他们有归属感。

从这件事情来看，朱元璋确实是个为民服务的好皇帝！

总的来说，或许因为有些地方官员的信用问题，朱元璋的三年免税政策没有得到很好的贯彻，没有取得预期的效果，但还是起到了积极作用（毕竟还有一部分像方克勤那样的官员），促进了明朝经济的恢复，户籍人口和国家赋税也增长了许多，朱元璋自然高兴得合不拢嘴。

史书上记载：

田野辟，户口增。

——《明太祖实录》

意思是说，土地开垦，户口增加。官方有个统计，洪武二十六年（1393），全国耕地面积为八百五十七万七千六百二十三顷，户口总数为一千零六十五万，人口总数为六千零五十四万。

这是明朝最高光的时刻，后来明朝历代皇帝都无法超越。到了朱元璋的孙子明仁宗朱高炽的时候，全国耕地只有四百多万顷，户口不到一千万，人口只有五千万了。即使到了明孝宗弘治十五年（1502），明朝中期的鼎盛时期，全国耕地面积又增加到八百三十五万七千四百八十五顷，户口总数为一千零四十一万，人口总数为五千零九十一万，仍没超过洪武时期。后来，耕地面积一路下降，到了万历年间，张居正实行"一条鞭法"后，耕地面积有所回升，也才七百多万顷。

为什么洪武年间耕地那么多，后来却越来越少呢？难道这些新开垦的土地又被抛荒了吗？这是一个让人费解的问题。

有些学者指出，洪武十四年（1381）曾经做过一次全国耕地面积和人口普查，当时还编制了赋役黄册；每十年一次普查，之后洪武二十四年（1391）也做过一次普查；据此推算，洪武二十六年（1393）应该没有做过普查。因此，这个数据的真实性值得怀疑。

更多的学者认为，实际耕地面积不会减少。洪武年间新开垦的土地所有权归了百姓，不过，后来土地又不断慢慢被兼并到权贵手中。百姓自然不敢瞒报土地，但是这些权贵为了逃避赋税，定是瞒报了不少土地。

屯田

朱元璋下令开荒种地，谁开垦的土地就归谁，掀起了移民大热潮。这种人口大规模跨省流动是百姓自发的，不太好管理，于是朱元璋就创新模式，准备有组织地开荒。

当时，监狱里关了不少罪犯。朱元璋在心中默默算了一笔账，有些罪犯被判了死刑，死了也就一了百了，不会给朝廷带来任何负担；可是还有些没被判死刑的罪犯，关在监狱中，需要国家供养，成了负担。于是，朱元璋想到了一个办法，他令人将这些罪犯用绳索捆住，押送到人烟稀少的地方，进行劳动改造，让他们开垦荒地。这些荒地归朝廷所有，不过开垦荒地还是有一定资金奖励，也免费配发耕牛、农具等，新开垦的荒地同样有三年免税的优惠政策。

官给钞，户三十锭，使备农具，免其赋役三年。

——《明太祖实录》

如此一来，这些罪犯不但没有成为朝廷的负担，还为朝廷创造了价值，为社会贡献了力量。

像这种朝廷有组织地开垦荒地、耕种粮食叫作屯田。当初江南富户太多，聚集在一起，朱元璋担心不好管理，于是强行将一些江南富户迁移到南京、凤阳等地，一来便于管理，二来希望这些富户能带动当地百姓一起致富。不过，效果似乎不是太好。

洪武六年（1373），有个蒙古官员见四川、宁夏有大量肥沃的土地没有人耕种，实在可惜，于是递了本奏章给朱元璋，说四川和宁夏两地有沃土千里，无人耕种，建议朝廷招集流民，前去开垦耕种。

宁夏境内及四川西南至船城，东北至塔滩，相去八百里，土膏沃，宜招集流亡屯田。

——《明史》

朱元璋当即采纳了意见。

当时，朱元璋还派遣邓愈、汤和等人屯田于陕西、河南等地，又将北平和山西一带的农民迁徙到凤阳屯种。

在我国古代，朝廷为了减轻军队负担，在不打仗的时候搞军事屯田，专心农业生产，以自给自足。很多朝代，例如隋朝、唐朝、宋朝都有军事屯田，明朝也不例外。

朱元璋在打天下的时候，朱升就提出了九字方针："高筑墙，广积粮，缓称王。"当时，朱元璋就在军队搞过农业大生产运动，涌现出像康茂才这样的全军农业生产"先进个人"。于是，朱元璋干脆让康茂才改行，任命他为都水营田使，主管军队的农业生产。不过当时天下未平，战争不断，军队主要是用来打仗的，生产运动规模不大，但是这种做法流传下来了。

后来，朱元璋平定天下，建立明朝。不过北边蒙古势力虎视眈眈，因此军事力量主要驻防北边，军粮都是向内地百姓征收的，然后派人运送到北方，路途遥远，纳粮、运粮成了朝廷的负担。

这时候，有个叫宋讷的官员，给朱元璋递了本奏章——《安边策》，奏章中说道："现在虽然天下太平，但是北方蒙古残余部队一直虎视眈眈。若是我们派遣大军前去征讨，往返数千里，运粮比较困难。倒不如在边境屯田，远近相望，首尾呼应，按时耕种，训练有法，如果敌人来了，那么就投入战斗，将敌人打跑了，就继续耕作。只有这样，边境才能长治久安。"

以前，明朝派大军征讨边境的北元残余部队，从内地征粮再运到北方，是个让人头疼的事情。而且，北元一见明朝大军前来征讨，立即逃得无影无踪；等到明军一走，又来边境袭扰。如此一来，明军甚是被动。现在宋讷提的建议好，直接让边境部队搞生产，自给自足，敌人来了，就放下锄头，拿起长枪干仗；敌人跑了，就放下长枪，拿起锄头耕种。如此一来，即使打仗也不用千里送粮，"快递费"也省了，而且不用被北元部队牵着鼻子走了，局面也就打开了。

朱元璋看完奏章后，龙颜大悦，于是下令边境军队开始屯田。当时有四处边境农业生产搞得有声有色，一处是北边，一处是辽东，一处是西北，还有一处是云贵地区。当时，部队屯田还有一个标准规范：边境部队，十分之三的人守城，十分之七的人屯田耕种；内地部队，五分之一的人守城，五分之四的人屯田耕种。

> 边地，三分守城，七分屯种。内地，二分守城，八分屯种。
>
> ——《明史》

每支部队按照规定拨给田地、耕牛、农具等，士兵不但要种粮，还要种果树，如柿子树、枣树、桑树，应有尽有，一派生机勃勃、安居乐业的景象。

每个士兵屯田还有年度生产指标，一个士兵一年的粮食生产任务是18石，6石是上缴国库的，还有12石留下来，给自己当口粮。史书上记载，洪武二十一年（1388），全国军屯大丰收，合计粮食收获500万石，当时部队大概100万人，平均下来，一人有5石，完全可以自给自足。

不用百姓一粒米粮，就能养活百万雄师，这在古代是很难做到的。所以朱元璋非常得意，说道："吾京师养兵百万，要令不费百姓一粒米。"

开中法

当时，明朝实行军户制，虽说百万军人，其实吃军粮的远不止百万人，毕竟还有父母双亲、老婆孩子，估摸着至少有四五百万人要养，所以说屯田养活部队差不多，养活所有人还是不够的。而且，收成好的时候能不靠百姓养活部队，但收成不好的时候连部队都养不活，又该怎么办呢？

聪明的朱元璋绞尽脑汁，又想到了一个好办法！

当时，食盐和茶叶都是国家管制的物品，贩卖食盐，有利可图，于是朱元璋发明了一种方法，叫作"开中法"。所谓"开中法"，就是朝廷以盐为中介，召集各地商人为边关运送军粮。就是说，若是洪武年间的商人想做食盐的生意，那么就必须组织人马将粮食运送到边关，边关会根据商人所运粮食的多寡和路途的远近计算出食盐的数量，开出一张盐引给商人。

商人拿到盐引之后，到上面指定的盐场去领取食盐，再到上面指定的销售区域去售卖食盐。

可见，盐引管理很严格，必须去指定的盐场领取食盐，必须去指定的区域销售。有些人对此可能不理解，其实道理很简单，就是便于管理。若是不指定盐场，商人们都去一个盐场领取食盐，那么这个盐场的食盐可能不够，很多人会白跑一趟；若是不指定售卖地区，全国都可以卖的话，那么假设商人们都去了江苏售卖，江苏的盐价就会很低，其他地方没盐可买，盐价自然会很高，容易造成社会动荡。

不得不说，朱元璋的"开中法"是个高明之举。本来古代运送军粮到边关，需要朝廷自己派人押送，耗费大量人力物力；现在引导商人组织人员派送军粮到边关，商人通过运粮又能拿到盐引，赚到钱财，工作非常积极。同时，盐引上对售卖地点和数量都有严格管理，非常的灵活有效，可以说是官民两利，达到了双赢的效果。

有了民间力量的加入，边关运粮的工作局面就完全打开了，历史上对这一做法评价很高。史书上记载：

有明盐法，莫善于开中。

——《明史》

第十四章　普查编户

休养生息，恢复生产，一派安居乐业、欣欣向荣的景象。接下来，朱元璋自然也要向老百姓征税、征徭役了。当时人口流动频繁，而且规模不小，在征税和徭役之前，朱元璋还有一件重要的事情要做，那就是人口普查，摸清人口和户籍的底数。

朱元璋让中书省制定全国统一的"户帖"（类似现在的户口登记簿），接着对全国各地官员进行统一培训，教他们如何填写，统一口径；各地官员回去后，再培训当地县衙工作人员，然后派这些人上门挨家挨户走访，以户为单位，将每户的居住人员一一详细登记，跟现在的户口登记有些类似：户主是谁？家里有几口人？分别叫什么？详细记录每个人的姓名、性别、年龄、居住地址、资产、田宅、职业等资料。

户帖填写好以后，盖上官府的齐缝印，一半给百姓自己保存，一半由官府收存。

户帖资料非常重要，务必真实准确，马虎不得。若是官员有意瞒报造假，一律斩首示众；若是户主有意瞒报作弊，一律处死，家属一律充军。

若是谁粗心大意，一不小心填错了，那后果也很严重。

每年要对照户口本核查，若是对得上，那就是好市民；若是谁没在这户口本上，对不起，那就是流民，直接抓去军队当兵。

朱元璋为什么对户口登记工作如此注重、如此严厉呢？

这也不难理解。现在国家安定，休养生息，生产恢复，人民安居乐业，朱元璋要做的是编户齐民，要靠这户籍去征收赋税和征派徭役，有序管理整个国家。谁若有意瞒报作弊，偷税漏税，他能不严厉处罚吗？

当时的户口登记还有一项特别重要的内容，即按照从事职业划定户籍，主要分为民、军、匠三大类。

民户：这不难理解，就是普通老百姓，承担赋役就好了。

军户：家中必须有成年男子去军队从军，父死子替，兄终弟代，世代相袭。就是说，百姓若是被划定为军户，那么世世代代都是军人；自己年纪大了，从部队退役或是去世了，那么儿子就要接替自己去从军；如果自己家中没有儿子，那就要从直系亲属中找一人来代替自己当兵；如果直系亲属中也找不到人，那就要从旁系亲属中去找；要是旁系亲属中也找不到人，那就麻烦了，自己花钱买人也好，坑蒙拐骗也罢，反正一句话，这户人家必须出一个人去当兵。抗倭英雄戚继光就是军户，因此他当兵时，直接就是登州卫指挥佥事，世袭了祖上的官职。

匠户：古代从事营造、纺织、工艺品等各种手工业生产之人。如果被划为匠户，就有徭役的责任，每年要给朝廷免费打工一段时间。当时这匠户是归工部管，分为轮班匠和住坐匠两种。洪武年间有规定，轮班匠必须每年到朝廷下属的手工作坊服役三个月，住坐匠必须每月到朝廷下属的手工作坊服役十天。服役期间，匠户的日子可不太好过，每天在官吏的监督下，天还没亮就要工作，干到晚上才能休息，非常辛苦。若是不想去服役，也可以，必须拿出钱财给官府，官府拿着这钱另外雇一个人服役。这匠户跟军户一样，谁若不去服役，那么儿子就要去服役，这叫"父死子继，役皆永充"。

或许有些人认为军户挺好，一生下来就注定吃国家饭。其实，当时军户和匠户的地位都比民户要低，尤其是匠户，很多人不愿意当。所以，国家管理非常严格，一旦定为军户或是匠户，就世世代代为军人或是匠人，改变不了，若是想要改变，只能靠皇帝特赦。

普通百姓怎么可能接触到皇帝呢？更不要说是皇帝特赦了，简直就是天方夜谭！

可见，科举是个好制度！通过科举能够打破阶层固化，依靠个人努力，实现"华丽转身"，所以古代许多读书人"两耳不闻窗外事，一心只读圣贤书"，希望通过科举改变命运。万历年间的名臣张居正本就是军户，靠科举进入朝廷为官，最后靠皇帝特赦，改变了自己的命运。

户籍除了民、军、匠三大类，还有一些小类，如儒、医、阴阳、灶等。

儒户：古代的读书人、文化人，类似现在的教师。

医户：古代从医之人，类似现在的医生、护士。

阴阳户：不少人以为是算命之人，专门判阴阳的，实则大错特错。阴阳户是专门计算时间的。古代没有钟表计时，就靠这阴阳户来推算时间，类似钦天监（好比现在的气象台）。

灶户：在盐场煮盐的工作人员。

或许有些人认为这样的划分不错，例如某户被划分为医户，那么就要世世代代做医生，可以将医术永久传承下去，发扬光大！

但其实，这样的划分很不科学，细思极恐！

比如百姓甲是匠户，但不懂造房子，让他去建造国家工程，倒也不打紧，可以挑挑灰，搬搬砖，打打下手；百姓乙是匠户（厨师），但不懂烧菜做饭，让他去给大家伙儿烧菜做饭，若是饭菜不可口，又或是半生不熟，吃了闹肚子，问题也不大；百姓丙是医户，但不懂医术，让他去给别人看病，那可是要出人命的，问题就严重了！百姓丁是军户，但不会骑马射箭，只是继承了祖上的职位，让他去指挥作战，那后果可就不堪设想了！

当时的扬州卫指挥单寿，就是继承了父亲的职位。有一次，他率领部队前往泰州逮捕贼寇，途中遭遇，全军上下无不奋力迎战；没想到这指挥官单寿倒好，平日里不操练武艺，也没见过这等阵势，吓得转身便逃，而且还指挥军队撤退，结果导致大败。

这个事件对朱元璋的触动很大，洪武二十七年（1394）三月初五日，朱元璋下令，要求武官子弟练习骑马射箭，还要检阅他们的武艺。

朱元璋对五军都督府的官员说道："朕曾经要求武官子弟操练武艺。现在天下长治久安，这些年轻人安享祖上俸禄，只知道酗酒、唱歌、跳舞，一旦袭职从军，一不会射箭，二不会骑马，怎么为国效力呢？扬州卫指挥单寿率兵前往泰州逮捕贼寇，在途中遭遇贼寇，吓得转身便逃，导致大败。这就是他平日里不操练武艺的结果。从今往后，武官子弟在闲暇的时候要多练习骑马射箭，继承祖上职位的时候，先由五军都督府考核，检阅他们的骑射武艺，只有通过考核，才能继承职位；不然的话，即使继承了职位，也只能给他一半的俸禄；三年后重新考核骑射武艺，还是不合格的，降为士兵。"

古代婚姻讲究门当户对，而军户、匠户的社会地位要比民户低，那么问题就来了。洪武年间，女方要是跟男方成亲，不会问男方家里有几套房子，是套房还是别墅，也不会问男方家里有几辆车，是奔驰还是五菱，但是一定会让男方拿出户口簿瞧瞧。

倘若女方是民户，一瞧男方的户口簿是军户，这门婚事绝对告吹！

为什么呢？

因为如果男方是军户，女方是民户，那么女方是下嫁，而且还要连累子孙后代，跟着男方也成了军户。

同理，如果男方是匠户，女方是民户，男方这"癞蛤蟆"也别想吃"天鹅肉"了。

朱元璋为大明王朝可算是操碎了心！他为大明王朝建立了一个层次分明、井然有序的社会结构，就好比一张棋盘，条条线线非常分明。天下百姓就是棋盘中的棋子，只要各司其职就好。若是农民就安心种田，若是士兵就好好保家卫国，若是商人就好好经商……谁也不要越俎代庖。当然了，谁若是想打破这种格局，那就好好读书，通过科举入朝为官，等待有朝一日得到皇帝特赦。

若是生在洪武年间，老子干什么，儿子和孙子也得跟着干什么。百姓没有就业的烦恼，不用穿西服打领带，到处面试找工作，只要做好自己的本分，按期缴纳田赋和力役就好。

这个棋盘看似完美无瑕、无懈可击，至少朱元璋是这么认为的。他老朱家就是下棋之人，天下百姓就是这棋盘中的棋子，只要按照这棋盘走下去，老朱家的江山定会千秋万载，永远不倒！

理想很丰满，现实很骨感！

朱元璋怕太监干政，立了祖训，说太监不得干预政事，可是中国古代宦官干预政事最严重的就是明朝！

朱元璋怕宰相权力太大，废除了宰相职位，可是后来又出现了内阁，而且这内阁的权力甚至比宰相还大！

朱元璋下令废除锦衣卫，焚毁刑具，可是锦衣卫照样四处抓人，横行无忌！

…………

朱元璋以为天下百姓乃是棋子，自己是下棋之人，其实他错了，他自己也是一颗棋子，而真正下棋之人乃是自然法则。

朱元璋以为自己打跑了元人，建立了大明王朝，创造了历史，其实他错了，在自然法则面前他很渺小，就如一粒尘埃，是历史长河中的一颗棋子，是一段历史的执行者罢了。倘若没有朱元璋，再过几年也会涌现出李元璋、徐元璋……

第十四章 普查编户

其实，真正推动历史发展、创造历史的乃是日夜辛苦劳作的百姓，是走南闯北的货商，是油灯下苦读的学子，是朝堂上争吵不休的官员，是边关上浴血奋战的将士……

默默无闻的人民群众才是历史真正的主人！

赋役黄册

从洪武三年（1370）开始，朱元璋就下令核查人口，编制户帖。到了洪武十四年（1381），朱元璋下令将这些户帖汇编成册，共做了四份，分别交给户部、布政司、府、县四个地方保管留存。册子封面是黄色的，所以叫作"黄册"。

朱元璋认为，做我的子民要知道自己的本分，田赋和力役本来就是要上供给朝廷的，这是我大明臣民的本分，乃是天经地义之事。

> 为吾民者当知其分，田赋、力役出以供上者，乃其分也。
>
> ——《明太祖实录》

这本黄册是朱元璋专门用来征收赋税和徭役的，因此又叫作"赋役黄册"。

赋役黄册编制的原则是里甲制度。里甲制度就是把一百一十户编为一里，一里之中，推举出十个富户轮流当里长，把剩下的一百户编为十甲，每甲为十户，每十年轮流一次为朝廷服役一年，每年都有一名里长和十名甲长服役；一里之中还有些鳏寡孤独无法服役之人，排在这一百一十户之外，叫作"畸零户"。

这赋役黄册做好后，还制定了严格的制度，从洪武十四年（1381）开始，黄册十年一造，就是说每十年进行一次人口大普查（毕竟十年间，有些人去世，有些人出生，变化很大），然后重新编制黄册。人口普查的时候，谁若有意隐瞒作弊，户主直接拉去处死，家属全部流放。

这编户齐民的工作十分烦琐，黄册编好后意义非常重大，不仅奠定了明朝二百多年的户籍制度基础，加强了对人口流动的控制，而且对全国的农业生产和经济发展有很大的帮助。

有道是"普天之下，莫非王土，率土之滨，莫非王臣"。一日，朱元璋看着这江山万里、千万子民，不由得龙颜大悦，于是翻开黄册闲看起来。这一看不打紧，倒是看出了问题。按照黄册的登记，天下百姓都种了粮食，但很少有百姓种桑、麻、木棉。这样一来，口粮是有了，但是没有桑布、麻布和棉布，没有衣服可穿，怎么过冬呢？于是，朱元璋让户部立即出个农业生产的指导性政策：如果农民种地五亩以上者，每五亩中必须种植桑、麻、木棉各半亩，以此类推。

朱元璋很聪明，还通过税收杠杆，鼓励百姓种植桑、麻、木棉。百姓若是按照这规定种植了桑、麻、木棉，那么他就对百姓少征税，甚至不征税。比如桑树没人种，他直接说种植桑树免征四年税收；而麻和木棉很少有人愿意种植，他直接说种植麻树每亩只要征收八两麻，种植木棉每亩只要征收四两木棉。百姓若是不按照上述意见种植也可以，到时候不种桑树的，出绢一匹；不种麻树的，出麻布一匹；不种木棉树的，出棉布一匹。

百姓心中都有本账，如此一来，大家都非常乐意地按照规定种起了桑、麻、木棉。

现在有句话叫作"数据统计是为领导决策服务的"，赋役黄册还颇有这方面的妙用，朱元璋越用越得心应手，越用越觉得这赋役黄册重要。刚开始登记的时候，黄册里面记载着每户人家土地亩数，但是没有土地的其他详细情况，需要进一步完善数据。于是在洪武二十二年（1389），朱元璋又派出一批国子监监生去全国各地丈量土地，并将每块土地形状画了下来，写上户主信息，编成画册，这个画册被后人称为"鱼鳞图册"。

后湖黄册库

赋役黄册一里一册，一里大概一百一十户。洪武二十六年（1393），户口总数为一千零六十五万，那么赋役黄册就有九万多册。而且十年一次普查，也就是说每过十年，又有九万多册，数量之多，令人惊叹。

这黄册一式四份，布政司、府、县各放一份，还有一份送到户部留存。这个档案非同小可，一是朝廷征收赋税的依据，不能随意销毁，要永久保存下去；二是涉及个人隐私，需要保密，官员和百姓不能随意查阅。资料那么多，又需要保密，到底放在哪里比较合适呢？

朱元璋聪明绝顶，还真给黄册找了个好去处，那就是玄武湖的黄册库房，老百姓称之为"后湖黄册库"。这玄武湖传说原本是江南第一富户沈万三的后花园。

这库房位置选得不错，四面环水，与外界隔绝，湖内和湖外防卫非常森严，寻常人进不来，即使是库房的工作人员每旬也只有两次机会（初一日、初六日）开船进湖或是出湖，自然不会泄密；担心因失火毁于一旦，朱元璋又强制规定，库房内禁绝灯火。

选定玄武湖建造库房的时候，朱元璋花费了不少的心思。当时，有个地方基层官员刚好进京朝见皇帝，于是朱元璋便询问他，说自己命令工部准备在后湖之中建造黄册库房，用来专门收藏天下黄册，那么这些库房的朝向如何才比较合适呢？那官员告诉朱元璋，库房应当东西朝向，早晚都能见到太阳，里面的黄册才不会受潮变质。朱元璋听从了这基层官员的建议，将库房全部建成东西朝向，前后都有窗户，以便通风和保证日晒。

十年一次人口普查，十年一次重修黄册，所以存放黄册的库房也要十年修建一次。修建的时候，朱元璋非常重视库房的工程质量，当时想了个办法，就是每根柱子都刻上工匠的姓名，若是日后发现是"豆腐渣"工程，就要追责这名工匠。

这不仅是实名制，而且是终身制，如此一来，很好地保证了库房的工程质量。

库房建造好了，那么接下来就要建造册架。考虑到蛀虫的问题，册架不用竹子建造，全部采用防蛀虫的木头。

值得一提的是，朱元璋还是个档案管理专家，有分类检索思想，将所有黄册按照年份先后和所属地区分库保存。

为了管理好这个黄册库房，朱元璋还专门下拨了编制。当时库房工作官员三十名，还有抬册夫、水夫、库匠等人，全部加在一起有一百来号人，同时还设置了馆长，由一名户部侍郎担任。

这些黄册时常需要整理和晾晒，而且黄册按照年份和区域摆放，很有讲究，寻常人又做不了。朱元璋又想到了一个好办法，每年派遣国子监监生去后湖黄册库实习，专门帮助整理和晾晒黄册。

后湖黄册库是中国古代规模最大的档案库，这么好的选址，又有人员专门管理，还有严格的管理制度，可以说是世界顶尖，是中国乃至世界古代档案史上的一个奇迹。后来朱棣迁都北京，也没有搬迁后湖黄册库。

或许是朝廷迁都北京的原因，后湖黄册库逐渐淡出了朝廷视野，到了明宣宗时期，由户科给事中主管了。

证税粮长

土地开垦好了，现在赋役黄册也编制好了，接下来就要开始收税了。可是衙门里工作人员没有几个，每天审案维持治安都来不及，又哪里有时间收税呢？而且元末腐败不堪，各种苛捐杂税压得百姓喘不过气来，贪官污吏借着征粮趁机中饱私囊，欺压百姓，让出身贫寒的朱元璋深恶痛绝。因此，他做了一个决定，不让基层官员去百姓家中收税。

那么，到底应该让谁去收税呢？

朱元璋想到了一个好办法，既然官员去收税容易出问题，那么就让百姓自己去收税好了。他认为，大家乡里乡亲的，抬头不见低头见，自然不好意思趁机多征税，中饱私囊。史书上记载："以良民治良民，必无侵渔之患。"不过，这只是他的一厢情愿罢了。

朱元璋还是高估了人性。

朱元璋按照每一万石粮划分一个粮区，将县划分成若干个粮区，每个粮区设置一名粮长和一名副粮长。粮长一般由当地德高望重的富户来担任，由他们去老百姓家里征税，朝廷不再另派官员前去征粮。

> 粮长者，太祖时，令田多者为之，督其乡赋税。
>
> ——《明史》

这粮长制乃是朱元璋首创，他也不敢将步子迈得太大，决定在全国先搞个试点看看，于是便将试点设在浙江。

洪武四年（1371）九月，明太祖朱元璋颁布了《蠲两浙秋粮诏》，率先在浙江实施粮长制；后来发现效果不错，将成功经验向全国推广，粮长制便成为明朝的一项重要制度。

这粮长制有个好处，不用官吏征税，给朝廷节省了开支。朱元璋曾在大诰中洋洋自得地说道："设置粮长以后，既方便朝廷，又方便百姓。为什么方便朝廷呢？比如一个县要缴纳税粮十万石，只要设置粮长十人、副粮长十人，加在一起也不过是二十人罢了，便能按期完成征收。只是辛苦粮长，朝廷只要派遣一个官员前往地方交接税粮便可。"

> 粮长之设，便于有司，便于细民。所以便于有司，且如一县该粮十万，止设粮长十人，正副不过二十人。依期办足，勤劳在乎粮长，有司不过议差部粮官一员赴某处交纳。
>
> ——《大诰》

粮长设置后，朝廷是方便了，但是将这征粮的"皮球"踢给了粮长，压力全在粮长身上。因为朝廷征粮的时候只问粮长要一万石粮，粮长若征得上来，那也还好；粮长若征不上来，只得自己想办法去填补这个空缺。

那么，当时为什么选德高望重的富户担任粮长一职呢？

道理其实很简单。一方面，德高望重的富户在地方上定然有些威望，也有影响力，当地百姓必然听从他们的命令，按期缴纳税粮；另一方面，这些富户家有丰厚的田产，如果税粮征收不齐，粮长有能力自己去填补空缺。

这税粮征收齐了，那是应该的；征收不齐，空缺部分还要粮长自己拿钱去补。只要脑子稍微正常一点，谁愿意去干这破差事啊？

又要马儿跑，又要马儿不吃草，天底下哪有这样的道理啊？朱元璋非常聪明，不想给钱，又想让粮长干活儿，于是又想出了一个好办法，就是给他们特殊的政治待遇。

一是每年七月，粮长都要跟着当地县官进京，直接面见皇帝。这皇帝是谁想见就能见的吗？乡下的有钱人见了皇帝，那可是祖上积德，"祖坟冒青烟"，荣幸之至，回乡见到亲朋好友便可吹牛，说自己某年某月某日进京见过皇帝，皇帝还跟咱说过什么话，这牛可以吹上一辈子，甚至可以记在族谱中。

朱元璋查阅朝廷对全国粮长的考核报告后，还会当众表扬、赏赐那些征粮优秀者，要是粮长会说话，惹得龙颜大悦，甚至可以直接提拔，入朝为官。洪武年间，浙江乌程有个人叫作严震直，因为家道富裕被选为粮长，在职期间勤勤恳恳，工作出色，一次进京述职时，朱元璋龙颜大悦，当众表扬，还直接授予他正五品的通政司参议。

从一个普通百姓直接跃升为正五品官员，简直就是火箭式提拔，试问几人能做到？

此外，粮长若是犯了罪，可以罪减一等，还可以花钱免刑。开国功臣可以封王封侯，手里有免死铁券，寻常百姓哪里比得了？而你若是当了粮长，虽然不能免死，比不过开国功臣，但是也能罪减一等，或是花钱免刑，这种政治待遇也不是寻常百姓可以相提并论的。

> 自今粮长有杂犯死罪及徒流者，止杖之，免其输作。……粮长有犯，许纳铜赎罪。
>
> ——《明太祖实录》

虽然粮长不是朝廷官员，但是有征粮的职责。在古代封建王朝，职责就代表着权力。本来这些富户在当地就有威信，掌握着一定的社会资源，现在又当了粮长，有了向百姓催征税粮的权力，那就更加非同小可了。

朱元璋将一万石粮的指标下给粮长，若是征缴不足，让粮长自己想办法填补。粮长也不傻，领到官府的勘合后，依样画葫芦，将一万石粮的指标分解给各个里长；里长也有样学样，将自己拿到的任务指标又布置给各个甲长；甲长最苦了，只得自己挨家挨户去征粮。甲长征收到税粮后，汇总给里长，再由里长汇总给粮长，粮长汇总清点完毕后，再亲自押送到指定地点，才算圆满完成任务。

在这一整套繁杂的程序中，有些粮长就动了歪心思，巧立名目，趁机搜刮民脂民膏。运送粮食的官员要给钱，那就收车脚钱；运粮的船只需要费用吧，那就收定船钱；登记造册的本子需要费用吧，那就收造册钱；运粮袋子需要费用吧，那就收络麻钱；史料记载，还有包纳运头米钱、临运钱、使用钱、铁炭钱、申明旌善亭钱、修理仓廒钱、点船钱、馆驿房舍钱……总而言之，巧立名目，花样百出，一共有十八种之多，除了个别名目，基本上都是地方上办事要出的费用。不过这些钱，粮长们都是收多给少，大部分进了自己的腰包。比如，粮长问你收了十元的车脚费，结果只给了押运官三元，剩下的七元全部进了他自己的腰包。

由此可见，没有限制的权力是多么可怕！

洪武年间，上海有个叫瞿仲亮的官员，税征收完了，还将老百姓的通行证没收走，可恶至极。有个农户叫作宋官二，气愤不过，想尽办法跑到京城，将这事告到了朱元璋那里。

朱元璋大怒，命人将瞿仲亮带到了南京城，亲自审问了一番。

朱元璋得知瞿仲亮还向当地老百姓收了一万贯神福钱，十分纳闷，于是问道："人家纳税后，你还收人家神福钱，这钱到底是干吗的呢？"

"这神福钱就是给纳税户求神拜佛，保佑大家用的。"

朱元璋一听，大惊，于是说道："好，那我们好好算算这笔费用。"

不核不知道，一核吓一跳。多次求神拜佛，只有一次用的是纳税人上缴的神福钱，每只船六贯，其他几次还是宋官二他们自掏腰包。

瞿仲亮问百姓收了神佛钱，但是求神拜佛的时候又让百姓自己出钱，那么自然剩下不少钱。于是，朱元璋追问道："那么剩下的那些钱去了哪里？"

瞿仲亮大汗淋漓，支支吾吾地说道："船只钱。"

朱元璋又叫来百姓核对此事，计算到底用了多少船只钱，一核之下，瞿仲亮无法抵赖，只得低头服罪了。

明初那会儿，粮长虽说不是朝廷命官，但是有钱有势，还算得上好差事，那些富户愿意当，甚至抢着当；一旦当上了粮长，也不情愿给别人，自己不当了，就给儿子当，儿子不当了，就给孙子当，世世代代传下去，史书记载为"永充"。

后来，土地不断兼并，贫富两极分化严重，各地藩王和权贵手中有特权，可以减免赋税，甚至不纳税，有些富户通过瞒报土地或是将自己家的土地登记在别人名下等方式避税。总之一句话，富人要么不纳税，要么不肯纳税，穷人又纳不起税，一万石税粮是缴不齐的。这可苦了粮长，天大的窟窿也要自己补。即使你是当地首富，当上粮长，也会很快沦为乞丐，呜呼哀哉！

到了明朝后期，当了粮长之后，首富变乞丐，人人谈粮长色变，宁死不肯当粮长。在这样的时代背景下，有趣的事情就发生了。当时，邻里之间相互吵架，彼此也不"问候"对方祖宗十八代，都是"祝福"对方早日当上粮长；一些富户或是百姓得罪了县官，那么县官就会给他们穿小鞋，安排"粮长"一职，对方明知道这是县官公报私仇的"阳谋"，却没有办法，有人竟被活活气死。

第十五章 官员收入

在封建社会，入朝当官自然是最为"高大上"的职业了。那么在明朝，官员一年的收入到底是多少呢？

明朝官员收入

《大明会典》中记载着各级官员实得禄额：正一品，米12石，银子215.512两，钞7128贯；从一品，米12石，银子183.844两，钞6036贯……

由于明朝离我们有些久远，这些数字看起来很抽象。下面和大家一起折算一下，看看这些官员的收入在当前社会购买力如何，处于什么生活水平。

前文提到，由于通货膨胀，要是直接用现在的银子价格来换算，显然是不合理的。而大米是百姓的生活必需品，相对来说，米价更为稳定，下面通过米价来进行换算。

> 于是户部定：钞一锭，折米一石；金一两，十石；银一两，二石；绢一匹，石有二斗；棉布一匹，一石；苎布一匹，七斗；棉花一斤，二斗。
>
> ——《明史》

先来换算下正一品的收入：米12石，银子215.512两，钞7128贯。钞可以忽略不计。洪武九年（1376），按照户部的规定，一两银子可以买到两石米，而一石米在明朝约为120斤，如果按平均米价6元/公斤来换算，明朝正一品官员的合法年收入换算为人民币约等于16万元。一个正一品官员年收入只有16万元，确实不高。

那么明朝县令的收入是多少呢？

明朝县令乃是正七品，米12石，银子27.49两，钞360贯。按照上面的算法，最后换算为人民币约等于2.4万元。2023年，北京市将最低工资标准调整为每月不低于2420元，据此核算，明朝县令的收入还达不到北京市最低工资标准。相信大家对这个结果比较惊讶，或许有些人不太相信这是真的，而事实上，明朝的官员确实生活得比较清苦。

海瑞在任淳安县令一职的时候，家里人口多，全靠这点微薄的俸禄养家糊口，所以生活上常常出现困难。海瑞为了开源节流，平时节假日和下班时间还要亲自下地种菜，这样才勉强解决温饱问题。史料记载，海瑞一生过得十分清贫，平时吃得很简朴，只有逢年过节才能吃上一顿肉。

后来，海瑞任南京都察院右都御史，为正二品，收入为：米12石，银子152.176两，钞4944贯。换算为人民币，约等于11.4万元，生活水平也很普通。

明朝官员的俸禄竟然低得难以养家糊口，令人难以置信。相比而言，宋朝官员的待遇是非常丰厚的，我们来看看宋朝官员的收入。

宋朝官员收入

在宋朝，包拯曾任龙图阁直学士、尚书省右司郎中，权知开封府，属于高级官员。据《宋史》记载，包拯每月粮30石，其中米和麦子各一半；柴火20捆（每捆13斤）、干草40捆；冬天额外发15秤（每秤15斤）木炭；月发公使钱1500贯、添支钱100贯。

这还不够，朝廷还给包拯无偿划拨了耕地20顷（2000亩），允许收租，这租金还不用缴纳国税。如果按每亩租米一石来估算的话，单单这一项就达2000石。

加上其他收入，包拯的年收入约为：铜钱20,856贯、大米2180石、小麦180石、绫10匹、绢34匹、罗2匹、绵100两、木炭15秤、柴火240捆、干草480捆。

宋仁宗时期，米价为一石700文左右，一贯钱是1000文，那么20,856贯钱能买接近3万石米。

沈括在《梦溪笔谈》中记载：

> 凡石者，以九十二斤半为法，乃汉秤三百四十一斤也。
> ——《梦溪笔谈》

在宋朝，1石为92.5宋斤，而1宋斤为640克，故1石大米就是59.2公斤。如果按平均米价6元/公斤来换算，3万石米折算成人民币大约为1065万元。

包拯全年的合法收入达到上千万，全家日子过得相当滋润。

包拯和海瑞都是古代官员廉洁奉公的楷模、世人心中的偶像，而包拯生活在"高薪"的宋朝，海瑞却生活在俸禄低得难以养家糊口的明朝，相比之下，海瑞的廉洁奉公显得更为难能可贵。

下面再来看看唐朝官员的收入。

唐朝官员收入

初唐时期，官员的收入主要由三部分组成：粮食、土地收入和薪水。据史书记载，贞观七年（633），魏徵改任侍中，负责门下省一切事务。这侍中乃是正二品大员。

根据《新唐书·食货五》记载，各级官员粮食发放的标准

（按年发放）为："武德元年，文武官给禄……二品五百石……"由此可知，魏徵的粮食收入为500石。

初唐时期，二品官员有十顷地。唐朝亩和顷的换算方法可参考《新唐书》："度田以步，其阔一步，其长二百四十步为亩，百亩为顷。"而唐朝每亩租米也是一石。由此可知，魏徵有十顷地，土地收入为1000石。

贞观年间，官员俸禄如下："一品月俸八千，食料一千八百，杂用一千二百。二品月俸六千五百，食料一千五百，杂用一千。"此处俸禄的货币单位是"文"，1000文为一两银子。由此可知，魏徵的俸禄是每月9000文钱，也就是每月九两银子。当时，一两银子可以买100斗米，10斗为一石，也就是说魏徵一个月的收入可以买90石米，一年的收入可以买1080石米。

如此看来，当时魏徵的年收入约为2580石。而唐朝一石大约是79.32公斤，如果按平均米价6元/公斤来换算，魏徵的年收入相当于人民币120多万元。

照这么看来，唐朝官员的待遇虽然不及宋朝，但也是比较丰厚的。

其他朝代官员的收入就不再一一列举了。总而言之，明朝官员的收入可以说是中国古代历史上最低的。在明朝当官，职业看似"高大上"，其实却活在贫困线附近，只能勉强养家糊口，呜呼哀哉！

明朝官员的收入那么低，可能有些读者朋友想问：明朝房价高不高？他们买得起房吗？下一章我们接着聊洪武年间的房价、社会福利等问题。

第十六章　社会福利

任何时代，老百姓想拥有一套完全属于自己的住房都不是一件容易的事情。那么在中国古代，房价是不是也居高不下呢？

唐朝

唐朝是中国古代非常强盛的王朝，百姓生活富足，但房价同样居高不下，是很多人的痛。中学课本中收录了诗圣杜甫的《茅屋为秋风所破歌》，里面有一句"安得广厦千万间，大庇天下寒士俱欢颜"。杜甫出身官宦之家，祖父杜审言乃是膳部员外郎，父亲杜闲做过兖州司马，家庭经济条件比较优越，不是寻常百姓可以比的。杜甫自己还做了左拾遗，待遇不错。

就是这样一个经济条件优越的官员，还在感叹房价太高，最后只能在成都（非一线城市）郊外盖了一座草堂——"杜甫草堂"。据说，这个茅草房还是在朋友（成都府尹严武）的关心和帮助下才建成的。

唐朝三、四线城市的房价已经高得让人难以接受，那么一线城市京城的房价呢？

唐宋八大家之一韩愈，晚年官至吏部侍郎。临退休时，他才买了一套比较满意的房子。为此，韩愈还特意写了一首诗《示儿》，告诫儿子要努力读书，金榜题名，入朝为官，才能过上好日子。这首诗开篇便写："始我来京师，止携一束书。辛勤三十年，以有此屋庐。"

韩愈是个大文豪，其实稿酬（润笔）远远高过俸禄。就是这样一个大文豪兼高官，都要等到临终前才能在一线城市买一套比较满意的住房，可想而知，普通百姓要想买一线城市的房子，简直比登天还难。

宋朝

宋朝的房价也是高得离谱，令人望而生叹。文人王禹偁在《李氏园亭记》中写道："重城之中，双阙之下，尺地寸土，与金同价。"意思是说，当时首都开封的房价是寸土寸金。文人说话固然有些夸张，但是宋朝的房价高却也是一个不争的事实。

大文豪苏轼有个弟弟叫作苏辙，年轻时考了进士，入朝为官，直到七十岁才买上房子，而且这房子也不在一线城市首都开封，而是在开封南边的许昌。当时，苏辙写诗感叹道："我生发半白，四海无尺椽。"意思是说，自己活了大半辈子，头发都花白了，还没有一套房子。他还感叹道："我老未有宅，诸子以为言。"意思是说，自己没有房子，搞得儿子们老在自己面前抱怨。

大文学家欧阳修，考中进士，在朝廷工作，最后还当上了参知政事，可是也买不起房子。有一次，他给朋友写信，信中说："嗟我来京师，庇身无弊庐。闲坊僦古屋，卑陋杂里间。"意思是说，可叹我在京城工作那么长时间，一直买不起房，只能租住在这个简陋的小胡同里。

堂堂的宋朝参知政事竟然买不起房，还要租住在简陋的小胡同里，确实悲惨！

有人做过研究，宋徽宗时朝廷雇人抄写书籍，每人每月3500文，相当于3贯钱多一点。而当时一线城市开封郊区的房子一处大约一万贯钱，市中心更是天价。也就是说，一个书记员在开封郊区买一所普通住宅，就算不吃不喝也要攒钱238年！怪不得苏辙和欧阳修都感叹房价太高，买不起啊！

明朝

唐宋两朝虽然百姓生活富足，官员待遇优厚，但是房价太高，买房是个大问题。相比之下，明朝官员虽然俸禄很低，但是买房却容易很多。

根据《明崇祯十三年大兴县傅尚志卖房官契》记载，崇祯十三年（1640），北京市正阳门大街有个叫傅尚志的百姓卖房，一套小型四合院，两间朝南，两间朝北，一间厢房，卖价只有33两。那么，明朝百姓的年收入到底有多少呢？

前文已谈到，《大明会典》中记载着各级官员实得禄额：正一品，米12石，银子215.512两，钞7128贯；从一品，米12石，银子183.844两，钞6036贯……正七品，米12石，银子27.49两，钞360贯……

就是说，一个正七品县官工作两年便能买一套四合院。

沈榜在《宛署杂记》中记载，万历年间，北京劳务市场上，普通民工做工一天，能挣纹银5分，也就是0.05两；如果按当时年休假50天计算，工作315天，那么能挣15.75两银子。

换句话说，普通百姓如果省吃俭用的话，安心工作三年，也能在天子脚下买一套四合院。这样的待遇在唐宋两朝，普通百姓又岂敢奢望？

朱元璋执政期间，非常关注民生问题，大力推行"保障房"，实施免费养老、免费公墓、免费医疗等政策，可以说洪武时代是中国古代社会福利最好的时期之一。

推行"保障房"

早年间，朱元璋还没夺取天下时，为了能够引进人才，留住人才，想方设法让他们安家，让他们有归属感，于是建立"人才公寓",当时叫作"礼贤馆"。如今,朱元璋建立大明王朝,认为住房是百姓的根本需求,要让天下百姓"居者有其屋",于是在南京推行"保障房"政策。明初的"保障房"并非"经济适用房"或"廉租房",而是完全免费的福利公房。

《明太祖实录》记载:洪武七年(1374)八月,朱元璋给南京城的官员下了一道圣旨,命令他们在龙江找一块闲置土地,盖200多间瓦房,免费提供给没有住房的南京百姓居住。

皇帝有令,南京城官员哪敢怠慢,没过多久这项工作就落实到位了。试点成功后,朱元璋十分高兴,一个月后又给上海(当时叫华亭县)的官员下旨,让他们把宋朝留下来的居养院进行翻修,然后分发给没有住房的百姓居住。上海的地方官员也很快将这项工作落实到位。

朱元璋要求全国复制"南京模式",推行"保障房",年底还给朝廷官员下旨:"全国范围内,没饭吃的百姓,国家免费提供饭菜;没衣服穿的百姓,国家免费提供衣服;没房子住的百姓,国家免费提供房子给他们住。"

免费养老

尊老敬老一直是中华民族的传统美德,朱元璋登基称帝后,将这一传统美德发扬光大。他曾颁布诏书和法令,规定各州县官员要善待老人,并要求官员定期对自己区域的老人进行慰问,并送去米面衣物等慰问品。

为了让居家养老者有子女在旁服侍,洪武六年(1373)规定:"民年七十以上者,许令一子侍养,免其差役。"也就是说,为了更好地让七十岁以上的老人在家安度晚年,国家允许老人的一个儿子免于服役,专门在家里侍奉老人颐养天年。对于那些孝敬老人的孝子,朝廷不但给予精神表扬,还给予物质奖励,例如赏赐衣物、发放奖金。

这还不够，朱元璋还下旨，要求天下所有的郡县都必须设立"孤老院"，也就是"养济院"，专门负责收留郡县中那些鳏寡孤独、没有子女侍奉的老人。

朱元璋还在《大明律》中规定，郡县之中发现了无家可归的流浪汉，或者是发现了生活不能自理且无人照料的老人，地方政府如果应当收养而不收养，那么地方官员就要被追责，杖责六十；如果应当提供衣服和粮食而地方官员克扣，那么就按照监守自盗论处，轻则撤职查办，重则下狱问罪。

> 凡鳏寡孤独及笃疾之人，贫穷无亲属依倚，不能自存，所在官司应收养而不收养者，杖六十；若应给衣粮而官吏克减者，以监守自盗论。
>
> ——《大明律》

洪武二十年（1387），朱元璋又颁布了终身养老法令：七十岁以上的老人，国家赐给爵位；八十岁以上的老人，每月给五斗米、三斤酒和五斤肉；九十岁以上的老人，在此基础上再加一匹帛和十斤絮。朝廷既赐爵位，又发实物，老人则是名利双收。

洪武年间，在朝廷的带动下，社会上形成了尊老敬老爱老养老的良好风气，赡养老人的要求也自觉渗透到各地家法族规之中，被朱元璋称为"江南第一家"的浦江郑氏的《郑氏规范》便是其中之一。

免费公墓

说起墓地，这是朱元璋一辈子的痛。当年朱元璋父母去世之时，他才十六岁，家里穷得买不起墓地，于是朱元璋兄弟二人只得向东家刘德求救。哪知这刘德不但不给土地帮忙下葬，还把朱元璋兄弟二人臭骂了一顿，赶了出去。幸亏好邻居刘继祖送了他们一块地，这才使他们的父母得以安葬，朱元璋对此感激不尽。所以他登基称帝后，便下了一道命令，要求天下所有郡县都必须设立"漏泽园"，就是国家公墓。如果百姓家里有人去世，穷得买不起葬地，可以向朝廷申请，免费埋葬死者。

> 初，太祖设养济院收无告者，月给粮。设漏泽园葬贫民，天下府州县立义冢。
>
> ——《明史》

洪武年间的老人是非常幸福的，可以说是"老有所养，死有所葬"。朱元璋不但管百姓生，还管百姓死，必须点赞！

免费医疗

无论在哪个时代、哪个国家，医疗问题都是绕不开的话题。为了解决百姓看病贵、看病难的问题，朱元璋想尽办法。洪武三年（1370），他下令天下府、州、县开设"惠民药局"。如果百姓生病了，没有钱医治，都可以去惠民药局免费看病抓药。永乐四年（1406），明成祖朱棣命令礼部下文申明："惠民药局，必须让老百姓从中得到实惠，而不能只是一种徒有其表的形式而已。"

> 惠民药局者，今必有实惠，勿徒有文具而已。
>
> ——《明太宗实录》

在明朝，这项工作一直做得比较好。经过几代皇帝的努力，天下郡县全都设有惠民药局，不仅给百姓免费看病抓药，而且也给囚犯和边军免费看病抓药。免费医疗体系贯穿整个大明王朝，许多人从中得到了实惠，效果非常显著。

自古以来，在封建社会中，百姓是社会最底层的群体，朝廷其实是社会各阶层发生利益冲突时的仲裁者和调节者。古代封建社会中的许多帝王，哪怕是千古明君唐太宗、宋太祖等人，作为既得利益集团的代表，通常也总是处处维护着地主阶级的利益，而这个平民皇帝朱元璋却是个例外。他从小父母早死，食不果腹，为了生活，去寺庙中当过和尚，讨过饭，受尽了白眼和欺凌，体会到底层百姓的无奈与艰辛。因此，他推翻元朝、君临天下之后，便处处为百姓着想，努力维护底层百姓的利益，想方设法解决住房、医疗、养老等民生问题，努力实现"老有所养，病有所医，居者有其屋"，为大明王朝的长治久安打下坚实的基础。

至此，我们天南地北地聊了洪武年间的社会风貌。下面我们继续按时间顺序聊聊洪武年间的南征北伐和治国，先从一个耳熟能详的故事讲起吧。

第十七章　兔死狗烹

朱元璋是历史上少见的雄主，可是他却有一个嗜杀功臣的恶名。相信不少人听说过朱元璋火烧庆功楼、御赐蒸鹅毒死明朝开国第一功臣徐达的故事，下面先给大家讲讲这两个故事。

话说朱元璋起兵得到天下，建立明朝，做了开国皇帝之后，开始担心那些与他出生入死打天下的兄弟有一天会黄袍加身，恃功夺权。

一日，朱元璋决定效仿唐太宗李世民建造凌烟阁，用来表彰开国功臣，于是在南京城选址并开始营建庆功楼。听闻皇帝要造庆功楼，那些曾经跟随朱元璋南征北战、出生入死的开国功臣无不欣喜万分，深受感动，唯独一人沉默不言，反而一副忧心忡忡的样子，这人便是刘伯温。

老子说过："祸兮福之所倚，福兮祸之所伏。"或许刘伯温也深知福祸相依这个道理。

次日一早，刘伯温来到皇宫求见朱元璋，说如今皇帝霸业已成，自己也该功成身退，于是请求辞官归乡。

朱元璋不免有些愕然，自然不许，出言挽留，希望他能留在朝中常伴左右，共享荣华富贵；又说北元未灭，也需要他替自己分忧解愁。可是刘伯温去意已决，朱元璋挽留不得，长叹一声，只得准其辞官回乡，并赐了许多金银财宝，还亲自将其送出宫外。

刘伯温出宫后，并没有着急回家，而是直接来到徐达府上，跟他辞行。听闻刘伯温主动告老还乡，徐达虽说心中万般不舍，却也不好开口挽留，只得衷心祝福对方。临别之际，刘伯温紧握徐达的双手，说道："贤弟，为兄自此一去，不知何年何月才能相聚，今日有一句话要赠予贤弟，还望贤弟你牢记心中。"

徐达闻言后，不由得一惊，双眼望着他，问道："兄长请说，小弟自当谨记于心。"

"庆功楼落成，若是大摆庆宴，庆宴之日，贤弟定要紧随皇上左右，寸步不得离开。"

徐达纳闷不已，想要开口问个究竟。

"贤弟，切记！"刘伯温却微微一笑，说道，"照此行事便是，日后自然知晓。"说完，便飘然而去。

望着远去的刘伯温，徐达自是百思不得其解，不过他却将这番话记了下来。

转眼间，便到了年底，庆功楼终于建好了。朱元璋准备好好庆祝一番，于是选了个良辰吉日，邀请开国功臣前来赴宴。功臣们得此喜讯，无不欣喜，唯独徐达想起刘伯温临别之言，却无半分欢喜之色。

这一日，夕阳西下，晚霞漫天，景色宜人。庆功楼里灯烛辉煌，到处是美酒佳肴，欢歌笑语，一副国泰民安、歌舞升平的样子。赴宴的功臣们相互寒暄道贺，好不热闹。徐达心里一直记着刘伯温的临别赠言，哪有心思与众人寒暄聊天。他抬头望望四周，只见楼顶雕梁画栋，飞禽走兽，栩栩如生；又低头看看地面，只见青石铺地，方方正正，平滑如镜。

这时，他缓缓地来到墙边，不经意间，轻轻敲了敲墙壁，只听到几声"咚咚"的声音。

"怎么会是这种声音，难道里面是空的？"他不禁有些疑惑，不过马上醒悟过来，似乎明白了当日刘伯温所说的一切，吓得面如土色。

正在这时,外面传来一声:"皇上驾到!"

众人顿时收声,不再言语,纷纷肃立两侧,躬身行礼。朱元璋昂首挺胸,大步流星地走进大厅,笑容满面地说道:"众卿免礼,请入座。"

众人谢主隆恩后,这才纷纷起身入座。

"众卿不必拘礼,今晚酒宴开始,大家一醉方休。"说罢,朱元璋拿起酒杯,连饮三杯,众人连声叫好。

酒宴开始,功臣们你来我往,觥筹交错,好不热闹。其实论酒量,徐达还真不小,不过今日他却不敢多喝,双眼一直紧紧地盯着朱元璋的一举一动。

不知不觉过了一个多时辰,众人喝得东倒西歪,双眼迷离,摇摇欲坠,有些酒量小的早已趴在桌上呼呼大睡。

这时,朱元璋突然起身,朝门外走去。徐达见状,便知不妙,连忙离席跟了上去。朱元璋刚出门外,发觉有人跟来,回头一看,见是徐达,一惊,立马笑道:"丞相一向海量,今日为何这么早就离席了?"

徐达连忙应道:"臣恐皇上有失,特来伴驾。"

朱元璋摇摇头,笑道:"哈哈……丞相不必忧心,如今天下已定,何失之有?你大可放心,回席喝酒去吧。"

徐达闻言后,面露悲色,缓缓说道:"皇上,真要一个不留吗?"

朱元璋闻言后,大吃一惊,暗道:"好家伙,莫非你已识破朕的计谋?"

徐达见朱元璋默不作声,万念俱灰,缓缓说道:"既然君意已决,臣不敢有违。还望皇上念在昔日老臣出生入死,为大明立下汗马功劳的分上,日后好生照顾老臣的妻儿老小。老臣泉下有知,定当感激不尽。"说毕,转身欲回。朱元璋连忙拉住他的双手,说道:"丞相,请随我来。"

两人尚未走远，突然，远处传来一声"轰隆"巨响，不禁令人为之一震，转身回望庆功楼。只见庆功楼里燃起熊熊大火，烟雾遮盖了整片天空，顷刻间便化为了灰烬。可怜满楼的功臣，无一生还，全部葬身火海。

庆功楼为何突然间着起大火呢？

原来，朱元璋见天下已定，希望朱姓子孙永保江山，便想剪除开国功臣，于是设下这火烧庆功楼的毒计。他命人提前在墙壁的夹层中藏有硫黄、火药，等到众人喝得酩酊大醉之时，暗中点火，将开国功臣化为灰烬。

徐达从庆功楼里死里逃生，回到府中后，整日神情恍惚，茶饭不思，从此闭门不出；没过多久，便忧郁成疾，长了一个背疽，整日疼痛不已。

一日，两名太监来到徐达府中，一名太监拿着圣旨，另一名太监手里提着一只清蒸公鹅。传旨太监进府后，说道："皇上闻知丞相贵体不佳，特命小人前来问安，奉上清蒸公鹅一只，命丞相在府中好好休养，补补身子。"说完，太监便将清蒸公鹅放在桌上。

徐达知道公鹅乃是发物，得了背疽，若是再吃公鹅，背疽便会扩大，岂不是自寻死路？皇上肯定也明白这个道理，今日赐臣公鹅乃是赐死。想到此处，两行热泪不禁缓缓落下。

"谢主隆恩。"他含泪收下公鹅，跪倒谢恩。

当夜，徐达便含恨死去。

徐达死后，朱元璋假惺惺地追封了名号和爵位。

好了，故事就讲到这里。这个故事分为两个部分，前半部分说的是朱元璋火烧庆功楼，后半部分说的是朱元璋送蒸鹅毒死徐达。无论是在民间传说还是在影视剧中，我们都能见到这两个故事。朱元璋之所以落下嗜杀功臣的恶名，很大程度上也是缘于这

第十七章 兔死狗烹

137

两个故事。

不过，我可以很负责任地告诉大家，朱元璋当年真没有干过这两件缺德事。

先说"朱元璋火烧庆功楼"一事。史书上一直找不到相关记载，而民间小说《大明英烈》、评书《英烈传》等作品中却有类似的故事。这个说法最早出现在《英烈传》里。当年，明朝百姓为了歌颂朱元璋开国创业，便流传下了小说《皇明英烈传》。而清朝皇帝为了抹黑前朝，对朱元璋更是不遗余力地丑化、妖魔化（谁叫你在百姓心中威望如此之高），授意一些无耻文人篡改《皇明英烈传》，加了火烧庆功楼的情节，并将"皇明"二字去掉，传下这本《英烈传》。所以说，"朱元璋火烧庆功楼"一事根本就是无中生有，一点都不可靠。可是民间百姓不知真假，相互传诵，戏曲和影视剧中也时常上演这一幕，从此之后，朱元璋的光辉形象就这样被彻底毁掉了。

历史上被"黑化"的英雄又岂止朱元璋一人。唐朝的苏定方明明是英勇盖世、为人正直、信守忠义的一代军魂，但是到了《隋唐演义》《罗通扫北》等小说或影视剧中，便成了暗箭伤人、不忠不义、阴险狡诈的小人；尤其是在紫金关外用计将隋唐第七好汉罗成引诱到淤泥河内，将其乱箭射杀的情节，相信让很多观众恨得牙根发痒。还有唐朝的李道宗，历史上是个胸怀宽广、为人低调、深通谋略的军事家，乃是大唐皇家的核心代表人物。但是到了《隋唐演义》《薛仁贵征东》等小说或影视剧中，李道宗却成了一个一无是处、心胸狭隘、屡次设计陷害薛仁贵的大反派。

那么真实的历史到底是怎样的呢？

贞观十七年（643），唐太宗李世民为了纪念昔日一起出生入死的开国功臣，特地修建凌烟阁，用来陈列二十四位功臣的画像，并时常亲自前往怀念，为后世所传颂。

朱元璋在南京登基称帝后，一开始忙于北伐；到了洪武三年（1370），为了表彰昔日追随自己出生入死的开国功臣，论功行赏，一共册封了六公二十八侯二伯，共三十六人，具体如下。

公爵六人：韩国公李善长、魏国公徐达、郑国公常茂（常遇春之子）、曹国公李文忠、宋国公冯胜、卫国公邓愈。

侯爵二十八人：中山侯汤和、延安侯唐胜宗、吉安侯陆仲亨、江夏侯周德兴、淮安侯华云龙、济宁侯顾时、长兴侯耿炳文、临江侯陈德、巩昌侯郭兴、六安侯王志、荥阳侯郑遇春、平凉侯费聚、江阴侯吴良、靖海侯吴祯、南雄侯赵庸、德庆侯廖永忠、南安侯俞通源、广德侯华高、营阳侯杨璟、蕲春侯康铎（康茂才之子）、永嘉侯朱亮祖、颍川侯傅友德、豫章侯胡美、东平侯韩政、宜春侯黄彬、宣宁侯曹良臣、汝南侯梅思祖、河南侯陆聚。

伯爵两人：诚意伯刘伯温、忠勤伯汪广洋。

朱元璋册封六公二十八侯二伯之后，许以高官厚禄（李善长最高，4000石；刘伯温最低，240石），给了大量封地，还赐给他们一样神物——免死铁券。有铁券者，本人或子孙犯罪，可以免死数次。有些开国功臣得了铁券后，在封地有恃无恐，欺男霸女，无恶不作，被人告到御前，那么这免死铁券到底有没有用呢？我们此处先卖个关子，后文再细细说来。

朱元璋给了俸禄、土地和铁券，但是并没有效仿唐太宗当年的凌烟阁，建什么庆功楼，用来陈列开国功臣的画像，以此表彰开国功臣。

"朱元璋火烧庆功楼"一事纯属子虚乌有，是清政府妖魔化朱元璋的产物。而"朱元璋送蒸鹅毒死徐达"一事，在《明史》和徐祯卿《翦胜野闻》等野史中有不同的记载。那么，明朝开国第一功臣徐达真的是被朱元璋毒死的吗？

朱元璋赐死徐达的故事有好几个版本，大体相同，民间百姓还列举了朱元璋要杀徐达的种种原因。

第一，徐达功高震主。有道是"飞鸟尽，良弓藏"，朱元璋建立大明王朝后，自然不再需要徐达这样的开国功臣了，或许从某种角度上来讲，他反而是大明王朝的不稳定因素。假如有一天徐达谋反，无人能挡，破坏力不容小觑。

第二，朱元璋猜忌心重，害怕徐达谋反。朱元璋屠杀功臣是史上有名的，所以很多人说，朱元璋特别害怕这位战神谋反，为了能让自己安心，于是用蒸鹅毒杀了徐达。

第三，为了大明王朝千秋万载，不得不杀徐达。徐达的功劳无人能及，地位也非常显赫，像他这样的猛人也只有朱元璋能压得住。有人说，朱元璋担心自己百年之后，儿子朱标性格温和善良，压不住昔日的功臣们，所以才痛下杀手。

上面的种种理由看起来貌似合情合理，其实是禁不起推敲的。

第一，没有任何可靠的证据表明朱元璋诛杀了徐达。关于徐达之死，《明史》确实有记载，也说他是死于背疽，但是却没有说是吃蒸鹅加重病情而死。

> 达在北平病背疽，稍愈，帝遣达长子辉祖赍敕往劳，寻召还。明年二月，病笃，遂卒，年五十四。
>
> ——《明史》

明朝有本野史叫作《翦胜野闻》，里面提到了朱元璋赐食徐达，但是并未提到是什么食物。

>　　徐魏国公达病疽，疾甚，帝数往视之……帝忽赐膳，魏公对使者流涕而食之，密令医工逃逸。
>
>　　——《翦胜野闻》

　　后来清朝《四库总目提要》评价《翦胜野闻》"书中所纪，亦往往不经"，就是说《翦胜野闻》书中记载的东西并不可靠。而且徐达死后，朱元璋追封他为中山王，赐葬钟山之阴，配享太庙、功臣庙位皆第一。死后如此显贵，朱元璋对徐达的器重可见一斑，赐蒸鹅一事，不太可信。

　　清朝赵翼在《廿二史札记》中转述过这个故事："徐达病疽，帝赐以蒸鹅，疽最忌鹅，达流涕食之，遂卒。"不过，赵翼本人也认为这是无稽之谈，并不可靠。但是，"徐达吃蒸鹅而死"的故事却传开了，朱元璋阴险毒辣、诛杀功臣的故事在民间广为流传。

　　第二，徐达病重的时候，朱元璋身体非常硬朗，没有必要痛下杀手，落个千古骂名。洪武十七年（1384），徐达在北平留守时得了背疽，次年（1385）去世，享年五十四岁。而朱元璋比较长命，洪武三十一年（1398）去世。所以说，徐达去世的时候，朱元璋身体硬朗，当时朱标也活得好好的（朱标死于1392年），如果说朱元璋为了让子孙后代坐稳江山而毒杀徐达，那么朱元璋也太过"猴急"了。

　　第三，徐达为人谦和谨慎，恪守本分，十分低调。开国后，徐达在政治上忠诚不贰，在经济上不贪不占，在生活上十分低调简朴，态度又很谦让恭敬，丝毫没有功高盖主、朱元璋压不住他的迹象。徐达去世后，朱元璋曾经称赞他说："令行禁止，不居功自傲，不贪图女色财宝，处理问题不偏不倚，没有过失，当世有此美德者只有徐达。"所以有理由相信，朱元璋没有杀徐达的动机。

第四，徐达去世之时，蒙古来犯，朱元璋怎么可能自断手足，在这紧要关头杀害徐达呢？很多人认为，朱元璋开国后用不到徐达，所以痛下杀手，其实这种说法十分可笑。朱元璋一生十余次北伐（主要有八次），而徐达去世的时候，正是第五次北伐前夕。当时，北元在边境虎视眈眈，绝非"飞鸟尽，良弓藏"的时候，朱元璋怎么可能在这节骨眼儿上杀徐达呢？

总而言之，徐达并不是朱元璋用蒸鹅毒杀的，或许因为常年征战，透支了身体，明朝建国后因病去世。民间传说和影视作品之所以盛传这个故事，那是因为徐达功劳实在太大，再加上他突然去世，而历史上皇帝诛杀开国功臣的故事屡见不鲜，民间百姓便无故猜测徐达并非病死，而是被朱元璋毒杀的。

尽管朱元璋没有火烧庆功楼，也没给徐达送过蒸鹅，但是后世不少人还是说他有嗜杀功臣的嫌疑。历史上的朱元璋确实担心功臣谋反，也确实杀过功臣，但绝对不是火烧庆功楼或送蒸鹅赐死，这样的方法太过简单粗暴，还会留下一世骂名，稍微有些智慧的人都不会采用，更不要说朱元璋了。

那么，朱元璋到底是用什么方法杀掉功臣的呢？

深谋远虑、颇具智慧的朱元璋若真要诛杀功臣，首先会拿出充分的理由，来证明这个功臣无恶不作，确实该死，甚至死有余辜；然后，他会像影视剧中的包青天一样，含泪拿起"正义之刀"，忍住心中的悲痛，用力一回头，挥挥手，让手下人将这个功臣依法处死。如此一来，朱元璋不仅逃脱了嗜杀功臣的恶名，反倒成了为了维护百姓利益，大公无私、依法治国的大英雄了。百姓不仅不会唾骂他忘恩负义，还会拍手称快，竞相传颂他的英雄事迹。

那么，聪明的朱元璋到底是用什么方法除掉了这些开国功臣，不仅逃脱了恶名，而且还树立了自己在百姓心目中的光辉形象呢？

答案就是，朱元璋为了除掉开国功臣，加强中央集权，处心积虑地在洪武十三年（1380）酿造了胡惟庸案，又在洪武二十六年（1393）酿造了蓝玉案，后世又称之为"胡蓝之狱"。朱元璋通过这两个政治大案，将开国功臣们一网打尽。这两案又与洪武九年（1376）的空印案、洪武十八年（1385）的郭桓案合称为明初四大案，又称洪武四大案。

朱元璋通过胡蓝两案，将洪武三年（1370）首次册封的六公二十八侯诛杀了大半。

六公被定罪者：韩国公李善长（胡惟庸案）。

二十八侯被定罪者：延安侯唐胜宗（胡惟庸案）、吉安侯陆仲亨（胡惟庸案）、淮安侯华云龙（胡惟庸案）、临江侯陈德（胡惟庸案）、巩昌侯郭兴（胡惟庸案）、六安侯王志（胡惟庸案）、荥阳侯郑遇春（胡惟庸案）、平凉侯费聚（胡惟庸案）、靖海侯吴祯（胡惟庸案）、南雄侯赵庸（胡惟庸案）、南安侯俞通源（胡惟庸案）、营阳侯杨璟（胡惟庸案）、东平侯韩政（蓝玉案）、宜春侯黄彬（胡惟庸案）、宣宁侯曹良臣（蓝玉案）、汝南侯梅思祖（胡惟庸案）、河南侯陆聚（胡惟庸案）。

不仅如此，胡蓝两案还诛杀了永城侯薛显（胡惟庸案）、凉国公蓝玉（蓝玉案）、宣德侯金朝兴（胡惟庸案）、怀远侯曹兴（蓝玉案）、靖宁侯叶升（胡惟庸案）、景川侯曹震（蓝玉案）、会宁侯张温（蓝玉案）、普定侯陈桓（蓝玉案）、鹤庆侯张翼（蓝玉案）、舳舻侯朱寿（蓝玉案）、东莞伯何荣（蓝玉案）、全宁侯孙恪（蓝玉案）、徽先伯桑敬（蓝玉案）等人。

朱元璋借胡惟庸案，不仅诛杀了大批开国功臣，而且还彻底废除了宰相制度，并在《皇明祖训》中告诫后世子孙禁设宰相

（丞相）一职，彻底铲除了千百年来相权对皇权的威胁。

朱元璋通过蓝玉案，将平时与蓝玉关系不错的将校官员全都定为"逆党"，将他们抄家灭族。当时，因这起案件而被诛杀者多达1.5万人，骁勇善战的将领差不多被杀戮殆尽。朱元璋还颁布《逆臣录》，涉及一公十三侯二伯。可以说，朱元璋借蓝玉案，彻底铲除了将权对皇权的潜在威胁，将军权牢牢地控制在皇帝手中。从此以后，军权集中于朝廷，再也没有武将敢于专擅了。

朱元璋处心积虑地酿造了胡惟庸案和蓝玉案，从而名正言顺地诛杀了大批开国功臣，彻底铲除了相权与将权对皇权的威胁，为朱家皇权的千秋万载奠定了基础。如此一来，他不仅逃过了百姓的悠悠之口，而且还树立了自己依法治国、勤政爱民的光辉形象！

胡惟庸案与蓝玉案，是朱元璋为了诛杀开国功臣而处心积虑酿造的政治案件。那么这洪武四大案中的空印案又是什么性质的案件呢？是如何爆发的呢？

第十八章　空印案发

明初，洪武四大案轰动全国。

这空印案是洪武四大案中的第一案，其实是朱元璋整顿吏治的案件，关于此案的发生时间和涉案人数在史学界一直有争议。

根据《明史·刑法志》记载，空印案发生在洪武十五年（1382），而《明史·叶伯巨传》中的记载却是洪武九年（1376），前后相差了整整六年。当年明月老师在《明朝那些事儿》一书中也提到这个问题："目前这一问题尚未得到确认，本文采用洪武九年的说法。"那么，空印案到底发生在哪一年呢？

笔者认为，空印案发生于洪武九年（1376）的可能性更大，主要理由有以下三点。

第一，空印案发的时候，还有宰相（丞相）一职。《明史·郑士利传》记载："时帝方盛怒……丞相御史莫敢谏。士利叹曰：'上不知，以空印为大罪。诚得人言之，上圣明，宁有不悟。'"意思是说，当时皇帝非常生气，丞相和御史们都不敢谏言。（就凭朱元璋那喜怒无常的暴脾气，谁敢进言引火烧身？）郑士利叹息道："皇上不知道具体情形，就以为空印乃是大罪。只要有人肯向皇帝说明情况，皇上如此圣明，怎么可能不醒悟呢？"从这里可以看出，当时发生空印案的时候，连宰相和御史都不敢说话。虽然文中没有说谁是宰相，但是可以肯定，当时还是有宰相的。洪武十三年（1380），朱元璋杀了胡惟庸之后，废除了宰相制度，还在《皇明祖训》中告诫后世子孙禁设宰相（丞相）一职。由此可见，空印案不可能发生在洪武十五年（1382）。

第二，方孝孺（明朝大才子，也是历史上唯一一个被诛十族之人）在《叶郑传》明确记载："洪武九年，天下考校钱谷策书，空印事起。"方孝孺的老爹方克勤可是个勤勉的好官，也因为此案而被朱元璋诛杀。方孝孺的老爹因为此案而死，他即使脑子犯糊涂，也不至于记错老爹的去世年份吧。

第三，方克勤确实死于洪武九年（1376）。后世对方克勤评价很高，说他当官的时候，尽职尽责，功绩显著。可惜，他也因为空印案被朱元璋给错杀了。方孝孺在《先府君行状》里记载其父方克勤："终岁，将释归，会印章事起，吏又诬及。"意思是说，年终父亲方克勤马上要刑满回家了，可是空印案发生了，再度被牵连。历史上，方克勤曾在洪武八年（1375）十月被下属程贡诬陷，发到江浦服刑；服刑将满一年，即将释放之时，又发生了空印案，再度被牵连，最后死于洪武九年（1376）十月二十四日。

由此可见，空印案发生的时间很有可能为洪武九年（1376）九月前后。

空印案到底是怎么发生的呢？

按照明朝当时的规定，每到年终之时，地方政府必须派人到户部上报财政收支账目。如果有读者当过会计，就知道这是一件很烦琐的事情，因为所有账目必须经过上级单位审核，完全一致方能上报成功。在明朝那会儿，上报数据也是如此，必须经过户部审核后，完全相符方能结算；若是里面有一项不符合，就必须驳回重新造册，且必须再盖上原地方政府大印才行。

明朝那会儿通信还不发达，没有电脑，无法网络直报，而且那时也没飞机、高铁、汽车等交通工具，最快的交通工具也就是千里马。以洪武年间某地方政府（最好是广东、海南等地）的小会计为例，大家可以试想一下这样的场面：

这小会计在衙门里做好年度财政收支账目，盖好政府公章，向家人和同事告别，说自己要出差几个月。然后，他骑上心爱的小红马（但愿他有郭靖那匹日行千里的小红马，不然又要慢许多天），马不停蹄地直奔南京城。风餐露宿地过了两个月，终于到了京城，他从怀中小心翼翼地掏出那宝贝疙瘩（财政收支账目）送到户部。此时，这小会计长长地吁了口气，心想终于大功告成，准备转身离开，明日一早便可打道回府。可是，当小会计转身准备离去之时，户部工作人员叫住了他，说账目里面有一个错误，让他回去重新再出一份财政收支账目，再盖好地方政府的公章，赶紧送来。小会计此时内心崩溃至极，但是官大一级压死人，没有办法，只能老老实实地又骑上那心爱的小红马，风餐露宿地赶回家。等小会计重新造好账目，盖好公章，日夜兼程地赶到户部送上新的账目，结果户部工作人员又说，账目还是有错，让小会计再回去修改，再盖公章重新送来，而且马上一年又过去了，下次过来把两年的报表一起拿过来吧。到了这里，小会计估计都快要疯了。

或许有人会说，谁叫他当会计那么不小心，填错数字呢？在这里很负责任地告诉大家，洪武年间的会计真是没法干。别说一般人了，即使朱元璋自己当会计，账目肯定也会出错，导致审核不过关。为什么呢？

在古代，政府向百姓收税，收的主要是米粮，所以地方政府上交给皇帝的也是米粮。会计造好地方政府的财政收支账目，米粮也随即出仓，送往京城。即便会计的账目做得丝毫不差，到了京城也是对不上的。因为米粮在运输过程中有损耗，即便会计再小心，太阳光照射后，米粮也会流失水分。所以，数字肯定不会准确。

会计们都知道米粮有损耗，即使事先把报表做得再准确，也是徒劳无功的。可是途中到底损耗多少，谁也无法事先测算，那可怎么办呢？

有一个聪明的小会计想到了一个变通的方法。他在去往京城前，先用地方政府公章在空白的表格上盖上印，然后揣在怀中，直奔户部。等到户部验收时，审核确定下来的数据是多少，他再从怀中掏出盖有印章的空白表格，大笔一挥，填上那个数据，就万事大吉了。

这个聪明的小会计想到的方法确实简单实用，具有可操作性，所以全国的会计都学习借鉴了他的先进经验。等到年终上报数据的时候，全国的会计都会带上盖有公章的空白表格，等户部审核好数据，再填表上交，万事大吉。

按理说，这样的工作方法不符合程序，户部工作人员有权也有责任制止。可是户部工作人员自己也是会计，会计何苦为难会计？他们也知道地方政府工作上的难处，况且空白账册上盖有骑缝印，不做他用，故而户部工作人员也就睁一只眼闭一只眼，不去横加制止了。

如此一来，工作程序上略有调整，工作起来顺心很多，大家都非常开心。

直到洪武八年（1375）的某一天，太祖皇帝朱元璋终于知道空印之事，大怒。因为他觉得自己是个"冤大头"，被天下的会计给耍了。原来制定的户部上报规则虽然工作烦琐，但是程序上非常严谨，可以防止贪腐。没想到，天下的会计竟然全部瞒着他，私下改了程序那么多年，自己仿佛成了天下最傻之人。

朱元璋想到此处，非常生气。他要让那些自以为聪明的会计付出惨痛的代价，便下令严查此事。

虽说朱元璋正在火头上，但照理说，如果有官员主动去跟朱元璋解释一下，或许情况会好很多（毕竟沟通很重要，很多隔阂和误会只有通过沟通才能消除）。可是，大家都知道朱元璋的火暴脾气，谁也不想惹火上身，一个个都支支吾吾，没人敢解释此事，就连丞相和御史都不敢进言。如此一来，朱元璋更加认为此案严重程度远超自己想象，以为满朝文武都在骗他，都牵涉此案，自己的皇威早已荡然无存了。所以他要大开杀戒，诛杀这些自以为聪明的会计，他还下了命令，凡是掌管章印的官员都被判处死刑，而辅助官员都被杖责一百，发配充军。

当个副职还能捡条命，当个正职脑袋都要搬家，可见权力越大，责任越大，风险也越高。

朱元璋相信，只有这样才能重新树立威信。

正当满朝文武百官都不敢说话的时候，又发生了一件事情。

不怕死的郑士利

说来也巧，当时星相大变，朱元璋心中纳闷，准备广开言路，令下面的人直言进谏。但是朱元璋生性多疑，又怕手下官员趁机上奏说些有利于自己而危害国家的私事，所以他下发诏书说："有假公事言私事者治罪。"

朱元璋确实有一套，令人佩服！

湖广按察使佥事郑士利觉得是时候上书谏言了，但是此时他的兄长郑士元还因为此案被关在狱中，若是此时进言，难免会被别人说他是假公事言私事者，所以他说："我想要说的，是天子杀了无罪之人罢了。我的兄长并非掌管印章的人，当然会被放出。待我兄长杖罚放出之后，我就去上言，即使死，我也没有遗憾。"

不久，郑士元被杖责后出狱了。于是，郑士利写了很长的一封信，为空印案作了申辩。概括起来，主要有以下几点：

第一，皇上你之所以大发雷霆，严惩空印之人，主要是担心奸吏把空印文册移作他用，危害百姓。可是，官方文书要生效，必须盖有完整的印章，而钱粮文书盖的是骑缝印，是无法用来为非作歹的。

郑士利第一句话先赞扬朱元璋心系百姓，担心官员用这些空印文册危害百姓；然后告诉他担心是多余的，那些空白文书是没法干坏事的，以安皇帝之心。从这里就能看出此人非常聪明，既堂而皇之地表扬了皇帝，又一语道破了朱元璋的内心想法。（可惜朱元璋一向不喜欢比他聪明的人。）

第二，上报户部的钱粮之数，必须经过县、府、省、户部，必须级级相合，最后才能定下一个确数。如果"待策书既成而后用印"，那么每次就必须返回省府重填，势必会耽误许多时间；所以，"先印而后书"只是为了能够顺利开展工作的变通之法、权宜之计，不足以怪罪。

这就详细解释了为什么会出现空印，无非是那些会计为了更好地开展工作，依靠聪明才智而想出来的变通之法，没有必要大惊小怪。

第三，朝廷以前一直没有明确禁止空印的立法，现在你下旨诛杀空印者是没有法律依据的。

看来郑士利还是个法律专家，他跟朱元璋说，如果官员没有拿空印文书去干坏事的话，你直接惩治官员是无法可依的，毕竟目前没有哪条法律说空印是违法的。

第四，掌管印章的官员都是经过许多年培养而成的人才，就这么全部杀掉，太可惜了。

培养一个会计确实不容易，郑士利说的也是事实，空印案后，户部工作确实很难开展。

朱元璋一向不喜欢比自己聪明的人，看到第一条，已经不高兴了。看到第三条的时候，他火大了，那小子竟然说自己处罚错了，没有做到依法治国，简直反了天了。朱元璋决定送给郑士利一份"大礼"，直接送他去一个免费吃住的地方——监狱，有效期是永久。

明明郑士利说得句句在理，朱元璋也不是糊涂之人，可为什么他就是不认错，一定要处罚这些官员呢？读史必须读人，读人必须读懂他的内心想法。朱元璋的内心深处到底是怎样想的呢？

当然，这就要问朱元璋了。笔者只是推断，不一定准确。

或许在郑士利上书之前，朱元璋已经搞清了事情的真相。如果他连这点调查研究的本事都没有，怎么可能带领群雄夺取天下呢？但是，朱元璋就是不肯认错，还要一意孤行，因为他觉得自己的权威受到了挑战，那些人竟然不打报告，就瞒着自己私下串通，一起改了程序。而且，朱元璋看不惯元末以来的官场作风，他决定通过此案，好好整整官场的不正之风。

综合以上两个原因，注定了空印案的官员会成为官场整顿吏治的典型。

既然朱元璋要把此案当作官场的典型，那么处罚自然会加重，具体如下：掌印官员全部人头落地，辅助官员可以捡回一条性命，但要杖责一百，发配充军。这还不够，连各省按察使司的言官也要问罪，理由就是监督不力。（对于各地言官而言，真是无妄之灾啊！）

由于朱元璋将空印案当作整治官场作风的典型，处罚有些过当，一些清官也被无辜杀掉了。例如前文提到的方克勤，当时在山东济宁当知府，为政清廉，素有好评，就是因为掌管官印，所以也被错杀了。

至于空印案中，朱元璋到底诛杀了多少官员，史学界一直有争议。

《明史·刑法志》记载，郭桓案"系死者数万人"，还提到这样一句话："二狱（空印案和郭桓案）所诛杀已过当，而胡惟庸、蓝玉两狱，株连死者且四万。"据此可知，空印案与郭桓案诛杀的人数大体相当，应该是数万人。

著名历史学家吴晗在《朱元璋传》一书中也提到，空印案与郭桓案一共杀了七八万人。郭桓案大致诛杀了三四万人，如果按这种说法推算的话，那么空印案也大致诛杀了三四万人。

而实际上，此案诛杀的人数或许并没有那么多，大约为几百人，主要理由有三点。

第一，需要重典（杀头）警示其他官员，整治官场不正之风，但是没有必要牵扯很多人。毕竟朱元璋并不糊涂，他是想借空印案杀杀官场的不正之风，所以必须用重典，对其他官员起到很好的警示作用。可是，根本没有必要牵扯上万人。如果真的杀了上万官员，甚至数万官员，那么不仅整个大明朝的税务系统会瘫痪掉，而且没人管理，如何维持社会稳定？这并不是朱元璋希望看到的。

第二，《叶郑传》中也只是记载了数百人，并没有谈到其他事件。方孝孺在《叶郑传》中记载："凡主印吏及署字有名者，皆逮系御史狱。狱凡数百人。士利兄亦以河南时空印系狱中。"意思是说，只要是掌管印章的官员和署字有名的人，全部逮捕入狱，大概有几百人。郑士元是河南怀庆府同知，也牵扯到空印案。后来郑士元出狱，郑士利上疏替狱中的死囚申辩，可惜失败入狱。方孝孺在《叶郑传》文末也提到郑士利的失败，说朱元璋"竟杀空印者"。意思是说，朱元璋杀光了空印案的入狱者，并没有提到其他逮捕行动和扩大化事件。

第三，根据《明史·刑法志》记载，也可判断出是几百人。《明史·刑法志》记载，主印官员（即掌握印章之人）一律处死；辅助官员（副职）杖责一百，发配充军；各省按察使司的言官因为监督不力，也要问罪。《明史·地理志》记载，明朝有140个府，193个州，1138个县。明初官员本来就不多，经手盖印空白文书才会被逮捕，有些也只是充军而并非处死，因此，此案诛杀的人数或许也就是几百人了。

那么，为什么那么多人说是数万人呢？

因为空印案与郭桓案、胡惟庸案、蓝玉案并称明初四大案，而其他三案诛杀人数都是数万，所以许多人根据其他三案的诛杀人数，推测出空印案也诛杀了上万人。

综上所述，空印案诛杀的或许并没有那么多人，只是由于此案与其他三案并列，被合称为明初四大案，造成了许多人对它的误解。

对于朱元璋的做法，到底该如何评价呢？

空印案中，官员为了工作便利，投机取巧，私改流程，事先在空白纸上盖好官印，然后看上级部门核查出来多少数字，就在空白文书上填上多少数字，国家赋税人口钱粮如此填报，岂不乱套？空印案的涉案官员确实应该好好处理，朱元璋的出发点并没有错，不过朱元璋将掌印官员全部处死，或许太过严厉。毕竟官员没有从中获利，贪腐财粮。倘若给这些官员留条性命，杖责教育或许更为合适。

第十九章　淮西书吏

聊完空印案，接着聊第二个大案——胡惟庸案。聊这个大案之前，先来看一份人事档案：

胡惟庸（？—1380），汉族，濠州定远（今属安徽）人。

龙凤元年（1355），胡惟庸投朱元璋于和州，历任元帅府奏差、宁国主簿、知县、吉安通判、湖广佥事、太常少卿、太常卿等职。

吴元年（1367），召为太常少卿，进本寺卿。

洪武三年（1370），拜中书省参知政事。

洪武六年（1373）七月，任右丞相，约至洪武十年（1377）进左丞相，位居百官之首。

从这份人事档案中可以看出，胡惟庸1355年才投入朱元璋军中，时间不算太早，刚开始也只是元帅府中的一名办事员，起点不算高。可是，此人仅仅用了十八年时间，就官拜宰相，成为百官之首，令人佩服。

为何短短十八年，胡惟庸就能飞上枝头变凤凰呢？主要有以下四点原因。

第一，有才干，善于迎合皇帝。《明史》记载："自杨宪诛，帝以惟庸为才，宠任之。惟庸亦自励，尝以曲谨当上意，宠遇日盛。"意思是说，杨宪被杀之后，朱元璋认为胡惟庸有才干，对他十分宠信。胡惟庸也以此勉励自己，时常谨小慎微地迎合朱元璋的意思，朱元璋对他更加宠信。朱元璋之所以能从一个底层的小人物华丽转变为千古一帝，主要是因为他目光如炬，识人很准。连朱元璋都认可胡惟庸的才干，由此看来胡惟庸确实有才。加上他谨小慎微地迎合皇帝，自然让他在朱元璋面前左右逢源。

第二，依靠"老乡会"。明太祖朱元璋之所以能够推翻元朝，建立大明帝国，主要依靠的是两支力量。一支是他最初起家的班底，就是同乡的武将谋臣，号称"淮西功臣"或"淮西勋贵"，包括徐达、常遇春、汤和等能征善战的将领，以及冯国用、冯国胜、李善长、陶安等运筹帷幄的文士，可谓人多势众。而另一支是以宋濂、刘伯温等人为代表的浙东文臣势力。胡惟庸是濠州定远人，属于"淮西功臣"一脉，而这淮西派是朝中的第一大派，连皇帝也是这个派别，所以职位提升自然比别人快了很多。

第三，巴结李善长。淮西集团是明初朝中的第一大派，而宰相李善长作为百官之首，也是淮西集团的首领。胡惟庸为了巴结李善长，将哥哥的女儿嫁给李善长的侄子李佑为妻。如此一来，他和李善长的关系又进了一步，在淮西集团中的地位也不断提高。李善长退隐前，还向朱元璋推荐胡惟庸为宰相。虽说最终的决策权在朱元璋，但是李善长的推荐还是起了很大的作用，毕竟他是淮西集团的首领，在朝堂上有一定的影响力。

第四，笼络朝臣，培植势力。史书上记载，吉安侯陆仲亨从陕西回来，居功自傲，大张旗鼓地擅自乘坐驿车。朱元璋大怒，责骂他，并将他罚到代县捕盗贼。平凉侯费聚奉命安抚苏州军民，整天沉湎酒色，不干政事。朱元璋大怒，责令他到西北去招降蒙古。结果他又无功而返，朱元璋又严厉斥责他。在吉安侯陆仲亨和平凉侯费聚失意的时候，胡惟庸暗中笼络两人。两人一向愚勇，见胡惟庸在朝中专权用事，便死心塌地跟着胡惟庸。

从一个底层百姓华丽转变为专权的权臣，往往需要具备两个特点：一是善于揣摩圣意，迎合皇帝；二是善于笼络下级，暗中培植势力。而这两个特点胡惟庸全都具备了，所以他才会仅仅用了十八年，便从一个元帅府的办事员变成专权的宰相。

其实，杨宪被杀后，汪广洋主持过一段时间的中书省工作，不过压不住胡惟庸。

汪广洋在中书省工作期间，说白了就是个"受气包"。之前杨宪担任左丞相，主持工作，独断专权；他担任右丞相，作为副手，整日唯唯诺诺，毫无存在感可言。后来杨宪被杀，他担任左丞相，主持工作，胡惟庸也进了中书省；而他个性软弱，压不住霸道的胡惟庸，被其架空，没过多久，还被朱元璋贬到广东去了。如此一来，中书省就成了胡惟庸的天下。

胡惟庸独断专权，专搞"一言堂"，生杀废黜大事，有些竟然连朱元璋也不报告，便私自执行了。各省和六部上奏皇帝的奏章，他都要事先拿过来看一遍，再呈给皇帝。如果奏章对他不利，弹劾他，他便会私自扣下。胡惟庸在中书省期间，可以说是胆大妄为至极！

当时，朝廷百官见胡惟庸独断专行，掌握生杀大权，竞相奔走，趋之若鹜。这种心态也是可以理解的，套套近乎，即使不能提拔升官，也不至于得罪胡惟庸，因此丢官，甚至丢了性命吧。

不过说来奇怪，任凭胡惟庸只手遮天，有两个人却丝毫不买他的账。

一个是大元帅徐达。徐达跟朱元璋是发小，又是开国的功臣，为人十分谦虚低调，骨子里哪里看得起胡惟庸这样的人呢？他跟朱元璋说，切不可重用胡惟庸这样的人。可世上没有不透风的墙，胡惟庸得知后大怒，决定报复徐达，于是想要暗中买通徐达的门卫福寿，让他举报徐达谋反，以谋害徐达。没想到这福寿虽然地位不高，但是人品高尚，不仅没有答应，而且还告诉了徐达。徐达倒是个有格局的人，生气是自然的，不过没有告到朱元璋那儿，也没有报复胡惟庸，以后更加不理会这种小人了！

另一个乃是刘伯温。明初，淮西派势力极大，开国功臣大半都属淮西派，皇帝自己也是淮西人。而浙东派主要是文臣，势力远不如淮西派，那么刘伯温为什么还屡屡跟淮西派"叫板"呢？这是因为他占据一个要害部门，担任御史中丞，专门负责弹劾百官。民间流传着刘伯温智斗胡惟庸的故事，还把刘伯温神化为能掐会算、知过去未来的能人。那么，历史上真实的刘伯温是不是真的能掐会算、智慧过人呢？下面给大家讲个故事。

传说朱元璋登基当了皇帝之后，有一天早上，在内殿里吃烧饼，刚刚咬了一口，这时候，太监进门禀告说刘伯温觐见。

朱元璋寻思道："都说刘伯温神机妙算，不如今日试他一试。"想到此处，朱元璋便把碗盖在刚刚吃了一口的烧饼上，朝太监招招手，示意他召刘伯温入殿觐见。

不一会儿，刘伯温进了内殿。朱元璋笑了笑，说道："都说先生上知天文，下知地理，还能测过去未来，是个无所不能之人。今日朕想问问先生，你可知道这碗下藏着何物？"

刘伯温掐指一算，看了看那口碗，缓缓地说道："半似日兮半似月，曾被金龙咬一缺。"

朱元璋闻言后，心中一惊，这两句话说的不就是碗中的烧饼吗？而且还说被金龙咬过一口，自己乃是九五之尊，不就是他口中的金龙吗？

朱元璋又惊又奇，又问道："先生能测未来，敢问先生一句，后世到底如何？我们朱家能长享太平吗？"

刘伯温说道："皇上您万世子孙，这难道还要问吗？"

朱元璋说道："自古兴亡皆有定数，这天下也不永远是一姓天下，只有德才兼备者才能居之，你说说又何妨？"

刘伯温连忙跪倒，说道："皇上，这泄露天机，其罪不轻。陛下赦臣无罪，臣才敢冒奏。"

第十九章　淮西书吏

朱元璋说道："先生请起，但说无妨，朕赐你无罪。"

刘伯温缓缓起身，掐指一算，半响后，吟唱道："燕子不日飞入京，永享山河乐太平。豪杰更起文墨辈，英雄奉旨看还乡。（'燕子'指的是燕王朱棣，说的是他抢夺侄子建文帝的皇位。）北方胡虏害生民，御驾亲征定太平。（说的是明成祖朱棣五征漠北，威震天下之事。）失算功臣不敢谏，生灵遮掩主惊魂。（说的是明英宗不顾群臣劝阻，执意亲征瓦剌，最后导致土木之变，全军覆没，自己也被瓦剌俘虏。）国压瑞云七载长，胡人不敢害贤良。相送金龙复故旧，云开边日照边疆。（说的是明英宗当了俘虏却没有被害，多年后又被瓦剌送回，最后复辟称帝。）"

朱元璋听到此处，大惊，问道："此时天下如何？"

刘伯温回道："天下大乱矣。"

朱元璋将信将疑，问道："朕之太平有谁乱者？"

刘伯温继续吟唱道："天下饥寒有怪异，栋梁龙德乘婴儿。（说的是万贵妃祸害后宫，太监张敏暗中将皇子藏在冷宫，躲过万贵妃的残杀）禁宫阔大任横走，长大金龙太平时。（说的是明孝宗登基后，励精图治，任用贤能，史称'弘治中兴'。）老练金龙精壮旺，相传昆玉继龙堂。（前一句说的是'荒唐皇帝'明武宗即位后，整日不务正业，吃喝嫖娟；后一句说的是明武宗死后，膝下无子，外戚明世宗即位，直系皇族就此断绝。）阉人任用保社稷，八千女鬼乱朝纲。（前一句说的是重用宦官；后一句中'八千女鬼'四个字合在一起是'魏'字，指的是明朝宦官魏忠贤之乱。）"

朱元璋听到此处，知道大明局势不妙，连忙问道："八千女鬼乱朕的江山，天下又如何呢？"

刘伯温继续吟唱道："忠良杀害崩如山，无事水边成异潭。救得蛟龙真骨肉，可怜父子难顺当。"（说的是在东林党的保护下，大明江山还在，不过可怜的是明光宗和"木匠皇帝"明熹宗全都英年早逝。）

朱元璋听到此处，更急了，追问道："父子早逝，难道是父子争国吗？"

刘伯温说道："非也！树上挂曲尺，遇顺则止。（指的是遇见顺治皇帝而明灭亡。）至此天下未已。"

大家听了这个故事之后，是不是觉得刘伯温太神奇了，真的能够预知未来？历史上的刘伯温确实是一个了不起的谋臣，能够运筹帷幄之中，决胜千里之外；当然他也并非鬼神，绝不可能预知未来，不可能对朱元璋说过这些话。

这个故事叫作《烧饼歌》，刚才讲的内容是上篇，其实还有下篇，准确预测了二百多年清朝的事情。想来乃是清末时期的有志之士编造出来的。

刘伯温并非神仙，不能预测未来，不过历史上的刘伯温确实是个深通兵法，决胜千里之外的好谋士。民间把刘伯温当作智慧的化身，至今还流传着许多刘伯温智斗胡惟庸的故事，那么历史上的刘伯温和胡惟庸关系到底如何？

历史上，刘伯温与胡惟庸的关系确实很糟糕。

前文提到，明太祖朱元璋之所以能够推翻元朝，建立大明王朝，主要依靠的是两支力量。一支是朱元璋的同乡，以李善长为首的淮西集团，人多势众。而另一支是以宋濂、刘伯温等人为代表的浙东文臣势力。这两支力量在朝堂上斗得不亦乐乎。胡惟庸是李善长的同乡，也是他的跟班，更是淮西集团的骨干分子。李善长退隐后，胡惟庸便成了淮西集团的首领，而刘伯温是浙东文臣的首领，所以二人关系十分糟糕。

关于任用谁当宰相，历史上朱元璋与刘伯温有过一次经典的谈话，非常有意思。

有一次，朱元璋对丞相李善长很不满，想要废除李善长，便问刘伯温："谁当宰相合适？"

刘伯温说道："李善长虽有过失，但功劳很大，威望颇高，能调和诸将。"

朱元璋说道："他三番五次想要加害于你，你却还设身处地为他着想？我想改任你为丞相，如何？"

刘伯温叩首，缓缓说道："这怎么行呢？更换丞相如同更换梁柱，必须用粗壮结实的大木，如用细木，房屋就会立即倒塌。"

刘伯温很谦虚，将自己比作细木，认为不合适。

朱元璋又问道："杨宪如何？"

刘伯温说道："杨宪具备当丞相的才能，却没有做丞相的气量。"

其实私底下刘伯温和杨宪关系不错，朱元璋有意试探他，而刘伯温并没有徇私推荐杨宪。

朱元璋又问道："汪广洋如何？"

刘伯温回答道："汪广洋既没有当丞相的才能，也没有当丞相的气量。"

朱元璋又问道："那胡惟庸如何？"

刘伯温心头一惊，回答道："丞相好比驾车的马，如果用胡惟庸，我担心他总有一天会将马车弄翻。"

刘伯温很担心，生怕胡惟庸有一天会闯祸，弄出乱子来。

朱元璋连说了几个心目中担任丞相的合适人选，结果全被刘伯温给否了，心道："好你个刘伯温，说来说去，没一个合适的，看来你还是觉得自己最合适。"朱元璋也是高手，马上顺水推舟往下试探。

于是，他说道："看来丞相一职没有谁比先生您更为合适了。"

刘伯温连忙谢绝，说道："臣的性格太过疾恶如仇，也没有耐心处理繁杂事务，勉强担任丞相恐怕会辜负皇上的期望。天下何患无才，只要皇上留心物色便是，不过刚才这几人确实不适合。"

刘伯温最后一句强调，非常有意思。就是说，皇上，您可千万别误会，我并非觉得自己适合做丞相才否定他们，而是这几个人确实不适合当丞相！

刘伯温与李善长同朝为官，二人结下了冤仇。他们到底是如何结冤的呢？

洪武年间，刘伯温乃是御史中丞，专门管御史，弹劾百官。此人十分公正，只要是有过失的官员，全都上报处理。当时有个官员叫作李彬，犯下了贪污罪，被刘伯温拿住了把柄。而这个李彬恰恰跟当朝宰相李善长关系非常要好，于是，李善长亲自登门拜访刘伯温，替李彬说情。可是，刘伯温却是油盐不进，不仅不给面子，而且还将此事直接上报给朱元璋。

朱元璋一向痛恨贪官污吏，自然怒不可遏，命令立即处死李彬。说来也巧，这份回复恰恰落到了李善长的手中。他看到皇帝的命令，又气又恨，眼珠子一转，便想到了一个绝好的借口。他相信，只要讲出这个借口，刘伯温肯定无法拒绝！

他再次登门拜访刘伯温，笑呵呵地说道："先生，这京城已经很久不下雨了，皇上正在求雨。先生您上知天文，下知地理，必然知晓此时不应妄杀人吧。"

李善长可真是老奸巨猾！他明知刘伯温精通天文地理，想要以此为借口救下李彬。如若刘伯温坚持要杀李彬，到时候大可将天不降雨的责任全部推到刘伯温的身上。古代又没有天气预报，谁知道什么时候下雨？他相信刘伯温虽然心有不甘，但也无可奈何，只得服软，答应放人。

不过，他还是小瞧了刘伯温！

没想到，刘伯温轻蔑地笑了笑，坚定地说道："杀李彬，天必雨！"

李善长闻言后，脸上的笑容顿时僵住了，他狠狠地瞪了一眼刘伯温，拂袖而去。

就这样，李彬被斩杀了，李善长也彻底被激怒了。

李善长外表宽厚，却是个心胸狭窄之人，暗中一直寻找机会，准备报复刘伯温。

机会很快就来了！

当时，刘伯温敢在李善长面前这样说话，其实他是有一定把握的。因为他早就夜观星象，掐指算过，不久京城便会降大雨。

可是天公偏偏不作美，过了很久，就是不降一滴甘霖。

胡惟庸知道李善长对刘伯温怨恨已久，作为淮西集团的骨干力量，他早就蠢蠢欲动了。他意识到这是一个扳倒刘伯温的绝好机会，于是和李善长一起，煽动淮西集团整日上朝轮番攻击刘伯温。

刘伯温见势不妙，决定避其锋芒，于是主动向朱元璋提出辞职，要求还乡。

朱元璋恩准。不久，刘伯温便告老还乡了。

刘伯温告老还乡后，隐居山林，整日饮酒下棋，从不谈论国事。

当地的官员纷纷慕名上山求见刘伯温，但是刘伯温总是避而不见。

据说有一次，青田县的知县上山求见刘伯温，但是却吃了闭门羹。知县灵机一动，装扮成百姓的模样，再次上山求见。

当时刘伯温正在洗脚，听说是百姓求见，便让侄子将他带进房中，还准备留他在家中吃饭。这时候，知县表明了身份，说道："先生，其实小人便是青田知县。"刘伯温一听，连忙起身称民，向知县行礼。

拜完之后，他就再也不肯出来见知县了。

或许有些人对刘伯温的谨小慎微、如此低调有些不解，实际上，刘伯温小心谨慎无疑是正确的！

神机妙算的刘伯温虽然已经告老还乡了，但是他知道，以胡惟庸为首的淮西集团不会善罢甘休，他们肯定会派亲信四处打探自己，找自己的把柄，定要将自己置之死地而后快。要是自己跟地方官员接触太密，他们定会罗织罪名构陷自己，而此时自己和朱元璋关系不如从前，若是皇帝身边说他坏话的人多了，必然会"三人成虎"。所以，刘伯温回乡后，格外的低调，从不结交地方官员，也不谈论政事，过着闲云野鹤一般的生活。

有道是"明枪易躲，暗箭难防"。尽管刘伯温如此小心谨慎，但还是被胡惟庸设计陷害了。当时，刘伯温家乡有个地方叫作谈洋，地方逃兵四处作乱，祸害百姓。地方官员生怕朝廷问责，故意隐瞒不报，刘伯温便让儿子向朝廷上奏此事。当时，胡惟庸在中书省主持工作。他见刘伯温的儿子越级向朱元璋报告，十分恼怒。于是，胡惟庸来了个恶人先告状，指使亲信向朱元璋举报，说谈洋是个有"王气"的地方，刘伯温想在这里建墓，可是当地百姓不肯，于是刘伯温驱赶当地百姓。

胡惟庸可真是歹毒啊！说这地方有"王气"，这种话信则有，不信则无，说穿了就是个"莫须有"的罪名！

不过，古代人相信风水一说，既然说了这地方有"王气"，那么除了皇家，谁还敢乱动啊？现在刘伯温想要建墓，言外之意就是刘伯温心存不轨，想要造反。这刁状可告到朱元璋的心坎里了。

朱元璋将信将疑，于是停发了刘伯温的"退休金"。

刘伯温这下慌了，思前想后，决定主动回京向朱元璋检讨，并在京城住下，以安皇帝之心。

他认为自己就是离皇帝太远，小人在皇帝耳边不断进谗言，所以皇帝才放心不下自己。倘若自己回到京城，就在皇帝身边，那么皇帝就会安心，自己的麻烦自然也就没了。

可是没想到，神机妙算的刘伯温这次却错了！

不久，胡惟庸当上了宰相，刘伯温听到消息后，竟然因此病倒了。

从这里不难看出，二人的关系确实很糟糕！

朱元璋得知后，派胡惟庸前去探望。胡惟庸带了御医亲自上门给刘伯温诊治，还开了药方。刘伯温照方抓药，煎好服用，没想到病情没有半分好转，肚子还很难受。一个月后，朱元璋派人护送刘伯温回乡。回到家后，刘伯温拒绝服用亲朋好友为他找来的一切药石，只是维持正常的饮食。不久，神机妙算的刘伯温病逝，享年六十五岁。

刘伯温应该是被胡惟庸毒死的，当时他下的很有可能是慢性毒药。当然，胡惟庸或许只是一个帮凶而已，幕后黑手很有可能是朱元璋。后来朱元璋诛杀胡惟庸的时候，有人揭发胡惟庸毒杀刘伯温，最后朱元璋给他定的其中一个罪状就是毒杀刘伯温，而且事后还多次告诉刘伯温的后人，说刘伯温是被胡惟庸毒杀的。不知为何，总觉得有一种"贼喊捉贼"的味道。

胡惟庸毒死了刘伯温，在朝中独断专权，不免有些得意忘形了。可悲的是，朱元璋也开始对他下手，然而他却浑然不知。

第二十章　胡惟庸案

读过《神雕侠侣》的朋友都知道，独孤求败"杀尽仇寇，败尽英雄"，欲求一败而不得，最后只得落寞隐居，以雕为友。

有句话说得好：因为对手的存在，才体现出我们的价值！也促使我们更强大！

刘伯温和浙东集团的存在，或许从某种意义上说，也证明了胡惟庸和淮西集团的价值，促进了他们的成长。

而现在对手没了，这其实是一件很可怕的事情！

胡惟庸似乎没有意识到这一点，一直觉得刘伯温总跟自己唱反调，挡住了自己的去路，看他左右不顺眼，总想除之而后快。如今，他终于如愿了，将刘伯温除掉，将浙东集团全面打压！

李善长都做不到的事情，他却做到了！胡惟庸内心不免有些膨胀，开始有些"飘"了，认为自己比刘伯温要强，也比李善长要强！殊不知，他之所以能扳倒刘伯温，并非因为自己强大，而是朱元璋跟他站在一边，是朱元璋想除掉刘伯温。

现在挡在前面的对手除掉了，胡惟庸无比畅快，以为自己能够畅通无阻，直上云霄了，结果他错了！

这是因为他打破了平衡。本来有刘伯温在，他和朱元璋的矛盾没有凸显出来。现在刘伯温没了，他和朱元璋的矛盾就凸显出来了。

说白了，其实是至高无上的皇权与一人之下、万人之上的相权冲突！

刘伯温去世后，胡惟庸失去了制衡，专权跋扈的性格暴露无遗。

胡惟庸当宰相期间，独断专行，全权掌握官员的升免和生杀大权，很多事情从不报告朱元璋，便下令执行了。各部门送上来的奏章，他都私下先拿来看，凡是对自己不利的奏章，便私自扣下，从不上呈。

（胡惟庸）独相数岁，生杀黜陟，或不奏径行。

——《明史》

按理说，权力欲望极强、一向聪明霸道的朱元璋绝不会容忍胡惟庸的专权跋扈，不过奇了怪了，朱元璋却一反常态，默不作声。

有句话说得好："欲使其灭亡，必先令其疯狂。"对于胡惟庸的种种恶行，朱元璋默默地看在眼里，记在心里，并非不想下手，而是时机未到！

当时，胡惟庸达到了权力巅峰，说他权倾朝野也不为过。朝中文武百官对他的态度大致可以分为三种。

第一种就是巴结。一些目光短浅之辈纷纷主动巴结，尤其是一些四肢发达、头脑简单的武将，例如费聚、陆仲亨之流，都与胡惟庸走动得很频繁，一来二往，便成了亲密无间的伙伴。

其实在历朝历代，边关武将和朝中文官走动频繁都是找死！为什么呢？因为皇帝最担心的就是臣子不忠，犯上谋反。按理说，边关武将和朝中的文臣在工作上没有太多交集，私底下走动得多了，皇帝能睡得着吗？能不担心他们勾结在一起，谋反作乱吗？

不过，当时胡惟庸和费聚、陆仲亨等人似乎没有意识到这个问题。

第二种就是惧怕。很多官员惧怕胡惟庸，害怕哪天一不小心得罪了他，降职免官还好，就怕项上人头也不保了。这些人虽然心中害怕他，却又不得不巴结他，纷纷暗中向他贿送金帛、名马、玩好等贵重物品，不计其数。

第三种就是看不起。极少数清廉公正的官员看不起胡惟庸，不愿与之为伍，我们前面说过的大将军徐达就算一个。前文提到，徐达乃是朱元璋的发小，又是开国功臣，打心底里看不起胡惟庸这种人。他最恨胡惟庸的奸恶，几次三番告诉朱元璋，提醒他注意，可是朱元璋充耳不闻。后来胡惟庸得知后，对徐达恨得牙根发痒，想要诱惑徐达的守门人福寿，拉拢他一起图谋陷害徐达，哪知福寿忠心，向徐达揭发了此事。这徐达是皇帝的发小，又是开国功臣，资格老，地位高，一旦被惹怒了，真是不好对付，吓得胡惟庸再也不敢轻举妄动了。

还有一些官员见胡惟庸专权霸道，胡作非为，上疏弹劾胡惟庸，可就没有那么幸运了。有个叫吴伯宗（明朝第一次科举的状元）的官员上疏弹劾胡惟庸，说他"专恣不法，不宜独任，久之必为国患"，结果不但没有弹劾下来，还差点送了性命。

如此一来，没人再敢跟胡惟庸对着干了，胡惟庸及其同党就更加嚣张了。

有道是"物以类聚，人以群分"。胡惟庸身边的仆人见主子权力滔天，也狐假虎威，平日里欺行霸市也就算了，没想到竟敢私闯边关，不顾守关将士前来盘问，还将守关的将士打了一顿。私闯边关可是杀头的死罪，这事最后闹到了朱元璋那里。朱元璋二话不说，令人将胡惟庸的仆人当场斩杀。

按理说，出了这事以后，胡惟庸应该好好反省，洗心革面，痛改前非。可是没想到，他不但不吸取教训，而且还变本加厉了。

有一天，胡惟庸的儿子酒喝高了，在人来人往的大街上，浑然不顾百姓安全，让车夫大胆"飙车"，由于车速实在太快，最后翻车了。也算老天开眼，路人没死，车夫没死，只有胡惟庸的儿子摔死了。

按理说，这车夫并非有意将他摔死，再说在大街上"飙车"的命令又是他自己下的，车夫的责任不大。

不过，胡惟庸可不管这些，他盛怒之下，当场一剑斩杀了车夫。

这事传到朱元璋那里，于是他便传胡惟庸前来宫中问话。

胡惟庸得知情况后，知道事态的严重性，自己杀车夫那可是故意杀人，死罪。他心里头一合计，便有了办法。他来到朱元璋面前，说自己儿子在家如何孝顺父母，在外如何遵纪守法，乃是南京城青年的楷模；又说那车夫如何不顾交通安全，在大街上"飙车"，如何超速急转弯，最后导致翻车，将他儿子摔死。他说自己白发人送黑发人，心如刀割，这才失手杀了车夫，事后又是如何积极主动地联系车夫家属，如何多赔钱财弥补此事，双方意见已经基本达成一致，决定将此事"私了"。

胡惟庸在朱元璋面前声泪俱下，哭诉了一番，以为此事也就到此为止了。可是没想到，朱元璋却紧紧地盯着他，目光清冷锐利，令人胆寒，最后不紧不慢地说出四个字"杀人偿命"，吓得他当场瘫坐在地上，久久不能回神。

他第一次发现朱元璋如此陌生，如此遥远，如此令人害怕。此刻，他终于明白满朝文武为什么在朱元璋面前俯首帖耳，唯唯诺诺。不过他醒悟得太晚了！

"杀人偿命"四个字久久回荡在他的耳边，挥之不去，他也不知道自己那天是如何回到府中的。当时，他手中要人有人，要钱有钱，不愿引颈受戮，于是暗中积极谋划，准备谋反，奋力一搏。

云奇告变

洪武十三年（1380）正月，宰相胡惟庸在朝上向朱元璋禀告，说自己家老宅子的水井里涌出了醴泉，这是百年难得的祥瑞，邀请朱元璋择日去他府中观看祥瑞。朱元璋闻言后，龙颜大悦，答应择日一定前去观赏。

五月初二日，朱元璋决定去胡惟庸府中做客，瞧瞧这祥瑞到底是怎么回事。他摆驾出宫，兴高采烈地走在路上。忽然，路边冲出一人，撞到皇帝的车驾前，拦住御驾车马，不知为何，却不说话。朱元璋见他冲撞自己御驾，又不说话，十分生气。这时，身边的侍卫见他冒犯圣驾，不由分说地迎了上来，噼里啪啦就是一顿拳打脚踢。原来这个拦驾之人叫作云奇，乃是西华门的一个宦官。顷刻间，云奇已经被打倒在地，连胳膊都快被打断了，但他还是两眼望着朱元璋，拼命指着胡惟庸的家，像是在告诉朱元璋什么。

这时，朱元璋似乎察觉到了什么，暗自寻思道："莫不是胡惟庸府中发生了什么大事？云奇才敢拼死闯驾。既然他在朕前往胡惟庸家的路上拦驾，那么此事断然与胡惟庸有关。"想到此处，朱元璋立即掉转方向，登上西华门城楼，眺望胡惟庸府邸。

只见胡惟庸府中聚集了好多壮士，皆是全身甲胄，手握刀枪，埋伏于屏壁间。朱元璋不由得一惊，寻思道："难不成胡惟庸今日想要造反，设计擒杀朕？因为西华门与胡惟庸家比较近，宦官云奇发现胡惟庸逆谋，所以才冒死闯驾，前来报告。"朱元璋想到此处，十分惶恐，立即发兵团团围住胡惟庸府邸，当场擒拿住胡惟庸，并将其处死。

朱元璋回朝后大发雷霆，要求肃清逆党，又抓了党羽御史大夫陈宁、御史中丞涂节等数万人，牵连甚重。

这就是著名的"云奇告变",记载于谷应泰的《明史纪事本末》中。不过这个故事漏洞百出,疑点重重,禁不起推敲。

第一,如果胡惟庸真要谋反,在府邸暗中埋伏了刀兵,外人岂能站在城墙上轻易看见?

第二,《明太祖实录》中有记载,洪武十三年(1380)正月甲午,也就是胡惟庸出事之前,御史中丞涂节已经状告胡惟庸谋反。而朱元璋一向性格多疑,猜忌功臣,他怎么可能会去胡惟庸府中做客,观看祥瑞呢?

第三,关于胡惟庸案,《明太祖实录》和《明史》分别记载如下:

> (洪武十三年正月)甲午,御史中丞涂节告左丞相胡惟庸与御史大夫陈宁等谋反及前毒杀诚意伯刘基事。命廷臣审录,上时自临问之。
>
> ——《明太祖实录》

意思是说,洪武十三年(1380)正月甲午,御史中丞涂节状告胡惟庸与御史大夫陈宁等人勾结,准备谋反,之前还毒杀了刘伯温。于是,朱元璋命令大臣审问此事,有时还亲自过问。

> 明年(洪武十三年)正月,涂节遂上变,告惟庸。御史中丞商暠时谪为中书省吏,亦以惟庸阴事告。帝大怒,下廷臣更讯,词连宁、节。廷臣言:"节本预谋,见事不成,始上变告,不可不诛。"乃诛惟庸、宁并及节。
>
> ——《明史》

意思是说,洪武十三年(1380)正月,御史中丞涂节便将祸变之事上报,告发胡惟庸谋反。当时,御史中丞商暠被贬为中书省吏，也告发胡惟庸谋反。朱元璋闻言后，顿时龙颜大怒，命令朝臣轮番审讯，在审讯过程中牵连出陈宁、涂节二人。审讯的官员说："涂节本来参与预谋，见事情不成，这才上告，此人不可不杀。"于是，朱元璋诛杀胡惟庸、陈宁和涂节等人。

按理说，"云奇告变"乃是大事，《明太祖实录》和《明史》等正史都应该记载，而这两部史书都记载了胡惟庸案，却没有记载"云奇告变"。

综上所述，不难推断，其实"云奇告变"并不靠谱，乃是子虚乌有。古往今来，不少学者认为胡惟庸案疑点重重，漏洞百出，怀疑他是被朱元璋冤杀的。例如，晚明学者钱谦益曾经说过："云奇之事，国史野史，一无可考。"明末清初学者潘柽章也认为云奇之事为"凿空说鬼，有识者所不道"。

许多史料笔记都记载了胡惟庸准备谋反，结果却被人检举揭发，于是朱元璋以雷霆手段处理，解决了胡惟庸。

而《明史》中还记载了一件事，或许是胡惟庸案的导火索。

洪武十二年（1379）九月，占城（今越南）派遣使者到大明朝进贡。按理说，外国使臣来访，应上报朱元璋，可是胡惟庸等人胆大包天，竟敢不报告朱元璋，还私吞了这批贡品。后来，有宦官进宫将此事奏告朱元璋。

朱元璋大怒，严厉斥责中书省官员，并要求追责，吓得胡惟庸和汪广洋脸色惨白，叩头如捣蒜。人非圣贤，孰能无过。二人要是能正视问题，敢于承认错误，并深刻反省，可能这事也就过去了。哪知胡惟庸和汪广洋表面上叩头谢罪，却并非真心悔过，暗中将这"锅"甩给了礼部。礼部的官员也不傻，根本不吃这套，又将责任推回给了中书省。

朱元璋见这些官员毫无担当，相互推诿，更加愤怒，于是下令将他们全部关押起来，严查此事。不久，朱元璋赐死了汪广洋，他的一个姓陈的小妾也跟着自杀了。朱元璋一问，才发现这小妾乃是陈知县的女儿。因为陈知县犯了事，女儿被发给功臣充当家奴了。按照当时律法规定，抄没官员的家属一律发给功臣，可是汪广洋区区一个文官怎么能得到呢？朱元璋很生气，后果很严重。他要追究此事，于是将胡惟庸等众人全都入了罪。

不过话说回来，这件事朱元璋有些强词夺理了。当年朱元璋封六公二十八侯的时候，还封了两个伯爵，一个是刘伯温，另一个就是汪广洋。汪广洋为什么不能收这个小妾呢？

当时，胡惟庸有个死党，就是前文提到的涂节，职位是御史中丞，专门监察百官。如果有哪个官员得罪了胡惟庸，或是胡惟庸看哪个官员不爽，只要跟涂节打个招呼，他便会四处搜查证据，弹劾那个官员。

涂节跟着胡惟庸，坏事没少干。而眼下见胡惟庸不行了，他竟然暗中主动向朱元璋告密，说胡惟庸暗中招兵买马，图谋作乱。

通常来说，皇帝若是喜欢一个宠臣，任他平时飞扬跋扈、欺男霸女、为非作歹、受到弹劾，皇帝都可以容忍，甚至充耳不闻。但是有两件事，皇帝是绝对不能容忍的：一是通敌叛国；二是谋反作乱。

现在涂节揭发胡惟庸谋反，危及自身性命，脾气再好的皇帝也坐不住，更何况朱元璋的脾气还不怎么好。

朱元璋目光阴冷，面露杀机，立即下令捉拿胡惟庸，并要求审讯官员发扬"5+2""白+黑""24小时不眠不休"的工作作风，对胡惟庸连番审讯，深挖同党。

"出来混总是要还的"，平日里胡惟庸坏事没少干，现在入了狱，是个"有冤报冤，有仇报仇"的好时候。审讯官员也不招呼，上来就是一套组合拳，胡惟庸哪里抵受得了，一五一十地交代开了，顺便牵连出了涂节和陈宁等人。

涂节暗中向朱元璋告密，本想躲过此劫，没想到还是躲不过去，把自己也搭进去了。朱元璋见抓了涂节，大喜，心道："胡惟庸啊胡惟庸，现在'污点证人'也有了，你图谋不轨、犯上作乱那是板上钉钉之事。自作孽，不可活，今日我杀了你，可怨不得我了。"

相对而言，陈宁只是个小角色，此处简单说两句即可。当时牵扯出来的陈宁，乃是御史大夫，有些才气，此人办事非常严苛，是个"来俊臣"式的酷吏，人送外号"陈烙铁"。当地百姓要是交不上税，他就用烧红的烙铁招呼，百姓对他恨之入骨。他的儿子陈孟麟实在看不过眼，劝说他对待百姓要宽厚一些，结果却被他活生生打死了。

有道是"虎毒不食子"，没想到此人比老虎还毒。朱元璋得知后大怒，说道："这人对待亲生儿子尚且如此，对待君父又岂会恭敬？"

胡惟庸，杀！

涂节，杀！

陈宁，杀！

杀尽一切党羽！

胡惟庸案前后追查了十余年之久，一共诛杀了三万余人，数字触目惊心！

第二十一章 真正动机

关于胡惟庸案，历来存在争议。更多人认为，此案是明太祖朱元璋刻意捏造的冤案。那么，朱元璋为什么要借此斩杀胡惟庸，还要牵扯那么多人呢？

这个问题其实很复杂，固然有胡惟庸贪得无厌、专权霸道、目中无人的个人原因，此外还有两个重要的原因。

第一，朱元璋为了废除宰相职位。宰相制度最早可以追溯到商朝，经历了秦、汉、唐、宋等朝代，最后消亡于明朝。在古代封建王朝中，无论是秦朝的三公九卿制，还是隋朝的三省六部制，其实整个国家治理都大致分为三部分：一是军事，一般由太尉掌管；二是监察百官，一般由御史大夫掌管；三是政事，这是最重要的，一般由宰相协助皇帝处理。

其实皇帝这个职位并不轻松，要想治理好国家，每天要按时批改奏章，拿出处理方案。例如，湖南官员上报奏章，说湖南今年水灾，损失多少银两，产生多少流民，粮食缺口多少万斤。于是，皇帝就命户部查看资料，看国库还有多少粮食，哪些省份粮食还有富余、富余多少。最后，皇帝要拍板决策，哪个省份要调粮食去赈灾，哪些流民要如何安置，以免引起社会动荡。大家想想，全国政事都由皇帝管，没有边界可言，不是湖南水灾，就是山东旱灾，不是陕西地震，就是广东叛乱，皇帝就算每天起早贪黑批改奏章，还是忙不过来。

皇帝可不傻，于是便想了个办法，找了个人帮忙，协助他处理全国政事。也就是说，湖南官员上报了水灾的奏章，这个人要仔细阅读奏章，了解此次灾情情况，然后去户部查看资料，拟订赈灾方案，并第一时间向皇帝汇报。到底要不要实行这个赈灾方案，必须由皇帝拍板决定。在这个过程中，跑前跑后、忙里忙外的人就是宰相。

宰相的出现，使得皇帝权力还在（至少第一个皇帝是这么想的），工作又轻松了不少，终于能腾出时间吃喝玩乐、炼丹养生了，心里自然高兴。

不过，凡事都有正反两面，我们要辩证地看待问题。宰相的出现，对皇帝来说也是一种隐患，皇帝存在被架空的风险，说白了就是相权与皇权的冲突。如果宰相忠心耿耿、任劳任怨，那么便国泰民安，皇帝可以坐享其成；但是，如果宰相欲望太强、专权霸道，那么皇帝势必被架空，一不小心还会被篡位，项上人头不保。例如，三国时期的汉献帝就是个摆设，宰相曹操才是真正有话语权的人。历史上皇帝被宰相架空的例子还少吗？在此就不一一列举了。

相权和皇权冲突的问题，每个朝代都存在。有些皇帝发现宰相权力太大，实在可怕，于是就对相权分权，将宰相分成几人（如左丞相、右丞相），甚至十几人。不过不管如何分权，只要相权存在，那么相权和皇权的冲突就不可避免。到了明朝，相权和皇权的冲突也一直存在。

朱元璋是个能力出众、权力欲望强的雄主。北伐时，每次出征前，他都会召集武将，商讨出征方略。如果徐达和常遇春的方略跟自己相左，他会命令他们按照自己制定的方略执行，徐达自然会按照朱元璋的意思不折不扣地执行。在处理国家政事时，李善长也会如此，因此当时的冲突并不明显。

可是到了胡惟庸这里，就不一样了。胡惟庸专权霸道，在中书省专搞"一言堂"，就连官员升降和人命生死等大事，以及外交事宜，也常常不向朱元璋汇报。对于一向事必躬亲的朱元璋来说，这就是自寻死路。

朱元璋杀了胡惟庸，还不解恨。他知道，如若再立一个宰相，那么还是存在相权与皇权的冲突问题。于是，他决定彻底解决这个问题，废除宰相制度，将相权连根拔起。

或许在朱元璋的内心深处，这天下本就是朱家的天下。他要把江山社稷世世代代传承下去。他担心后世子孙的皇权会被宰相夺取，于是又在《皇明祖训》中立下规矩，告诫后世子孙禁设宰相（丞相）一职，如果有人建议设立宰相（丞相），必须严惩。

宰相制度废除后，就由皇帝直接统领六部，亲自批改奏章，势必使其卷入繁杂的国家政事中。这对其他皇帝来说，或许是可怕的事情，不过对朱元璋来说，这并非难事。朱元璋废除宰相后，没日没夜地批改奏章，十分辛劳，可以说是史上最勤政的皇帝。

《大明会典》中有记载，说朱元璋每日三点钟就起床洗漱，用膳；凌晨五点钟，天都没亮，宫门准时开启，百官进入太和殿上早朝；朝堂上，四品以上官员向皇帝汇报国家政事，朱元璋则会提出问题或者直接作出答复；到了中午，去后堂扒拉几口饭，也没时间午休，就又匆匆忙忙赶回朝堂听取汇报；一直干到晚上六七点钟，再去吃个晚饭，回来还得继续加班批改奏章。不管春夏秋冬，每日如此。

照这么看，朱元璋每日上班的时间远超八小时，没有周末，也没有国家法定节假日，真的可以说是"5+2""白+黑""365日连轴转"。这样的工作强度实在太可怕了，相信一般人都坚持不了，明朝皇帝这活儿真不是一般人能干的！诸位想想现在的工作强度，再对比一下朱元璋的工作强度，相信大家心态会平和许多吧。

对于自己的工作，朱元璋也曾感叹过："百僚未起朕先起，百僚已睡朕未睡。不如江南富足翁，日高丈五犹拥被。"

意思是说，百官还在睡觉的时候，我已经起床干活儿了；百官已经睡觉的时候，我还在继续干活儿。我这皇帝当得还不如江南富户人家的老头，太阳晒得很高了，他还在睡觉。

皇帝尚且如此勤勉，底下百官又哪能偷懒呢？洪武年间官员的工作强度也大，过得也十分辛苦。有一位国子监的官员叫作钱宰，一次加班后去喝了点酒，一高兴，就作了首诗，顺便吐槽了工作："四鼓咚咚起着衣，午门朝见尚嫌迟。何时得遂田园乐，睡到人间饭熟时。"也不知怎么回事，这事立即传到了朱元璋耳朵里。

第二天上朝时，朱元璋一见钱宰便说道："昨日作得好诗，不过朕倒也没有嫌迟，若改为'忧'字，如何？"钱宰听后，吓得大汗淋漓，连忙磕头谢罪。

朱元璋哈哈大笑道："朕今日放你回去，好好睡觉去吧。"

没有三倍工资，没有领导监督（谁敢监督？），完全依靠自律，几十年如一日，朱元璋就这么坚持下来了！

如果说乔峰是练武奇才，那么朱元璋就是当皇帝的奇才！

其实这种"苦差事"，也就是放牛出身，整日吃不饱饭，过惯了苦日子的朱元璋才能坚持下来。后来，聪明的朱棣又创造发明了一个机构，将皇帝从繁杂的国家政事中解放出来，又避免了相权与皇权的冲突，一直沿用到明朝末年，而且举足轻重。这个机构叫作内阁，以后有机会再跟大家细聊。

第二，为了诛杀开国功臣。明朝史学家何乔远写过一本书，叫作《名山藏》，里面记载了这样一个故事。朱元璋在南征北战中，有一次被敌兵追赶，"大脚马皇后"二话不说，背起朱元璋就逃（大脚虽然不好看，但贵在实用，跑得快，能保命）。马皇后死后，太子朱标有时会跟朱元璋发生冲突。由于朱元璋性格暴躁，朱标为了留有余地，便让画师将这一事件绘作图像，藏在怀中，以备不测。

有一次，朱元璋又对功臣大开杀戒，朱标在旁劝谏："陛下杀人过滥，恐伤和气。"朱元璋闻言后，默不作声。

第二天，朱元璋故意把一条棘杖扔在地上，叫朱标去拿。朱标又不傻，自然不敢去拿，面露难色，看着朱元璋。

朱元璋冷冷地看了朱标一眼，说道："你怕有刺不敢拿，我现在把这些刺全部去掉，再交给你，难道不好吗？我所杀的这些人全是坏人，内部整顿好了，你才能当好这个家。"朱标一听，不以为然，当即反驳道："上有尧舜之君，下有尧舜之民。"意思是说，有什么样的皇帝，就有什么样的臣民。朱元璋闻言后，顿时火冒三丈，操起椅子就朝他身上砸去。

有道是"小棒受，大棒走"，朱标见状，拔腿便走，故意从怀中取出那图扔在地上。朱元璋追上前去，捡起此图一看，长叹一声，怒气马上就消解了。

从这个故事中我们知道，朱元璋对开国功臣大开杀戒，是因为担心子孙后代镇不住这些草莽英雄，所以要将这些开国功臣一一除去。朱元璋通过胡惟庸案杀掉了一公十六侯。一公是韩国公李善长；十六侯分别为：延安侯唐胜宗、吉安侯陆仲亨、淮安侯华云龙、临江侯陈德、巩昌侯郭兴、六安侯王志、荥阳侯郑遇春、平凉侯费聚、靖海侯吴祯、南雄侯赵庸、南安侯俞通源、营阳侯杨璟、蕲春侯康铎、宜春侯黄彬、汝南侯梅思祖、河南侯陆聚。

总而言之，胡惟庸很可能是被冤杀的，他是朱元璋为了稳固子孙后代的江山，大肆诛杀开国功臣的牺牲品；胡惟庸案是朱元璋为了废除宰相职位，彻底解决君权与相权之间的矛盾而刻意制造的冤案。当然，从另一方面来讲，胡惟庸不仅贪得无厌，而且独断专行，目中无人，杀他是一点也不冤枉！

追查奸党

如果说朱元璋杀胡惟庸是为了废除宰相的话，那么杀了胡惟庸之后，就应该到此为止了。但是很显然，朱元璋不想到此为止，他要深究奸党，诛杀功臣。

史书上记载："惟庸既死，其反状犹未尽露。"因此，追查同党合情合理，也非常必要，结果这一追就是十多年！

胡惟庸案追查了很多官员，由于篇幅关系，这里不一一细说。其中有两个人地位非常高，值得一提，一个是李善长，另一个是宋濂。

李善长乃是开国六公之首，地位之高，可想而知。胡惟庸上位前，一直在努力攀附这个淮西老乡。不过两人级别差距摆在那里，攀附机会还真不太好找，但这难不倒胡惟庸。

既然此人不太好找突破口，那么就从他的身边人突破，这个人叫作李存义，官拜太仆寺丞，乃是李善长的弟弟。

当时，胡惟庸和李存义打得火热，为了进一步巩固这种关系，胡惟庸又想到了一个办法——联姻。其实这个办法皇帝最喜欢用，为了巩固边境安全，皇帝有时需要将公主外嫁，叫作"和亲"，意思是告诉对方，我把女儿嫁给你了，我们现在是一家人，你也就别折腾了。

历史证明，这个办法确实不错，效果甚好，胡惟庸也来效仿。他将自己的第二个女儿嫁给了李存义的儿子李佑，于是两人便成了荣辱与共的亲家，如此一来，他与李善长也攀上了亲戚关系，关系又进了一层。

胡惟庸案爆发后，很快就有人告发李存义乃是胡惟庸的同党。一来李存义和胡惟庸确实走得很近，二来胡李两家又是联姻关系，所以此二人是同党似乎是顺理成章的事情。既然如此，李存义自然是要处斩的。李善长跟兄弟感情很好，于是进宫面圣求情，说自己当年跟着朱元璋鞍前马后，出生入死，终于帮助朱元璋建立了大明帝国；这么多年来，自己也没求过皇帝什么，希望这次网开一面，饶过李存义！事实证明，李善长这感情牌打得好，他的面子也不小，在朱元璋这里好使。最后，朱元璋并没有斩杀李存义，而是将其发配到崇明岛。

剧情发展到此处，李善长理应马上跪倒在地，叩头谢恩才是。不过，李善长的表现并非如此，史书上记载："善长不谢，帝衔之。"非常有意思！从这里看，至少李善长是不满意的。

善长不谢，帝衔之。

——《明史》

你李善长再怎么牛，也只是臣子，竟然敢对皇帝不满意，而且还在朱元璋这样的猛人面前表现出来，这不是自寻死路吗？虽说朱元璋并没有因为此事迁怒李善长，不过此事肯定给李善长埋下了祸根！

当时胡惟庸案发，皇帝要求深究同党，只要跟胡惟庸称兄道弟的、吃过饭的、借过钱的都要查，还要问那天吃饭时还有谁一起，那些钱又流向哪里、经过谁的口袋，牵连者也要查，一不小心便会成为其同党。

按理说，李善长得罪了朱元璋，接下来的日子要谨言慎行、低调做人才是，可是李善长并非如此。

有一次，李善长想要营造府邸，手上没人，于是便私下跟汤和借三百名士兵。这借兵可不是小事，汤和非常谨慎（这也是汤和能够善终的主要原因），将此事秘密禀告了朱元璋。

当时，李善长有个远房亲戚叫作丁斌，给胡惟庸当管家，自然牵连此案，即将被发配边疆。李善长得知后，又去找朱元璋求情，第一次朱元璋没表态，李善长不死心，再三去求情（史书上说多次求情，具体几次不得而知），最后惹得龙颜大怒。

"李善长啊李善长，你的亲戚牵连案件，朕还没怪你管教不严，你倒好，三番五次跑来求情，为其开脱，你这不是让我难做吗？"于是，朱元璋决定亲自审查这起案件。这一审可不得了，"拔出萝卜带出泥"，丁斌的供词竟然将李善长也拉下水了。

据说，胡惟庸准备谋反的时候，让李存义暗中劝说李善长。李善长一听，大惊失色，说道："你们到底是要干什么？一旦事发受审，必诛九族，你们可要慎重啊。"

一次不行，胡惟庸还不死心，又派了李善长的一个老朋友杨文裕前去劝说，承诺事成之后，封他为王，并将整个淮西给他。李善长听后，震惊不已，虽然还是不同意，不过内心已经动摇了。

过了几天，胡惟庸找了个机会，亲自登门去劝说李善长，结果李善长还是不同意。

换作旁人，可能也就放弃了，不过胡惟庸还不死心，过了一段时间，又派李存义去劝说。最后，李善长长叹一声，说道："我已经老了，我死之后，你们自便吧。"

当时，还有人告发李善长，说大将军蓝玉率军北伐的时候，曾在捕鱼儿海（今贝尔湖）俘获了胡惟庸派去私通北元的使者封绩，李善长却暗中将此事隐瞒了下来，没有上报给朝廷。于是，御史们纷纷上奏章，弹劾李善长。

李善长有个仆人叫作卢仲谦，是个见风使舵之人。他见李善长失势，于是便告发李善长与胡惟庸走得很近，互相贿赠财宝，而且两人经常躲在一起窃窃私语。

朱元璋得知这些情况后大怒，心中骂道："好你个李善长，你贵为皇亲国戚，明明知道有叛逆之举，却不检举揭发，而是暗中徘徊观望，心怀两端，实属大逆不道，可恶至极。"

说来也巧，当时天象星变，有官员经占卜，说是将有灾祸发生,而且必定会降落在某位大臣身上。朱元璋一听,便将李善长及其妻子老小一家七十余口全部斩杀。

李善长跟随朱元璋南征北战,出生入死,被封为六公之首,世袭罔替,儿子李祺又娶了朱元璋的长女临安公主。他作为臣子,可以说是做到了极致。即使他帮助胡惟庸谋反成功,无非也是位列功臣第一,封王罢了,最多也就是儿子娶个公主,或是女儿被纳为王妃而已,还不是跟今日一样吗?再说了,谋反这种事成功率很低,风险太高,一不小心还要株连九族。李善长又不傻,难道权衡不出利弊吗?因此,李善长帮助胡惟庸谋反之事不太靠谱,如果他真要谋反,只有一种可能,就是他跟朱元璋的关系已经变得非常糟糕,不过这种可能性微乎其微!

史书上记载,李善长死后第二年,虞部郎中王国用向朱元璋上了一道奏章,说道:"李善长跟陛下您同心同德,出生入死打天下,分封功臣之时,他的功劳最大,位列第一,陛下您还说过生前封公,死后封王,他儿子还娶了公主为妻,亲戚都做了官。作为人臣来说,他已经到了巅峰。他有没有自图不轨,想要谋反,尚未可知,不过如今说他要帮助胡惟庸图谋造反,那是大错特错。一般来说,人们疼爱自己的孩子胜过疼爱兄弟的孩子,已经安享富贵的人不会冒险去获取那万分之一可能的富贵。假如李善长帮助胡惟庸谋反成功,也不过是位列功臣第一,封王、娶公主、纳王妃罢了,不可能比今天更风光。李善长也是个聪明人,难道不明白这天下不是能侥幸取得的吗?元朝末年,多少人想取天下,陈友谅、张士诚之流哪一个不是粉身碎骨、断子绝孙,能保全身家性命的又有几人呢?

"李善长为什么要在暮年重蹈覆辙呢?如果他一定要这样做,那么其中必然存在深仇大恨。而在大势已去的情况下,父子一定会相互扶持,逃跑避祸。可现在,李善长的长子李祺娶了公主,与陛下您有骨肉之亲，没有丝毫间隙，又怎么会谋反呢？

"如果说天生异象，大臣当死，杀李善长是为了顺应天意，那么我认为陛下您更不应该这么做。臣担心，天下百姓听说此事后会认为，像李善长这样的开国功臣尚且落得如此下场，那么更何况其他人，国家会渐渐分崩瓦解啊。现在李善长已经死了，我们多说无益，但愿陛下您以此为鉴。"

这王国用真乃猛人也，竟敢对朱元璋说这番话，满朝文武大臣无不为其捏了一把冷汗，好在朱元璋并没有加罪于他。

从朱元璋对王国用的态度来看，李善长谋反一事也是有猫腻的！

接下来谈谈宋濂。宋濂乃是浙东名士，论起文章，当时可谓天下第一，连刘伯温都自叹不如，被朱元璋誉为"开国文臣之首"，后来还做了太子朱标的老师，成为一代帝师，地位可想而知。

胡惟庸案爆发时，宋濂早就告老还乡了，没有直接卷入案件。而他的孙子宋慎卷入此案，宋濂因此受到牵连，要被处死。

老师要被处死，学生怎么能坐得住呢？太子朱标得知情况，立即赶到朱元璋面前，痛哭流涕，希望他网开一面，饶了老师宋濂性命。可是朱元璋不听，依然要处死宋濂。

朱元璋去了后宫，马皇后也赶来劝阻，说道："宋先生乃是朱标的老师，普通百姓为了请老师教授功课，尚且能将尊师之礼奉行一生，更何况我们帝王之家呢？再说了，宋先生早已告老还乡，不问世事，肯定不知道这里面的内情，你就不能网开一面吗？"

朱元璋闻言后，默不作声。

这时，宫女们端来饭菜，伺候他们吃饭，可是马皇后却一口都不吃。朱元璋纳闷不已，问道："你这是为何？"

马皇后缓缓回道："我为宋先生做福事。"

朱元璋闻言后，依然默不作声，过了片刻，放下筷子，转身走了。

第二天，朱元璋赦免了宋濂的死罪，将他发配到茂州。

第二年，宋濂在流放途中病逝于夔州。

其实，胡惟庸案还牵扯到一位皇子——潭王朱梓。朱梓是朱元璋的第八子，分藩长沙，英敏好学，颇有好评，最后却与妃子自焚宫中。

那么潭王朱梓为什么要与妃子自焚宫中呢？野史中记载着这样一个故事。

话说当年朱元璋和陈友谅争霸天下的时候，陈友谅几次三番兵临城下，差点灭了朱元璋，朱元璋对他恨之入骨。后来，朱元璋打败陈友谅，俘虏了他的妻子儿女，说道："我朱元璋自起兵以来，从来没收过别人的妻子儿女。但是陈友谅这厮几次三番进犯我金陵和太平，我对他恨之入骨，今日便要将他的妻子阇氏没入宫中。"于是，便将陈友谅的妻子阇氏收入宫中。不久，阇氏生下遗腹子，叫作朱梓，被封为潭王，封地为长沙。

转眼间，朱梓长大成人，便要就藩长沙。临别时，阇氏向儿子朱梓道出了当年的真相，说道："儿呀，你的生父乃是陈友谅，被朱元璋所杀。当年我本想一死了之，但是腹中已经怀了你，这才苟且偷生到现在。儿呀，杀父之仇不共戴天，你可要记住了，一定要为你的父亲报仇雪恨呀。"

朱梓就藩长沙后，不久便起兵造反，朱元璋便派徐达的儿子前去征讨。兵临城下时，朱梓抱着年幼的儿子一起上了城头，在一块铜牌上刻上"宁见阎王，不见贼王"八个大字，并将铜牌扔出城外，然后在宫中点燃大火，自焚而死。

朱元璋得知后大怒，认为妖星在后宫作乱，于是大开杀戒。

马皇后为了保住宫人，脱去发簪首饰以身代罪，这才使他们幸免于难。

这个故事在野史中多有记载，民间也流传甚广，不过却是假的。根据史书记载，潭王朱梓生于洪武二年（1369），乃是朱元璋的第八个儿子，而陈友谅死于至正二十三年（1363），前后整整差了六年，朱梓怎么可能是陈友谅的遗腹子呢？而且史书记载，朱梓的生母乃是定妃达氏，并非什么阇氏。

潭王朱梓确实是与妃子於氏一起自焚而死，不过却另有原因。朱梓的妃子於氏乃是英山侯於显的女儿。后来胡惟庸案爆发，於显的儿子（也就是朱梓的小舅子）於琥不知怎的被定为胡党，父子二人都被杀了。

朱元璋还下诏要朱梓入京。朱梓越想越害怕，于是便和妃子一起在宫中自焚了。

呜呼哀哉！

第二十二章 沐英挂帅

胡惟庸案爆发的时间是洪武十三年（1380）正月，一个月后，边关八百里快马来报，说北元国公脱火赤和枢密知院（官名，掌管军事）爱足率领上万人马在和林屯扎，也不袭扰明朝边境，就在边境一带游荡。

虽说人家没打你，但这阵势让明朝守将睡不着觉啊！

家门口总是徘徊着几个上身赤膊的壮汉，虽说没闯进家门，只是偶尔朝里面瞅上一眼，但主人能安心睡觉吗？肯定生怕什么时候这几个赤膊壮汉闯进家里"劫财劫色"。当然，前提是这户人家"有财有色"。

显然，大明朝"有财有色"是毋庸置疑的，所以边关守将在报告中说，怀疑北元有准备南侵的想法。

面对门外的几个赤膊壮汉，主人肯定会去驱赶："哎，我说你们几个到底想干什么？三更半夜在这里晃荡什么？还不快走？再不走的话我可要报警了。"

朱元璋也想驱赶这些人，但不是"报警"，而是直接抄起木棍，上前就打。

洪武十三年（1380）二月，朱元璋主动出征北伐，命令西平侯沐英率领陕西明军出征，这就是明太祖的第三次北伐。

前两次北伐都是徐达、常遇春这样的王牌挂帅出征，为什么第三次北伐并非王牌挂帅，而是沐英呢？

关于这一点，史书上没有记载，笔者也不敢确定。不过从这次北伐的结果来看，或许朱元璋觉得"杀鸡焉用牛刀"，沐英足矣！

沐英"隆重登场"，先给大家简单介绍一下。

看过《大明英烈》的朋友一定知道，里面有一个"小磕巴嘴儿"朱沐英，样貌极丑，手提两个金锤，武艺超群，打起仗来鬼点子也多，一讲话就结巴，让人着急得不得了。此人姓什么，叫什么？估计大家都会认为他姓朱，是朱元璋赐的"朱"姓，名字叫作沐英。

其实，这样的讲法失之偏颇。

《大明英烈》中，金锤太岁朱沐英的名字其实并非"沐英"二字，这"沐"其实是姓，单名一个"英"字。《皇明世说新语》中记载着这样一个故事。

元朝末年，战乱四起，百姓苦不堪言。沐英出生在濠州定远县一户穷苦人家，父亲早逝，与母亲相依为命。八岁的小沐英为了和母亲躲避战乱，四处逃难，结果在路上母亲病死了，他便成了孤儿，独自流浪。

小沐英蓬头垢面地流浪到了濠州城，说来也巧，碰到了朱元璋夫妇。当时，朱元璋与马氏膝下一直无子，见小沐英聪明伶俐，十分欢喜，便收为义子，他还跟了朱元璋的姓，叫作朱英。朱元璋夫妇视朱英如己出，一直带在身边，疼爱有加，不仅教他读书写字，还教他行军打仗。

一日，朱元璋对朱英说道："朱英呀朱英，你到底姓什么呀？又是谁的孩子呢？"

朱英年纪轻轻，却十分乖巧伶俐，随即回答道："我就是陛下您和皇后的孩子呀，深沐您二位的养育之恩。"

不知怎的，朱元璋听后，还是一个劲儿地追问朱英同样的问题。

朱英也十分有趣，一直磕着头，反复回答着刚刚说过的话。

就这样，几个回合之后，朱元璋龙颜大悦，大笑起来，对着朱英说道："你是朕的养子，即使不能恢复你原来的姓氏，也不能再让你随我姓朱了。你既然口口声声地念叨着深沐养育之恩，朕便赐你姓'沐'吧，让你永沐皇恩。"

从此以后，朱英便改叫作沐英。

沐英从小跟随朱元璋南征北战，跟着邓愈打吐蕃，又和蓝玉一起征讨西蕃，立下不少功劳，被封为西平侯，不过一直没有"高光时刻"。

沐英是个不可多得的军事天才，明明是金子，一直闪着金光，为什么却没有"高光时刻"呢？

要知道，明朝开国猛将如云，朱元璋身边全是金子，你闪着金光有用吗？要想脱颖而出，得是钻石才行！

这次北伐和林，沐英终于等到机会了！

若是一般人挂帅，定是率军出征，接着在和林与北元干上一仗，将其打跑，然后乘胜追击，俘获一些牛羊马匹，便可浩浩荡荡凯旋而归了。当时沐英三十五岁，年纪不大，但是他却不这样想，而且出征前便有了全盘作战计划，从这一战中便能看出他出色的军事能力。

沐英领命后，先派兵侦察，再率部出征。侦察到敌人的点位后，他决定以迅雷不及掩耳之势突袭敌军，打对方一个措手不及。于是，他当即下令急行军，渡过黄河，翻过贺兰山，七个昼夜后，终于到达了指定地点。距离敌营五十里左右，沐英当即下令将部队分成四路：第一路绕到敌人背后，偷袭敌人后方；左右两路从侧面夹击敌人的两翼；沐英自己则是率领精锐，从正面冲击敌兵。

四路人马领命后，按照事先的战略部署，在规定时间内进入指定方位，等待沐英一声令下，即可冲进敌营。沐英见一切准备就绪，当即下令四面合围元兵，众人奋不顾身地冲杀过去。元兵见天降明兵，而且四面八方都有，哪敢恋战，纷纷逃散。

此战明军大获全胜，而且还俘虏北元国公脱火赤、枢密知院爱足及上万人马。

毛主席曾经提出"十大军事原则"，其中谈道："以歼灭敌人有生力量为主要目标，不以保守或夺取城市和地方为主要目标。"还在《中国革命战争的战略问题》中指出："对于人，伤其十指不如断其一指；对于敌，击溃其十个师不如歼灭其一个师。"

也就是说，打跑了敌人，保住了城市和地方，这只是暂时的；因为等敌人休整好了，还会反扑。只有将敌人的有生力量歼灭了，城市和地方才能长治久安。这道理是没错，但是要想歼灭敌人的有生力量，又谈何容易？不过沐英做到了，他打了个漂亮的歼灭战，四路合围，将敌人全部围歼，确实令人佩服！

沐英绝对是个军事天才，不仅善于打歼灭战，而且还创造发明了三段击，对后世产生了很大的影响。就连名将戚继光也学了他的招数，将不可一世的鞑靼骑兵打得落花流水。这里暂且按下不表。

这第三次北伐自二月中旬开始，至三月底结束，历时一个多月，参战人数只有上万人，从作战时间和规模上来看，跟前面两次北伐无法相提并论。或许正是基于这个原因，朱元璋才派了沐英上场；并非大兵团作战，没必要派徐达上场。还是那句话，"杀鸡焉用牛刀"，沐英足矣。况且后备力量也需要历练！

第二十三章　就藩北平

胡惟庸案爆发后，又经历了第三次北伐，朱元璋下定决心，要将一件大事提前。一个月后，他的第四个儿子燕王朱棣就藩北平。

史书上记载，洪武十三年（1380）四月，朱棣被派到北平就藩。

终于轮到朱棣上场了！我们先来聊聊这燕王朱棣。

生母之谜

朱棣，朱元璋的第四个儿子，元末至正二十年（1360）四月十七日出生于应天府，也就是今天的江苏省南京市。

一般说来，孩子生下来后，有时候父亲是谁可能搞不清楚，但是母亲是谁一定搞得清楚。不过，朱棣的母亲到底是谁，却成了历史谜团，民间流传着各种传说。

一是马皇后所生。根据《明太祖实录》记载，马皇后生了五个皇子，分别为朱标、朱樉、朱棡、朱棣、朱橚。

> 皇后生皇子五人，长曰标，懿文太子；次樉，封秦王；次棡，封晋王；次今上；次橚，封周王。
>
> ——《明太祖实录》

《明史》中也记载，朱棣乃是马皇后所生，为第四子。

> 文皇帝讳棣，太祖第四子也。母孝慈高皇后。
>
> ——《明史》

历史上，朱棣夺取帝位后，为了证明自己继承皇位的合法性，数次篡改《明太祖实录》，已是不争的事实，所以正史中记载朱棣乃是马皇后所生其实并不可靠。而且史学家经过考证，基本认定马皇后其实没有生育能力，朱标兄弟等人也是其他妃子所生，过继到马皇后名下。因此，这种说法不可信。

二是元顺帝妃子弘吉剌氏所生。这种传说在民间流传甚广。《蒙古秘史》中记载，朱元璋攻下大都后，把元顺帝妃子弘吉剌氏收入明宫。当时弘吉剌氏已经身怀六甲，已有七个月的身孕，最后生下一男孩，就是后来的明成祖朱棣。朱元璋当即下旨，说："以前上天对我疼爱有加，现在不管这孩子是不是我的，我都把他当作自己的孩子，谁也不能歧视。"就这样，朱元璋将朱棣当成了自己的儿子。不过，他在临死前告诉大臣们，说太子朱标、晋王等人死后，虽然四子朱棣已经是最为年长的皇子，但他乃是蒙古妃子所生，必然仇视汉人，所以决不能立他为皇帝，故而立了年幼的朱允炆做皇帝（建文帝）。朱允炆当了四年皇帝后驾崩，朱棣登上帝位。于是，明朝的江山又到了元朝人的手中。

这种说法大都记载于蒙古的史料文献中，说朱棣乃是元顺帝妃子弘吉剌氏的遗腹子，有些说当时怀孕三个月，朱元璋不晓得此事，不过认为朱棣乃是元妃所生，所以当时没将皇位传给朱棣；还有些说当时怀孕七个月，朱元璋晓得此事，认为朱棣乃是元顺帝之子，所以不能传位于他。总之，最后都说弘吉剌氏所生的朱棣登基称帝，明朝的江山回到了元朝人的手中。

其实，这种说法也禁不起推敲。首先，年龄上有明显出入。朱棣出生于至正二十年（1360），而明朝建立于至正二十八年

(1368)，朱棣当时已经八岁了，前后足足差了八年。其次，如果说朱元璋纳了一个元朝的妃子，还身怀六甲，挺着大肚子（七个多月），大臣们都肉眼可见，那肯定不可能，朱元璋又不傻，断然不会做这种事情。因此，这种说法也是假的，估计是蒙古人自己编的，是他们被朱元璋打跑后，自欺欺人的一种自我安慰罢了。

三是元顺帝妃子翁氏所生。清初刘献廷《广阳杂记》中有如此记载：

> 明成祖非马后子也。其母翁氏，蒙古人，以其为元顺帝之妃，故隐其事。宫中别有庙，藏神主，世世祀之，不关宗伯。有司礼太监为彭恭庵言之。余少每闻燕之故老为此说，今始信焉。
>
> ——《广阳杂记》

意思是说，明成祖朱棣并非马皇后所生。他的母亲是翁氏，蒙古人，因为她是元顺帝的妃子，所以隐瞒了这件事。皇宫中有一座庙，里面藏有牌位，世世代代祭祀，连礼部尚书都不知道这事。司礼太监说过这事。我年轻时经常听到这种说法，现在才相信。

这种说法同样不可信，原因还是年龄上有明显出入，故事太假，估计是一些清朝文人黑朱元璋罢了。

朱棣发动靖难之役，通过武力取得了帝位。为了证明自己继承皇位的合法性，他数次篡改史书，声称自己乃是马皇后所生，并将对自己生母的记载全部销毁，以致后世再也无法得知他的生母到底是谁。

那么，明成祖朱棣的生母到底是谁呢？后世终究还是破解了这个历史之谜，事情的具体经过如下。

当时，明朝实行两京制度，北京和南京都设有太常寺，专门掌管祭祀礼仪。到了明末弘光时期，当时北京已经沦陷，弘光帝在南京搞了一个小朝廷，南京大理寺左丞李清在翻阅《南京太常寺志》时，发现里面有这样一段记载："在享殿中，太祖高皇帝的牌位在正中，牌面朝南，其左边（也就是东边）乃是李淑妃等一群妃子的牌位，而西边只有一个碽妃的牌位。"

古人十分注重排位，可是为什么享殿中的排位却不合常规呢？难道是记载错了？李清纳闷不已，于是便找博学多才的礼部尚书钱谦益讨教。钱谦益查看了《南京太常寺志》中的记载，发现的确不合常规，两人左思右想始终不得其解，最后决定打开享殿，检验书中记载是否有误。结果打开享殿一看，两人呆住了，发现里面牌位的排法果然和《南京太常寺志》中的记载一模一样，东边乃是李淑妃等一群妃子的牌位，而西边只有一个碽妃的牌位。

这是为什么呢？

西边只有一个碽妃牌位，显然说明碽妃的地位高于其他众妃子。但是明太祖的其他妃子在史书中皆有记载，能详其家世，而唯独这个排位很高的碽妃却毫无记载。这个不合常规的排位正好印证了坊间的传言，其实朱棣的亲生母亲并非马皇后，而是碽妃。朱棣通过靖难之役获得皇位之后，为了皇位的合法性，所以篡改史书，宣告自己乃是马皇后的嫡子，但其实他是碽妃所生。朱棣非常重视自己的生母，觉得其他嫔妃没有资格与其相比，故而才让生母碽妃的牌位独自摆在西边。

南京太常寺卿沈玄华的《敬礼南都奉先殿纪事十四韵》也印证了这个事实。

《敬礼南都奉先殿纪事十四韵》："高后配在天，御幄神所栖。众妃位东序，一妃独在西。成祖重所生，嫔德莫敢齐。一见异千闻！实录安可稽？"从牌位的排法便能明白，原来关于明成祖朱棣生母的很多传闻都是假的，实录也不可信。

碽妃乃是一个悲剧人物。由于朱棣经过靖难之役夺得皇位后，删除了关于生母的记录，因此正史上没有她的任何记载。坊间传闻，她死于"铁裙之刑"。

所谓铁裙之刑，乃是一种酷刑，就是用铁片做成裙子，让受刑者穿上后，将其放在火上烘烤，待铁片受热后，犯人的皮肉如被烙铁烙过一般，其惨状可想而知。

碽妃为什么会触怒明太祖朱元璋，最终死于这样的酷刑呢？

有传闻说碽妃是高丽（今朝鲜）人，但是高丽及朝鲜史中没有关于她的记载。还有传闻说她是蒙古人，可是朱元璋举兵北伐的时候，朱棣已经八岁，难道她是朱元璋起兵之初，攻占城池而掠夺的蒙古女子吗？传闻说她未足月便生下了朱棣，朱元璋怀疑她有私通之嫌，龙颜大怒，最后碽妃被朱元璋赐"铁裙之刑"而死。如果这个传言是真的，那么后来的周王朱橚又是怎么来的呢？（根据史书记载，周王朱橚与燕王朱棣乃是同母所生。）显然，碽妃死于"铁裙之刑"的传闻不可信。

综上所述，朱棣的生母应该是碽妃。不过，碽妃到底长相如何？到底是蒙古人还是高丽人？究竟是怎么死的？身上又有什么故事呢？这些就不得而知了。

取名字的学问

朱棣出生那会儿，陈友谅和朱元璋正打得不可开交。陈友谅率军攻打太平，明朝开国名将花云战死，应天府告急。当时军情十万火急，朱元璋在前线调兵遣将，亲自指挥作战，哪有时间顾得上这个新出生的儿子？

这孩子出生后，头件大事就是取名字。现在的家长都很慎重，一般先取个小名过渡，比如宝宝、圆圆、方方之类，有些早上出生的可能叫晨晨。然后，家长再翻阅《说文解字》等字典、辞书，有些人还要算姓名笔画或是五行易经等，过个一年半载，好不容易取个名字出来，这才长长舒了口气，大功告成。

而朱棣出生后，一直没取名字，七年后，这孩子都能"打酱油"了，兄弟七人才一起取名。史书上记载：

> 仰承先德，自举兵渡江以来，生子七人。今长子命名曰标，次曰樉，曰㭎，曰棣，曰橚，曰桢，曰榑。
>
> ——《明太祖实录》

意思是说，朱元璋渡江作战之后，才给七个儿子取了名字。

在此之前，七个儿子一直没取名字，那平时怎么称呼呢？小名叫什么呀？史书上没有记载，我们不得而知。

笔者读史书时，第一次发现这个问题，但是觉得朱元璋真是够懒的，虽说当时烽火连天、战斗不断，但也说明他不重视七个儿子，连取个名字都拖那么长时间。后来笔者才发现，自己原来错怪朱元璋了。

其实，朱元璋为了朱家皇权的长治久安、为了子孙后代真的是操碎了心。他不仅非常重视为子孙后代取名字，而且也非常重视子孙后代的教育问题。我们先来看看取名字的问题。

原来，朱元璋特地按照五行相生的道理制定了一套取名字的规则，不仅为儿子，而且为子孙后代都取好了名字，以后再也不用为此烦恼了。

下面我们一起研究一下这套规则。朱元璋这一生一共有26个儿子，我们来看看这26个儿子的姓名：

太子朱标、次子朱樉、三子朱㭎、四子朱棣、五子朱橚、六子朱桢、七子朱榑、八子朱梓、九子朱杞、十子朱檀、十一子朱椿、十二子朱柏、十三子朱桂、十四子朱楧、十五子朱植、十六子朱㮵、十七子朱权、十八子朱楩、十九子朱橞、二十子朱松、二十一子朱模、二十二子朱楹、二十三子朱桱、二十四子朱栋、二十五子朱㰘、二十六子朱楠。

这些名字都是一个字，而且都是木字旁。

接着，再来看看朱棣四个儿子的姓名：

太子朱高炽、次子朱高煦、三子朱高燧、四子朱高爔。

这些名字都是两个字，第一个字是"高"，第二个字都是火字旁。可能有人注意到二子朱高煦的"煦"是四点底，其实四点底"灬"也是火字旁，由"火"演变而来。

最后，再来看看朱高炽十个儿子的姓名：

太子朱瞻基、次子朱瞻埈、三子朱瞻墉、四子朱瞻垠、五子朱瞻墡、六子朱瞻堈、七子朱瞻墺、八子朱瞻垲、九子朱瞻垍、十子朱瞻埏。

这些名字也都是两个字，第一个字"瞻"，第二个字都是土字旁。

好了，到这里，我们已经找到这些名字的规律了。除了第二代的名字只有一个字，后代的名字都是两个字。其中，第一个字朱元璋早已定好了，他给每个儿子都选了二十个字，反复轮回，这相当于民间族谱中的辈分。可惜还没有轮回一遍，大明王朝已经灭亡了。

太子家："允文遵祖训，钦武大君胜，顺道宜逢吉，师良善用晟。"

秦王家："尚志公诚秉，惟怀敬谊存，辅嗣资廉直，匡时永信惇。"

晋王家："济美锺奇表，知新慎敏求，审心咸景慕，述学继前修。"

燕王家："高瞻祁见祐，厚载翊常由，慈和怡伯仲，简靖迪先猷。"

周王家："有子同安睦，勤朝在肃恭，绍伦敷惠润，昭格广登庸。"

楚王家："孟季均荣显，英华蕴盛容，宏才升博衍，茂士立全功。"

齐王家："贤能长可庆，睿智实堪宗，养性期渊雅，寅思复会通。"

鲁王家："肇泰阳当健，观颐寿以弘，振举希兼达，康庄遇本宁。"

蜀王家："悦友申宾让，承宣奉至平，懋进深滋益，端居务穆清。"

湘王家："久镇开方岳，扬威谨礼仪，刚毅循超卓，权衡素自持。"

代王家："逊仕成聪俊，充廷鼐鼎彝，传贻连秀郁，炳耀壮洪基。"

肃王家："瞻禄贡真弼，缙绅识烈忠，曦晖跻当运，凯谏处恒隆。"

辽王家："贵豪恩宠致，宪术俨尊儒，云仍祺保合，操翰丽龙舆。"

庆王家："秩邃寘台鼒，倪伸帅倬奇，适完因巨衍，鹜眷发需毗。"

宁王家："磐奠觐宸拱，多谋统议中，总添支庶阔，作哲向亲衷。"

韩王家："冲范徵偕旭，融谟朗璟逵，亶韶愉灏憘，令绪价蕃维。"

沈王家："佶幼诠勋胤，恬珵效回瑝，湜源諲晢暐，圭璧澈澄昂。"

安王家："斐序斌廷赏，凝覃浚祉襄，恢严颢辑矩，缜密廓程纲。"

唐王家："琼芝弥宇宙，硕器聿琳琚，启龄蒙颂体，嘉历协铭图。"

郢王家："伟闻参望奭，箴诲泊皋夔，麒麟馀积兆，奎颖晔璇玑。"

伊王家："颙勉諟訏典，褒珂采凤琛，应畴颁胄选，昆玉冠泉金。"

靖江王家："赞佐相规约，经邦任履亨，若依纯一行，远得袭芳名。"

谷王家："赋质僖雄敞，丛兴阐福昌，笃谐恂怿豫，扩霁昱祯祥。"

而第二个字的偏旁，是按照五行相生的道理来定的。五行中，木生火，火生土，土生金，金生水，水生木。因为明朝属火，所以朱元璋给儿子这一辈取木字旁，木能生火，朱元璋希望大明事业蒸蒸日上，千秋万载。然后，他又给孙子这一辈的取火字旁，希望子嗣兴旺，健康幸福！

朱元璋取名字的规则如上所述，下面我们来检验一下历代皇帝的名字吧。

明仁宗朱高炽，高字辈，火字旁；明宣宗朱瞻基，瞻字辈，土字旁；传奇皇帝明英宗朱祁镇、明代宗朱祁钰，祁字辈，金字旁；优柔寡断的明宪宗朱见深，见字辈，水字旁；一代明君明孝宗朱祐樘，祐字辈，木字旁。至此，五行已经转了一圈了，又从火字旁重新轮回。明武宗朱厚照、明世宗朱厚熜，厚字辈，火字旁；明穆宗朱载垕，载字辈，土字旁；明神宗朱翊钧，翊字辈，金字旁；明光宗朱常洛，常字辈，水字旁；明熹宗朱由校、明思宗朱由检，由字辈，木字旁。

即使按五行之道来给子孙后代取名，也不可能实现朱家皇朝的千秋万载，朱元璋不可能不明白这个道理，但是从这里可以看出他对子孙后代寄予了很大的希望。而且，朱元璋取名字的艺术，值得后人学习与借鉴。

朱元璋为了巩固朱家皇权，不仅留下按五行之道给子孙后代取名的规则，而且编撰《祖训录》，对朱家子孙进行训诫，洪武二十八年（1395）更名为《皇明祖训》，前文已经提到。

朱元璋害怕相权与皇权冲突，告诉子孙后代必须禁立丞相；他害怕外戚夺权，明确规定皇后不得干预外政，宫闱当谨内外；他还告诉子孙后代，作为帝王要广布耳目，规定官员、士人、庶人等不得妄议朝政；由于元英宗夜里被铁木迭儿的义子铁失害死，手下回避得太远，后妃也不在寝处，因此朱元璋告诫后世子孙，与自己的亲信密谋国事时，身边必须有带刀侍卫，绝不能离得太远；他还叮嘱子孙后代，即使亲信如骨肉一般亲，即使朝夕相处，也要对其有防备之心。

皇子的教育

聊完了取名字和《祖训录》，下面我们接着聊朱元璋对子孙后代的教育。他到底是如何培养子女的呢？

一是学习圣贤，言传身教。有道是"知识就是力量"，朱元璋出身贫寒，没有读过几天书，这是他一辈子的遗憾。现在日子过得红火，自然要让儿子们接受最好的教育。朱元璋在皇宫中修建了大本堂，就是国家级图书馆，里面藏有各类古籍，是专门供皇子们读书的地方。这硬件设施绝对是国内顶尖、国际一流，再来看看师资力量。朱元璋聘请了浙江名士宋濂等人为帝师，为皇子们讲课，传授经史礼仪，讲解古今杰出人物的成功之道。如此看来，这师资力量也是国内顶尖。他还要求这些老师严格管束皇子，不听话的皇子不仅要挨批，有时候甚至要挨打。

史书上记载，这"皇子讲师团"中有一位老师叫作李希颜，特别严厉。有一次，有位小皇子上课调皮捣蛋不听话，李希颜就用手中的笔管戳了一下小皇子的额头，当时下手不轻，还留下了红印。那小皇子下课后，就哭着跑到朱元璋那里告状。朱元璋看小皇子哭哭啼啼，又见其额头上的红印，当时就火了，想要发作。幸好马皇后在身旁，劝道："先生以圣人之道教育我们的孩子，你怎么可以责怪呢？"朱元璋想想也是，结果不但没有责罚李希颜，反而提拔了他。

朱元璋十分关心皇子们的学习情况，时常以自身的经历作为榜样，给皇子们讲述为人处世治国之道。他还时常勉励皇子们要多多学习古代圣贤的为人处世之道，要爱民如子，广播福德。

二是注视品德，编写教材。正所谓"勿以恶小而为之，勿以善小而不为"，思想品德教育要从小抓起。朱元璋也深知这个道理，十分注重皇子们的思想品德教育。他命令礼部工作人员将汉朝到宋朝各地藩王的正面事迹和反面事迹作为例子，编写成连环画故事书。前文提到，他还编写了《祖训录》，对后世子孙进行训诫。这两本书都是皇子们的必读书目，他要求皇子们精读、细读、反复读，读的时候还要圈圈画画，做好笔记，读完之后要写感想。值得一提的是，朱棣对《祖训录》的内容不但倒背如流，而且还将这些训言抄到了王宫的墙壁上。

三是修身养性，防微杜渐。朱元璋非常注重皇子们平时的生活细节，要求他们谨言慎行，修身养性。有道是"玩物丧志"，朱元璋要求皇子们不能随意亲近那些演戏的伶人，也不能通宵达旦酣歌畅饮。他时时叮嘱皇子们，不能特别宠爱哪个妻妾，因为一旦如此，这个妻妾便会仗势为非作歹，搅得后宫不得安宁。他要求皇子们管束好自己的妻妾和奴婢，仔细观察他们的言行，发现不对就要及时纠正。他还时常告诫皇子们，如果在内沉溺女色，在外恣意游猎，政教不修，礼崩乐坏，那么总有一天会丢了江山和性命。

朱元璋不仅是嘴上说说，自己更是身体力行，以身作则，为皇子们树立好榜样。

四是吃苦耐劳，艰苦朴素。有道是"吃得苦中苦，方为人上人"，朱元璋要求皇子们从小吃苦，和士兵一样参加训练。朱棣七岁开始便和众兄弟一起接受严格的军事训练，也跟士兵一样穿着麻鞋，裹上缠腿，骑马射箭，练习各种军事技能；还要和士兵一样到城外远足，三分之二的路骑马，三分之一的路必须自己步行。别看朱棣年纪小，训练起来倒是有模有样。

朱元璋给皇子们修建的读书场所（大本堂）并没有豪华装修，设施十分简单。他命令宦官内侍在院中种植蔬菜，有时候也让皇子们下去劳动，体会农民的生活，方知农民之辛苦。他还时常教育皇子们，说道："这里并非不能造亭馆台榭给我们游乐观赏，现在我们在这里只是种蔬菜，是因为我实在不忍心耗费老百姓的钱财。从前，商纣王修饰宫室，不体恤百姓，天下人都怨恨他，最后他身死国亡。汉文帝当年想修建露台，听说需要百金便打消了念头。其实当时百姓安定，国家也很富裕。二人奢俭不同，最后治理国家的结果也不同，你们可要记住我说的话，要经常保持警戒。"

五是求真务实，知行合一。朱元璋是个勤政爱民、求真务实的好皇帝，他害怕这些生于帝王之家、养尊处优的皇子们成为夸夸其谈的纨绔子弟。因此，他不仅要求皇子们平时多参加实践活动，丰富阅历，而且还要求长子朱标、次子朱棣到临濠拜谒祖宗陵墓，顺道走访民间，了解民间疾苦。每次拜祭祖宗陵墓后，皇子们都去拜访家乡的父老乡亲，问问当年起兵渡江时的事情，方知创业之艰辛。朱元璋要求皇子们将其牢记在心。正所谓："因道途之险易，以知鞍马之勤劳；观小民之生业，以知衣食之艰难；察民情之好恶，以知风俗之美恶。"

好了，下面我们言归正传，接着聊朱棣。

洪武三年（1370），朱棣刚好十岁。当时，朱元璋册封诸皇子为王，朱棣被册封为燕王。转眼间又过了六年，朱棣已经成长为一个高大威猛的小伙子了。

到了这个年龄，也该谈婚论嫁了。朱元璋没说什么，却看在眼里，决定给朱棣物色一门亲事。

一日，朱元璋将徐达召到宫中，说道："兄弟，朕与你乃是布衣之交。"

言外之意是，你我在身为普通百姓时便认识，并结下了深厚的友谊，不是一般的君臣关系可以比的。

朱元璋又接着说道："自古以来，君臣志气相投、相处融洽的话，一般都会结为姻亲。听说你的长女聪颖过人，贞洁娴静，不如许配给我家的四子吧？"

徐达一生战功赫赫，乃是明朝开国第一功臣，被封为魏国公，位高权重。而且，此人跟朱元璋小时候便认识，一起放牛，一起闯祸，二人关系自然非同小可。不过话说回来，徐达再怎么厉害，二人关系再怎么密切，他在朱元璋面前还是个臣子。这皇帝亲自开口为儿子提亲，那就是圣旨啊，你说当臣子的哪个敢违抗啊？

再说了，自己女儿能够嫁给皇子，能光宗耀祖，那是天大的福分，一般人能攀上这皇亲吗？徐达又不傻，立即跪倒在地，磕头谢恩，这门亲事就定了下来。

在中国古代，婚礼习俗有六礼，分别是：纳采、问名、纳吉、纳征、请期、亲迎。这就好比我们现在的婚礼习俗，先要提亲，然后订婚，再结婚，结婚之后还要回门，复杂得很。普通百姓娶亲尚且这么麻烦，那么堂堂皇子娶亲又是怎样的呢？

纳采也就是提亲，朱元璋不差钱，早就准备了丰厚的彩礼送与徐达。到了真正结婚的那天，四皇子朱棣坐着高头大马，率领着迎亲队伍浩浩荡荡地去了徐府。这迎亲的规格，毫无疑问是当时最高级的。

到了徐府门口,新郎官朱棣穿红衣,戴红帽,胸前一朵大红花,满脸笑容地对徐达的下人说道:"我是新郎官,奉了父母之命前来迎亲。"

下人一听,自然不敢怠慢,连忙入内报告徐达。徐达领着迎宾队伍亲自出门迎接,就这样,朱棣和一个贴身随从在迎宾队伍的簇拥下进入了徐府。

进入徐府坐定之后,朱棣让随从先将一件东西送给徐达,再拜过徐达夫人。

到底是什么东西呢?

有些人可能认为是金银财宝,也就是聘礼,其实不然。这件东西是一只鸟,而且还不小,准确来说是一只鸿雁。

那么,朱棣为什么要让随从送一只鸿雁给徐达呢?

因为古人有"鸿雁传情"的说法,所以迎亲的时候不用带其他东西,送一只鸿雁即可。不像现在的迎亲,新郎官要是不拿出一堆红包,恐怕连新娘的面都见不到。

这时,准新娘徐氏才由保姆和丫鬟送了出来,站在母亲身旁。

徐达心里头激动,眼里含着泪水,想到自己养了这么多年的宝贝女儿,今日就要嫁给人家,能不伤心吗?他对女儿哽咽道:"闺女啊,你今儿个就出嫁了。你可要记住,过门之后,在夫家可要勤快听话。"

准新娘徐氏早已泪流满面。

母亲也跟着上前,跟女儿交代一番,说道:"闺女啊,你过门之后,要努力当个好媳妇,伺候好丈夫,孝敬公公婆婆。你爹爹的话可要记牢了。"

主婚者命之曰:"戒之戒之,夙夜恪勤,毋或违命。"

母命之日："勉之勉之，尔父有训，往承惟钦。"

——《明史》

"女儿记下来。"准新娘徐氏频频点头称是。

徐达又转头跟新郎官交代一番："新郎官啊新郎官，我这个宝贝女儿，今天嫁给你了，往后你可要替我好好待她，决不能欺负她。我希望你们二人以后相亲相爱，相互支持，相互理解，相互包容。"

新郎官也连连点头，先是感谢岳父岳母生了这么一个好女儿，还把这个女儿嫁给了自己，然后再向岳父岳母保证，自己日后定会好好待她，二人一定会相亲相爱。

到了这里，基本上就差不多了。

那么，新郎官还要跪地叩头吗？免了免了，这新郎官跪地叩头一般人可受不起，是要脑袋搬家的。

一切完毕之后，十六岁的小皇子朱棣就领着十四岁的徐氏回府了。

没有想到吧，堂堂皇子娶亲竟然如此简单。现在，很多普通百姓结婚都是奔驰、宝马开道，噼里啪啦的鞭炮声，浩浩荡荡的迎亲队伍，新郎官逢人不是递烟就是送红包，之后还要大摆筵席，有些地方还要摆三天三夜。热闹是热闹了，但是不免有些铺张浪费。看看人家古代皇子结婚尚且如此低调，我们或许也该学一学。

封藩诸王

这朱棣婚是结完了，我们暂且按下不表，再来聊聊朱元璋。

自古以来，每朝皇帝都有两个烦心问题绕不过去：一是担心手下大臣功高盖主，手握重兵，有朝一日会造反；二是担心皇子们为了夺嫡而互相残杀。朱元璋率领群雄建立大明帝国以后，也碰到了这两个烦心问题。他左思右想，终于想到了一个好办法。

这个办法就是，封自己的皇子们为藩王，配备王府护卫，通常有几个"卫"的编制。一个"卫"的编制相当于现在的一个军，人数大约六千。也就是说，一个藩王的王府护卫在六千到数万人不等。等到这些藩王长大成人，就前往各自封地代替功臣们驻守边疆，叫作"就藩"。如此一来，一举两得。一来，皇子们不在京城，就没有机会摩擦、闹矛盾，解决了因为夺嫡而自相残杀的问题；二来，皇子们代替功臣们来守边，借此拿掉功臣们手中的兵权，自己便可高枕无忧了。

这个办法看上去似乎很完美，既解决了功臣们手中的兵权，令皇帝高枕无忧，又令皇子们离开京城，避免了一幕幕惊心动魄的"夺嫡宫斗剧"。可是，其中有个天大的漏洞：一个个皇子成了坐镇一方的藩王，手中有一定的武装力量，一言不合，就要开打，举兵反叛。（后来，朱棣夺了侄子建文帝的皇位，也证实了这个漏洞。）

叶伯巨的谏言

有道是"当局者迷，旁观者清"，当时有个大臣看出了问题，挺身而出，直言进谏。

这位大臣叫作叶伯巨，浙江台州人。元末的时候，二十岁的叶伯巨已学贯古今，闻名天下。当时，他因为名气太大，洪武初年被朝廷选拔到国子监学习深造，一读就是八年。洪武八年（1375），叶伯巨被朱元璋分配到山西，担任儒学训导一职，宣政教化，努力改变元末轻文的陋俗，弘扬民间读书风气。

洪武九年（1376）闰九月初九日，钦天监的官员奏称天有异象，说是"五星紊度，日月相刑"，此为天灾之兆，也就是上天给予的警示，预示国家有大难或是朝廷有过错。

一般来说，出现这种星变，皇帝都会下诏，请天下人直言进谏，指出朝廷弊端和皇帝过失。朱元璋也不例外，按照惯例诏告天下，征求直言书。

叶伯巨乃是儒学训导，连品级都没有，算不上官。但是他心系天下，针对目前朝廷得失、国家政策的弊端，决定上书谏言。

朱元璋什么性格大家不是不知道，你叶伯巨现在上书谏言，要指出他的过错，这不是"老寿星吃砒霜——嫌命长"吗？

周围的好友听说叶伯巨要上书谏言，吓得不轻，纷纷劝他不要上书，以免惹祸上身。

他却对好友说道：

> 今天下惟三事可患耳，其二事易见而患迟，其一事难见而患速。纵无明诏，吾犹将言之，况求言乎。
>
> ——《明史》

意思是说，如今天下只有三件事值得担忧，其中两件事容易发生但不会很快带来危害，另一件事不容易发生但会很快带来危害。即使没有皇上的诏令，我也要上书谏言；更何况现在皇上下诏求言，我还能不上书吗？这里说的"一事难见而患速"指的就是封藩。

听不听谏言、采不采纳谏言，那是皇帝的事情，作为臣子无法左右。但是谏不谏言，那是臣子的事，谏言是臣子的本分。

明知道上书谏言会惹祸上身，甚至人头落地，但是叶伯巨义无反顾，勇往直前！

这就是鲁迅先生笔下台州式的硬气！叶伯巨如此，郑士利如此，方孝孺亦是如此。

当夜，叶伯巨写下了著名的"万言书"——《奉诏陈言疏》，毅然呈上奏章。奏章很长，其中关于分藩的内容如下：

臣观当今之事，太过者三：分封太侈也，用刑太繁也，求治太速也。

先王之制，大都不过三国之一，上下等差，各有定分，所以强干弱枝，遏乱源而崇治本耳。今裂土分封，使诸王各有分地，盖惩宋、元孤立，宗室不竞之弊。而秦、晋、燕、齐、梁、楚、吴、蜀诸国，无不连邑数十，城郭宫室亚于天子之都，优之以甲兵卫士之盛。臣恐数世之后，尾大不掉，然后削其地而夺之权，则必生觖望，甚者缘间而起，防之无及矣。议者曰："诸王皆天子骨肉，分地虽广，立法虽侈，岂有抗衡之理？"臣窃以为不然。何不观于汉、晋之事乎？孝景，高帝之孙也；七国诸王，皆景帝之同祖父兄弟子孙也。一削其地，则遽构兵西向。晋之诸王，皆武帝亲子孙也，易世之后，迭相攻伐，遂成刘石之患。由此言之，分封逾制，祸患立生。援古证今，昭昭然矣。此臣所以为太过者也。昔贾谊劝汉文帝，尽分诸国之地，空置之以待诸王子孙。向使文帝早从谊言，则必无七国之祸。愿及诸王未之国之先，节其都邑之制，减其卫兵，限其疆理，亦以待封诸王之子孙。此制一定，然后诸王有贤且才者入为辅相，其余世为藩屏，与国同休。割一时之恩，制万世之利，消天变而安社稷，莫先于此。

——《明史》

意思是说，先王的制度规定，最大的封邑不能超过国都的三分之一，上下等级，各有定分，所以强干弱枝，遏制祸乱根源，提高治理水平。现在裂土分封，使诸王各有分地，大概是出于对宋元孤立、宗室势弱的考虑。而秦、晋、燕、齐、梁、楚、吴、蜀诸国，无一不是连邑数十，城郭宫室仅次于天子都城，拥有充足、强盛的甲兵卫士。我担心数代之后，尾大不掉，然后削减诸王的封地并收回他们的权力，就一定会引起他们的怨恨，甚至有些诸王可能会起兵伐主，到时候防范就晚了。可能有人会说："诸王都是天子的骨肉，即使分地广阔、立法过度，又怎么会抗衡呢？"我认为不是这样的。为什么不看看汉、晋的历史呢？孝景帝是汉高祖的孙子，七国的诸王都是孝景帝同祖父兄弟的子孙。然而，一旦削减他们的封地，他们就立即纠集军队进攻朝廷。晋朝的诸王都是晋武帝的亲生子孙，易代之后，互相攻伐，于是导致了刘石之乱。由此可见，分封逾制，祸患立生，援古证今，显而易见。这就是我认为有问题之处。从前，贾谊劝说汉文帝，尽分诸国之地，空置之以待诸王子孙。假如汉文帝早听从贾谊的话，就一定没有七国之乱。希望在诸王没有去封地之前，就限制其都邑规模，减少其卫兵数量，限制其疆域，对诸王之子孙同样如此。制度制定后，将诸王中有贤能才智者召入朝廷为辅相，其余的世代为藩屏，与朝廷为一体，命运与共。割舍一时之恩，以得万世之利，消除叛乱而安定国家，无不从此着手。

　　叶伯巨是个议论文高手，通过讲道理、摆事实，举了汉朝、晋朝的例子，来说明朱元璋"分封太侈"，必然会造成尾大不掉的局面，到时候又不得不削藩；而一旦削藩，就会招来诸王的怨恨，甚至会导致藩王起兵造反。

　　预言家叶伯巨确实有先见之明！后来的历史印证了他的英明！

　　朱元璋死后，皇太孙朱允炆登基称帝，史称建文帝。他与诸王之间产生了矛盾，形成了"强枝弱干"的局面。建文帝为了打破这种局面，实行削藩之策，结果造成燕王朱棣起兵反抗，以"靖难"之名争夺天下。最后，建文帝兵败自焚，下落不明。

　　但在当时，朱元璋正在分藩的兴头上，哪里听得进意见？看完叶伯巨的奏疏后，他勃然大怒，骂道："小子离间我骨肉，赶快抓来，我要亲手射杀了他。"满朝文武都知道叶伯巨说得没错，但知道他触犯了朱元璋，虽有心保护，却没人敢吭声。当时的丞相是胡惟庸，一次他趁着朱元璋高兴的时候，说人已经逮到了，奏请刑部审讯治罪，朱元璋也同意了。最后，叶伯巨被关在刑部大牢，死在狱中。

突如其来的变化

朱元璋是个不世出的雄主，但在这件事上犯了糊涂。他一直坚信，只要自己对儿子们教导有方，就能解决这个反叛的问题，毕竟皇子和大臣不同，他们跟皇太子乃是亲生兄弟啊。而且，朱元璋为了防止藩王反叛，还特地还加了一条制度：藩王平时只能在自己的封地里活动，不得跨出封地半步，除非皇帝召见；如果藩王擅自出了封地，就被认为是反叛，不能得到大臣们的支持，大家都可以得而诛之。

既然如此，这些藩王还怎么反叛呢？

一切好像布置得很完美，似乎是个天衣无缝的好办法，至少朱元璋是这么认为的。可实际上，并非真的天衣无缝，最后还是被聪明的朱棣钻了空子，举兵夺走了侄子建文帝的天下。这些都是后话，以后我们再讲。

按照当时朱元璋的封藩计划，北方有三个重镇，西安、太原和北平，分别由朱樉、朱棡和朱棣驻守。洪武十一年（1378），朱元璋终于宣布就藩，一心想去北平有一番作为的朱棣情不自禁地欢呼雀跃起来。不过，有时候期望越高，失望越大。

令朱棣意想不到的是，这次只有朱樉被封往西安，朱棡被封往太原，却唯独缺了自己。明明计划有三人就藩，当时朱棣十九岁了，早已成年，地位也与两位哥哥相当，为何情况突然有变，诏令上唯独缺了他呢？

或许有些朋友看到这里，就会直觉判断，定是朱棣出了什么问题，引起朱元璋的警觉或是不满，这才导致计划有变。其实事实并非如此，朱元璋封藩计划突然改变，还真不是朱棣的错。

朱元璋封藩的目的是让皇子取代功臣。这个计划简单来说可以分为三步：第一步，封藩；第二步，补充王府护卫；第三步，就藩。从朱元璋给秦王、晋王和燕王三个藩王大量补充王府护卫的行为来看，朱元璋确实是想让他们兄弟三人一同前往封地就藩的。

可是到了最后的关键时刻，朱元璋犹豫了，这才改变了计划，因为他心中尚有一些顾虑。因为封藩和补充王府守卫与就藩是不同的。毕竟，人不前往封地，你玩你的，我玩我的，大家互不干扰，对这些守边功臣来说并没有什么直接影响。可是，如果真的派藩王前往封地就藩的话，情况就完全不同了。这些藩王是要逐步接过守边功臣手中的兵权，代替功臣守边的。你说这些功臣大权旁落，心里会怎么想？会不会闹出事端？老实说，朱元璋心里头没底啊。

朱元璋是个谨慎之人，思前想后，觉得一下子让三个儿子就藩，接手北方三个重镇的话，影响面太广，影响力太大，一旦控制不好，恐真会生出事端，得不偿失。于是，他想到了一个妙招，那就是投石问路。

既然一下子让三个皇子就藩，朱元璋心里头没底，那么就先让两个皇子就藩，静观其变，看清情况，再决定下一步怎么做。

或许有些人会问，既然是投石问路，为什么会让两人就藩，而不是让一人就藩呢？

如果让一个皇子就藩，那么这个皇子必然势单力孤，而且也起不了什么作用，达不到敲山震虎的效果。以朱元璋的个性和魄力，他是不会选择让一个皇子就藩的。

因此，到了最后的关键时刻，朱元璋突然改变了计划，令朱樉和朱棡二人先就藩，看看情况再说。

从这个就藩事件中，不难看出朱元璋这人虽然没读过几天书，但是洞悉人性，管理方面自学成才，确实令人佩服！

话说回来，北平是元朝的大都，可见其重要性。为什么朱元璋不派朱樉或朱棡前去北平，而是派朱棣前往北平呢？

有些读者朋友可能认为，朱棣擅长军事谋略，能征善战，朱元璋对他格外器重，这才将他放在战略要地北平。

从军事能力上讲，朱棡和朱棣都比较突出，不过朱棡个性张扬，比较跋扈，会对下属乱发脾气；相比之下，朱棣更显得沉稳，平时也懂得体恤他人，深受下属爱戴。在这三个年长的藩王中，朱棣确实算是各方面最出色的一个。

虽然说朱棣在各方面都比两个哥哥优秀，但是朱元璋将其放在北平，却并非因为他的能力强。

前面说过，从洪武元年（1368）明朝开国第一功臣徐达率领明军北伐开始，明军势如破竹，轻而易举地攻入大都，吓得元顺帝连夜逃到上都。后来，元顺帝想要重回大都，却屡战屡败，结果连上都也丢了，只得北走沙漠，再也没有能力南下了。历史上将这股元朝残余势力称作"北元"。

当时，北元对明朝边境威胁最大的一支军事武装力量是扩廓帖木儿，驻扎在宁夏一带。

洪武五年（1372），朱元璋第二次北伐，当时派三路大军进攻扩廓帖木儿，结果却在岭北被打得落花流水。从此以后，西北一带便成了明朝与北元对峙的主战场，朱元璋在北方的军事部署也主要集中在西北一带。因此，就当时而言，西安和太原两地在军事方面的战略地位远远要比北平重要。当然，北平相对其他地方来说，也算是重镇。因此，朱元璋在就藩计划中，将年纪稍长的朱樉、朱棡分别安排在西安、太原，而将朱棣安排在北平，就不难理解了。

朱元璋为了平稳过渡，临时起意改了就藩计划，只让朱樉和朱橚前去封地就藩，这让一心想要就藩北平的朱棣很是伤心。不过，年纪轻轻的朱棣虽然颇受打击，却没闹什么情绪，异常坚忍，平静地接受安排，先去凤阳待命。

朱棣在凤阳期间，倒也没闲着，每天走街串巷，察访民情，为以后夺取天下、治理天下做着准备。

机会总是留给有准备的人！

没过多久，胡惟庸案爆发，接着又发生了第三次北伐，朱元璋越来越觉得朱棣就藩北平刻不容缓。一个月后，他终于下定决心，让朱棣就藩北平。

洪武十三年（1380）四月，朱棣终于等到了机会，被派往北平就藩。

这对朱棣来说，无疑是猛虎归林、蛟龙入海，终于可以施展身手、大展拳脚了。他相信自己蛰伏多年，终将获得回报，走向人生巅峰！

第二十四章　白色恐怖

前文提到，胡惟庸案爆发后，朱元璋大力追查此案，深究奸党。不久，第三次北伐爆发，之后又有燕王朱棣就藩，朱元璋实在腾不出手来，追查之事缓了好几个月。现在一切安稳了，朱元璋又将目光投向了胡惟庸案。

既然要深究，就要主动挖，总不能坐在家里干等，等着奸党自己来投案吧！

办案官吏的主观能动性非常强，工作积极性也很高，把胡惟庸府中人员的账目彻查了一遍，查看到底有哪些人跟胡惟庸府中之人有经济来往，凡是有经济来往的人全都抓来问一问，查一查。既然是奸党，来往自然密切，那么再查一查胡惟庸府中人员的交往记录，查查到底有哪些人跟胡惟庸府中之人一起吃过饭、结伴旅过游……凡是相关之人也都抓来问一问，查一查。

这些办案官吏权力很大，手持抓捕名单，趾高气扬，可以四处随意抓人。哪怕是高官大员正在衙门办公断案，他们也可以堂而皇之地闯入，铐上枷锁直接带走，直看得周围众人目瞪口呆！

上一秒还是高高在上、断人生死的官老爷，下一秒就是跪地求饶、哭天喊地、任人鱼肉的阶下囚了！

无论是功臣高官，还是封疆大吏，对这些办案官吏都闻之色变。那么这些办案官吏到底是谁呢？相信很多人已经猜到了，就是锦衣卫。

对，实际上就是锦衣卫，不过当时还不叫锦衣卫，叫作亲军都尉府。锦衣卫是洪武十五年（1382）才改的名。

这些人被抓进来后，见者有份，先送一套组合拳，如此一来，招的招，认的认，签字画押，送入大牢。如果还有一两个硬骨头的，再奉送一份酷刑"VIP大礼包"，夹棍、钉指、烙铁……种类繁多，应有尽有。总而言之，如果被抓之人不招认的话，他们有的是办法让其招认。

等这些人被定为奸党后，他们再去查这些人的账目记录和交往记录，再将与这些人有经济来往、有交集的人全部抓来问一问，查一查，接着又是屈打成招。这一套操作下来，新抓进来的人又招认得七七八八了，还是签字画押，送入大牢。

接下来，再去查这些人的账目记录和交往记录……如此循环反复，导致胡惟庸案牵扯进来的人越来越多，简直成了屠杀。

无孔不入的检校

朱元璋为了随时掌握文武百官的所作所为，还特地召集了一群人，叫作检校，杨宪就是这个群体的代表人物。这群人并非"在编人员"，而是"合同工"，所以没有逮捕权，只是秘密探察消息，暗中搜索证据。

这群人的门槛很低，不限功名，不限性别，不限职业，来源非常复杂，文武百官、士农工商、和尚道士、无业游民都可以成为检校。

这群人虽然没有逮捕权，但是千万不要小看他们。他们的身影无处不在，酒肆、青楼、私宅，大街小巷遍布，任何风吹草动都逃不过他们的法眼。这群人不仅窃听手法十分高明，神不知鬼不觉，让你完全察觉不到，而且工作效率高得让人害怕。街头巷尾的奇闻趣事，官吏请客送礼、吟诗作对、嫖妓赌牌，乃至夜晚夫妻的床头争吵，第二天一早皇帝便能了如指掌。

有一次，朱元璋突然想起宋讷，不知道他到底在干什么，于是便派人暗中去查看一番，发现他正表情严肃地端坐在家里，脸上还有一些怒色。那人还是个画家，竟然将宋讷的表情画了下来，栩栩如生。

第二天，朱元璋召见宋讷，问道："昨天你为什么生气啊？"宋讷惊恐万分，小心翼翼地回答道："有个学生走得急了，不小心跌倒，将茶具给摔破了。我觉得自己没有教好他，有责任，所以才生气。但是，陛下您是从哪里知道的呢？"

朱元璋也不说话，拿出了证据，就是那幅栩栩如生的画像。

宋讷一看，连忙跪地叩头。

> 帝使画工瞷讷图其像，危坐有怒色。明日入对，帝问昨何怒。讷惊对曰："诸生有趋踣者，碎茶器。臣愧失教，故自讼耳。且陛下何自知之？"帝出图。讷顿首谢。
>
> ——《明史》

宋濂在朱元璋手下为官时，不仅谨言慎行，低调做人，而且在朱元璋面前从不隐瞒。哪怕朱元璋问起家事，他也和盘托出，一一作答。

一次，有客人来宋濂家中做客。两人吃肉喝酒之时，宋濂说道："人君好比父亲，像天一样，怎么可以欺骗他呢？"当时，朱元璋不放心朝中百官，暗中派人四处查探，宋濂和客人喝酒之事也被密告到朱元璋那里了。

第二天，宋濂恰巧来宫中面见朱元璋，朱元璋便问他："昨日家中可有客人？你们是否饮酒？你拿什么饭菜招待客人呢？"宋濂十分坦然，一一如实回答。朱元璋闻言后，笑逐颜开，说道："确实如此，你没有欺骗我呀。"

官员在家与客人吃饭，乃是私人时间，竟然连和谁一起吃饭、说过什么话、吃过什么菜，都被朱元璋掌握得清清楚楚，这检校实在是太强大了。照这样看来，官员在家洗澡睡觉，检校也在暗处盯着你，一清二楚，细思极恐。

前文已经提到，有一位国子监的官员叫作钱宰，一次加班后去喝了点酒，一高兴，就作了首诗，顺便吐槽了工作："四鼓咚咚起着衣，午门朝见尚嫌迟。何时得遂田园乐，睡到人间饭熟时。"这事马上就传到了朱元璋耳朵里。

第二天上朝时，朱元璋一见钱宰便说道："昨日作得好诗，不过朕倒也没有嫌迟，若改为'忧'字，如何？"钱宰听后，吓得大汗淋漓，连忙磕头谢罪。

朱元璋哈哈大笑道："朕今日放你回去，好好睡觉去吧。"

有个坊间传说更为有趣。当时，六部皂隶（差役）都戴头巾，唯独礼部的皂隶不戴；京城各大衙门都有门匾，唯独兵部没有。据传，这是因为检校暗中查探时，发现礼部皂隶在偷懒睡觉，就趁机取走了头巾；发现夜间兵部值班人员不在岗，就干脆把门匾给抬走了。礼部和兵部发觉后，竟没敢吱声。

官员在朝为官，朱元璋放心不下，倒也说得过去。而有些官员告老还乡，过着普通百姓的生活，朱元璋却还是放心不下。

史书上记载，明初有个吏部尚书叫作吴琳。此人谦虚谨慎，为官清正廉明，深受百姓爱戴。洪武七年（1374），吴琳还没到退休年龄，就主动请辞，要求告老还乡，回家种田去了。

很多官员到了退休年龄还不肯放下手中权力，要求继续留用，为朝廷效力；没想到这吴琳倒好，没到退休年龄，便要回乡种田。朱元璋百思不得其解，怀疑吴琳回乡是另有所图，于是暗中派人去他的家乡湖北黄冈，看看他到底在干些什么。那人到了吴琳家乡，只见一个老农，头戴草笠，正在水田中认认真真地插秧，看那娴熟的插秧动作，分明就是个经验丰富的老把式。

那人上前问道:"我说老丈,跟你打听个人,此处可有一位叫作吴琳的尚书?你可知他家住在何处?"

没想到那老农闻言后,竟然直起身子,恭敬地回答道:"我就是吴琳。"

那人大吃一惊,怎么也没想到眼前这个赤脚种田的老汉竟是赫赫有名的吏部尚书吴琳,回去后如实禀告朱元璋。朱元璋惊叹不已,送了吴琳一个称号,叫作"赤足尚书"。

古代文人都喜欢给自己取别号,苏轼自号"东坡居士"。明初礼部尚书陶凯也给自己取过一个别号,叫作"耐久道人"。不知列位看官喜不喜欢这个别号,反正朱元璋非常讨厌。

有一次,朱元璋做了一个怪梦,梦见陶凯的老家住宅四周全是红光,犹如晚霞一般,屋顶还盘旋着一条飞龙。自己乃是真龙天子,天命所归,怎么陶凯的老宅也盘旋着飞龙呢?朱元璋梦醒后,吓出一身冷汗,又想起陶凯总是自称"耐久道人",怀疑陶凯日后会对自己的大明江山不利。

一日,宫中举办宴会,朱元璋和文武百官一同观看戏法"吞舟之术",众人惊叹不已,掌声连连,唯独陶凯瞧出了窍门,冷眼旁观,淡然一笑。朱元璋不高兴了:朕有一双"真龙眼",都没看出这"妖术"有什么名堂,你陶凯却能看破其中奥妙,莫非你才是"真龙天子"?

宴会过后,朱元璋以商讨国事为由,将陶凯留了下来,询问他老家临海可有什么神奇之物。

陶凯心头一紧,随即说道:"为臣的老家临海东边有狮子(指的是狮子山),南边有大象(指的是象鼻岩),大象鼻子下面有个水潭,水潭里有一块神奇的浮岩。此浮岩变幻莫测,时而浮于水面,时而又沉入水底,伴随着溪水涨落,升降有度。这浮岩上还刻有一首诗:'曾入苍舒万斛舟,至今鼻准蘸寒流。君王玉辂催行驾，安得身闲伴白鸥？'"

浙江临海的象鼻岩下确实有一块浮石，但是上面哪有什么刻诗一首？全是陶凯信口开河、胡编乱造的。陶凯一边说，心中不免一边紧张，但是脸上却装得镇定如常。

朱元璋听得半信半疑，于是暗中派人前去陶凯的老家临海，查看是否真有这么一块神奇的浮石，上面是否真有刻诗；如若不然，那便是欺君之罪，决定将他斩首示众。结果那人到了临海一查，发现还真跟陶凯说的一模一样，那浮石上面真刻有一首诗，早上还沉在水底，下午便浮出了水面。

原来，陶凯从宫中回来后，知道朱元璋生性多疑，连夜派人快马加鞭赶到老家临海，请了石匠师傅在浮石上刻上这首诗，这才躲过了一劫。

有道是"躲得过初一，躲不过十五"。虽然陶凯这次躲过了一劫，但是朱元璋更加认定他对大明江山不利，非杀不可。陶凯当礼部尚书的时候，有一次朝廷派遣使者出使高丽，结果其下属不小心误用了符验。朱元璋便以这个理由，处死了陶凯。

老实说，下属不小心误用符验，有失国家体面，确实应该追责。但是，陶凯应该负领导责任，而且罪不至死，实在是太冤了。呜呼哀哉！

楚王朱桢乃是陶凯的学生，认为老师太过冤枉，最后自投于金水桥下而死。

其实，这个故事真假难辨。史书记载，陶凯死于洪武九年（1376），而楚王朱桢一直活到永乐二十二年（1424），可见朱桢随陶凯而死的传言乃是假的。可以确定的是，朱元璋讨厌陶凯的别号"耐久道人"，并确实以下属误用符验的理由斩杀了陶凯，《明史》中有明确的记载。

> 凯尝自号"耐久道人"，帝闻而恶之。坐在礼部时，朝

使往高丽，主客曹误用符验，论死。

——《明史》

至于朱元璋的怪梦，以及派人查验的故事，就难辨真假了。不过，既然朱元璋讨厌陶凯的别号，根据他的性格和当时的政治氛围判断，或许这件事也是真的。

不畏死的李文忠

前文提到，检校可谓无孔不入，到处捕风捉影，牵扯的人越来越多，冤案也越来越多。当时，官员们如惊弓之鸟，每日担惊受怕，但满朝文武谁也不敢讲，生怕惹祸上身。不过，有一个人正准备谏言，这个人便是李文忠。

李文忠是朱元璋的亲外甥，乃是明朝开国著名将领，文武双全，战功赫赫，深得朱元璋器重，被封为曹国公。要是说有人能劝得住朱元璋，他算是其中之一，毕竟身份和地位摆在那里。

有一次，朱元璋一时心血来潮，想要发兵征讨日本，满朝文武不敢说话。关键时刻，李文忠挺身而出，直言进谏。

有段时间，朱元璋处理政事过分依赖宦官。李文忠觉得有些不妥，于是又写了份奏章，直言进谏。

不过，这两次奏章递上去之后，都石沉大海，杳无音信。其实，当时朱元璋压根看也没看，直接将奏章丢掉了，也没有因此气恼，加罪于李文忠。

李文忠眼见朱元璋严查胡惟庸案，大肆屠杀功臣，恐怕失掉民心，危及江山社稷，决心再次谏言。不过，基于前两次谏言的结果，他有种不祥的预感！

这天晚上，李文忠一宿没睡，坐在案前写好奏章，又静静地坐在窗前等待着天亮。

好不容易，天终于亮了。李文忠缓缓来到夫人房间，与夫人泣别，并嘱托她一定要将孩子养育成人，并教导其长大成人后为国效力。夫人早已泣不成声，含泪点头，一一应下。

二人泣别后，李文忠有种如释重负的感觉，穿衣上朝，递上奏章。

朱元璋接过奏章，缓缓打开，默默地看着，脸色越来越难看。只见他霍的一下从龙椅上站了起来，拿着奏章，指着李文忠，怒骂道："李文忠，你好大的胆子，竟敢一派胡言！朕要斩绝这些奸党，与你又有何干？"说完，将奏章啪的一声掷在李文忠的脚下。

文武百官个个吓得面如土色，连大气都不敢喘，无不为李文忠捏了一把冷汗。

没想到，李文忠却毫无惧色，朗声说道："皇上，您若是杀光了功臣宿将，一旦边境有难，又或是内有叛乱，试问到时谁来挂帅，为国效力，征战沙场呢？还愿皇上您要三思啊。"说完，便跪倒在地。

朱元璋见状，怒不可遏，骂道："好你个李文忠，你真的不怕死吗？今日朕便成全了你，将你也一道杀了。朕倒要看看，还有谁敢再来这里啰里啰唆。"

李文忠不卑不亢地说道："我李文忠一介武夫，死不足惜。还愿皇上您多挂念大明江山社稷和天下的百姓。"

朱元璋火冒三丈，喝道："反了，还不快给我拉下去。"

边上的武士闻令后，将李文忠押了下去。

早朝上的事情很快传到了宫中，马皇后一听，不由得大吃一惊。没过多久，早朝散了，朱元璋怒气冲冲地回了宫，只见马皇后闷闷不乐地坐在一旁，脸上还有泪痕。

朱元璋不禁有些纳闷，连忙问道："皇后心中有何忧愁？"

马皇后缓缓回道："皇上，听说你要斩杀李文忠，哀家正为他伤心流泪呢。皇上，你家中亲人几十口早已亡故多年，只留下这外甥李文忠，现在又要杀了他，臣妾怎能不替他伤心难过呢？李文忠这孩子文武双全，战功赫赫，乃是开国功臣，又是你的亲外甥，难道皇上你就不能留他一条性命吗？"

马皇后的这一番话说到朱元璋的心坎里去了。朱元璋不由自主地双目垂泪，过了许久，一言不发地走了。最后，他赦免了李文忠的死罪，削去了他的官职。

李文忠是开国功臣，又是朱元璋的外甥，要是没有马皇后的劝说，也早已人头落地。自己有几斤几两，官员们心里头还是清楚的，要是自己一不小心惹恼了朱元璋，只怕是有十个脑袋也不够砍啊！从此以后，官员们更加惶恐不安，每日如惊弓之鸟，生怕自己一不小心就被卷入胡惟庸案，项上人头不保。

当时，官员们每天上朝的心情比上坟还沉重，上朝之前总要跟家人诀别一番，告诉家人自己这些年来的积蓄藏在哪里，还有哪些身后事自己一直放不下，最后还不忘嘱托一句，以后一定要将孩子抚养成人，好好生活，可千万不要再当官了；总之，生怕自己这一去，就再也回不来了。

一切交代完毕后，官员们擦干泪水，昂首挺胸，摆出一副慷慨赴死的英雄模样，头也不回地出了家门。到了宫门外，官员们低头不语，谨小慎微地候着，谁也不敢窃窃私语，也没心情左顾右盼。好不容易等到早朝开始，太监打开大门，官员们鱼贯而入，低头列班而站，不敢抬头正视皇帝，先是低头暗中前后左右环顾一圈，看看今天又少了谁，定是昨夜又被锦衣卫拉去盘问拷打了。

看着身边的人一天比一天少，生怕哪天就轮到自己了，这种压力可想而知。

"有事启奏，无事退朝。"太监朗声说道。

可是底下鸦雀无声！

第二十四章 白色恐怖

只要是脑子稍微正常一点的官员，此时都不会主动站出来跟皇帝对话，除非皇帝点名。就朱元璋这性格，谁敢主动说话？生怕一不小心惹恼了他，引火烧身，自己脑袋搬家暂且不说，还要连累家人。如果哪个官员主动站出来说话，那绝对是十万火急、非说不可的大事，要是不说，后果很严重，脑袋可能直接搬家。

有道是"伴君如伴虎"，朱元璋喜怒无常，甚至比老虎还难伺候！

皇帝喜怒无常，性格不好，自然让文武百官无所适从。不过，作为臣子必须明白一点，下属没有办法选择领导时，唯一能做的是想方设法适应领导，适应环境。

古代人非常聪明，尤其是那些通过科举考试的读书人，更是聪明绝顶。他们自然懂得这个道理，也很快悟到了方法：不是十万火急、非说不可的大事，绝不主动汇报；如果要主动汇报，那也得挑朱元璋心情好的时候。

但是，谁也不是朱元璋肚子里的蛔虫，怎么可能知道他今天心情好不好呢？总不能在上朝的时候先问一句：皇上，您今天心情可好？

不过，聪明的官员们很快就找到了窍门，通过玉带可以准确预测出朱元璋的心情指数！

每次早朝的时候，官员们先偷偷瞄一眼朱元璋，看一下他的玉带在什么位置。如果玉带在肚子上面，仰到胸部，那说明他今日心情不错，有什么大事需要汇报，就赶紧汇报；反之，如果玉带掉到肚子下面，那说明他今日气炸了，等一下必定大发雷霆，甚至下旨杀人，无论如何也不能主动汇报，以免引火烧身。

正当朱元璋严查胡惟庸案，闹得人心惶惶之时，又发生了一件大事。

第二十五章　亮祖之死

有一天，朱元璋收到了一份奏章，状告番禺知县道同，说他平日里如何目中无人，对上司如何傲慢无礼。朱元璋看完暴怒：小小一个知县竟然如此无礼，那还得了？他当即下了一道命令，派使臣前往番禺赐死知县道同。

使臣出发后不久，朱元璋又收到了一份奏章，这份奏章是道同写的。朱元璋看完，这才发觉不对，连忙派人快马加鞭前去追赶前面那道命令。可是已经来不及了，那人追到时，道同已经遇害了。

正所谓"没有调查就没有发言权"。在这个事件中，朱元璋收到了第一份奏章，没有调查核实，就直接赐死了道同。很明显，他犯了脱离实际的严重错误。那么这封奏章到底是谁写的？朱元璋为什么对此人说的话如此深信不疑呢？事情的真相到底又是如何呢？下面我们来聊一聊。

先回答第一个问题，这第一份奏章是永嘉侯朱亮祖写的。

此处先简单介绍一下朱亮祖。

朱亮祖，生于元末，六安人，喜欢舞刀弄枪，武艺超群。当时正逢乱世，于是他便召集乡里青年，保护家乡，颇受百姓好评。元末义军四起，元朝廷应付乏力，便封朱亮祖为义兵元帅，命他率领部众南下，驻守宁国府（今安徽宣城）。

后来，朱元璋率领大军攻打宁国，生擒了朱亮祖。朱元璋见他武功盖世，骁勇善战，十分喜爱，于是当场释放了此人，并让他担任原职。可是没有想到，朱亮祖并非真心归降，几个月后，不仅率众叛归了元朝，而且还趁火打劫，趁朱元璋攻打金陵之时，袭击朱元璋的部队，又抢走了宁国府。

朱亮祖，你敢欺骗老子，老子还不活剐了你！朱元璋大怒，命令徐达率领大军再次围攻宁国府，征讨朱亮祖。

朱亮祖又不傻，知道自己反叛过朱元璋，定然不会有什么好结果，于是豁出性命，拼死突围。

有道是"兔子急了也咬人"，更不要说朱亮祖这样的猛将了。不要命的朱亮祖武力得到加持，突围过程中竟然无人能挡，还将大明第一猛将常遇春给打伤了（这武力加持得有点厉害），吓得其他将领不敢上前阻挡。

什么？朱亮祖把常遇春都给打伤了！这下可将朱元璋彻底激怒了。他亲自来到前线，指挥督战，费了九牛二虎之力，才将朱亮祖擒获。

众人将朱亮祖绑到朱元璋面前。还没等朱元璋开口，朱亮祖先开了口。

他对着朱元璋说道："你要杀便杀，若是不杀，我愿誓死追随于你。"

于是，朱元璋便释放了他，还将他留在了麾下。

> 亮祖突围战，常遇春被创而还，诸将莫敢前。太祖亲往督战，获之，缚以见。问曰："尔将何如？"对曰："生则尽力，死则死耳！"太祖壮而释之。
>
> ——《明史》

朱亮祖说的这八个字，相当有水平。

第一层意思，你要杀就杀，显示出自己不怕死的英雄气概，可以博取对方的好感。

第二层意思，就是自我表态一番，你若是不杀我，我誓死追随你。

投降就投降嘛，经他这么一说，丝毫没有投降的那种卑躬屈膝，而且没有一点违和感。最后，他不但没有死，而且还得到了朱元璋的信任和重用。

朱亮祖再次归降朱元璋后，履行诺言，跟随朱元璋南征北战，先后征讨了陈友谅、张士诚和方国珍等人。在鄱阳湖大战及与东吴将领李伯升的大战中，朱亮祖表现十分突出，立下赫赫战功，后来被封为永嘉侯，食禄一千五百石，获赐铁券，子孙世袭。

洪武十二年（1379），朱亮祖奉命前往广东，镇守广州。

一日，他来到越秀山上游览，十分欢喜，便想要在越秀山上营造府邸，供自己享用。说来也巧，当夜他做了一个怪梦。

他梦见自己孤身一人来到越秀山上，只见山中飞起一条赤龙，光彩夺目。这时，对面珠江狂风大作，江面波涛汹涌，一条青龙从江中腾飞而起。两龙相见，分外眼红，不由分说地恶战起来。过了许久，青龙渐渐不支，转身逃回珠江之中，不再复出。

次日，朱亮祖召集左右之人，将昨晚所梦之事和盘托出，请众人解梦。众人听闻之后，纷纷称奇，却也众说纷纭。不过这梦却传开了，一传十，十传百，不知怎的，不久便传到皇帝朱元璋耳边。

朱元璋也感到纳闷，于是召来刘伯温解梦。

刘伯温听闻之后，说珠江有海妖作怪，建议朱元璋让朱亮祖在越秀山上建一四方塔，以此来镇住海妖。于是，朱亮祖立即命人在越秀山上建起这四方塔，并取名为"望海楼"。

这个民间故事真伪难辨。倘若是真的，说明这朱亮祖也挺

"会来事"。我们知道,明朝属火,这条赤龙分明代表着朱元璋;这青龙则属水,水能灭火,自然是朱元璋的死对头。

不管故事真假如何,这"望海楼"还真有,就在广州越秀山上,现在叫作"镇海楼"。此楼似塔又非塔,似楼又非楼,还悬挂着一副对联,上联是"万千劫,危楼尚存,问谁摘斗摩霄,目空今古",下联是"五百年,故侯安在,使我倚栏看剑,泪洒英雄"!

有道是"仗义每多屠狗辈,负心多是读书人"。若是要打天下,更多要依靠那些大字不识一个、讲义气会冲锋的"大老粗";而这些社会底层的"大老粗",打江山是把好手,但是在治理江山的时候,往往容易犯错误,没有好下场。

他们跟皇帝称兄道弟,讲义气,敢冲锋,所以打江山绝对没问题。可是江山打下来后,不再需要他们冲锋陷阵了,这些"大老粗"往往有不好的想法,认为老子打江山的时候立过功,出过力,跟皇帝你是兄弟,现在你得了天下,也该是我们一起享福的时候了。他们一旦有了这种想法,日后难免狂妄霸道,最后下场往往很惨。古往今来,这样的例子太多了,朱亮祖也不例外。

正直的七品县令

据史书记载,朱亮祖出身武夫,在广东当官期间,自恃开国功臣,在当地十分张扬跋扈,也有许多不法之举。当时,番禺知县叫作道同,是个生性耿直、清正廉明的好官。两人由于个性上的差异,时常起冲突,朱亮祖威逼利诱,想让道同屈服,可是道同却始终不为所动,两人积怨很深。

朱亮祖乃是开国功臣,地位显赫,手里还有免死铁券,广东一带的大小官员巴结还来不及,哪敢惹他?这知县乃是七品,是个芝麻绿豆大的小官,竟然敢跟朱亮祖"叫板",令人佩服!

明朝初年，广东番禺县治安很乱，很多豪绅勾结在一起，欺行霸市，垄断价格，鱼肉百姓。百姓若是稍有不从，会反被他们诬陷，抓入大牢。

道同得知情况后，暗中一查，便了如指掌，于是决定为民除害，将豪绅首领抓走，并游街示众，百姓无不拍手称快。如此一来，那些豪绅就慌了，连忙用珠宝贿赂朱亮祖，请他出面说情。

武人大都喜欢当"带头大哥"，朱亮祖也不例外。他当即收下贿赂，欣然答应，于是亲自设下宴席宴请道同。席间觥筹交错之际，朱亮祖趁机聊起此事，希望道同高抬贵手，看在他的面子上，就此作罢。

朱亮祖觉得自己面子够大，至少在广东一带，他要说一，没人敢说二，他相信眼前这个七品小知县绝对会给他这个面子。不过，他还是高估了自己。

没想到，道同不但不为所动，而且还直言不讳，当场批评了他，凛然喝道："您身为国之大臣，怎么能够受小人役使？"

如此一来，这宴会自然是不欢而散。

好你个道同，竟然如此不识抬举！朱亮祖在道同这里丢了面子，这事要是传出去了，以后自己在广东还怎么混？更别说当"带头大哥"了。

于是，他决定从道同这里找回面子。

朱亮祖恼羞成怒，次日便带人砸开枷锁，将犯人放走，大骂道同不识时务，还故意找了个借口鞭笞道同。

　　他日，亮祖破械脱之，借他事笞同。

　　　　　　　　　　　　——《明史》

"借他事笞同"这五个字，你细品！执法人员公正严明执法，朱亮祖倒好，说情不成，直接聚众闹事，不但私自放了犯人，还找了个借口将正直的执法官员鞭打了一顿，简直狂妄至极！

不过"出来混总是要还的"，他今日鞭打了道同，总有一天，有人要他还的！

抢了一次还不够，朱亮祖抢犯人竟然还上瘾了，史书还有一处记载。

当地富户罗氏有个亲戚嫁给朱亮祖，当了小妾。如此一来，这富户罗氏就跟朱亮祖攀上关系了。平日里，此人仗着背后有朱亮祖撑腰，张扬跋扈，作恶多端。老天有眼，有一次这罗氏栽在了道同的手里。道同拿住此人，想要严惩，以儆效尤。

可是，罗氏的亲戚，也就是朱亮祖的小妾，哭哭啼啼地跑到朱亮祖那里告状，结果朱亮祖又强行出头，将犯人给抢走了。

忍无可忍，无须再忍！这次道同决定不再忍了。他将朱亮祖这些年在广东干下的不法之事悉数写在奏章上，准备上报给朱元璋。

坏人不可怕，就怕坏人太狡猾。从朱亮祖第一次诈降和第二次投降时的那番说辞来看，此人绝非忠厚之辈。朱亮祖得知道同要上奏朱元璋后，大惊，知道此事非同小可，于是决定来个恶人先告状，抢在道同前面向朱元璋告状，这才有了前文提到的那一幕。

一个是没见过的七品小知县，一个是曾经出生入死、称兄道弟的开国功臣，朱元璋自然相信后者。估计朱亮祖的幕僚写的奏章也非常有水平，引起了朱元璋的共鸣，结果他头脑一热，没有调查核实，就派了使臣前去广州赐死道同。

使臣出发后，道同的奏章才到达京城。朱元璋这才恍然大悟，悔恨不已，连忙派人去追，可惜已经晚了，道同已经遇害了。

道同被杀的那天，百姓自发前来送行，人山人海！

道同死后，番禺百姓感念他的清正廉明，尤其感念他不畏权贵，执法严明，使得百姓安居乐业，于是不少人做了道同的牌位，放在家中祭拜，保护家宅平安。

一般人总认为对手是自己的绊脚石，其实从某种意义上讲，对手的存在才能体现出自己的价值，才能促使自己更好地成长。

相反，如果没有了对手，或许自己的末日也就到了！显然，胡惟庸不懂得这个道理，朱亮祖也不懂得这个道理。

没过多久，朱亮祖府中来了两名不速之客，手里拿着朱元璋的手谕，说是皇帝想他了，要召见他，跟他叙叙旧，让他顺便带上儿子一起去。

朱亮祖脑子不笨，知道这意味着什么，虽然心中十分不愿意，但也只能受着。别看他在广东无所不为，不可一世，但在朱元璋面前，他还只是个跟班小弟，蹦跶不了。

洪武十三年（1380）九月，朱亮祖交出兵权，和儿子朱暹一起到南京请罪。

朱亮祖啊朱亮祖，我让你恶人先告状，我让你骗我，害得我犯了错误，错杀好人！

朱亮祖啊朱亮祖，你胆子不小，竟然聚众闹事，公然鞭打执法严明的办案官员！

朱元璋没有废话，令人一鞭一鞭抽打在朱亮祖父子二人身上，竟将二人当众活活鞭死。

> 明年九月召亮祖至，与其子府军卫指挥使暹俱鞭死。
> ——《明史》

"鞭死"这两个字，令人后背发凉！

为什么朱亮祖父子会被活活鞭死？

第二十五章 亮祖之死

第一，这说明朱元璋愤怒到了极点，毕竟你朱亮祖恶人先告状，欺骗朕，害朕错杀好人，被百姓唾骂，可恶至极！

第二，这或许跟朱亮祖第一次抢人，还无故鞭打道同有关。还是那句话，"出来混总是要还的"，今天朕也让你尝尝鞭打的滋味。

鞭死二人之后，朱元璋还不解气，又将参与此事的恶霸全部斩杀。念及朱亮祖昔日开国有功，朱元璋给他留了一具全尸，并以侯礼厚葬了他。其他人可就没有这么幸运了，全都剥皮楦草，挂在闹市街头，警示后人。

丹书铁券

朱亮祖乃是大明开国功臣，位列二十八侯，手中还有一张丹书铁券，按理说可以免死一次，怎么就被朱元璋活活鞭死了呢？针对这个问题，有必要和大家聊聊这"丹书铁券"。

所谓"丹书铁券"，就是古代帝王为了笼络人心，颁授给开国功臣或是重臣的一种特权凭证，也就是民间百姓所说的"免死金牌"。当年宋太祖赵匡胤陈桥兵变，黄袍加身，从后周柴家手中谋得皇位，为了安抚民心，下旨厚待柴氏子孙，赐柴氏一脉丹书铁券，即使柴氏后人犯罪也不得加刑。《水浒传》中也提到，小旋风柴进家中就有世代相传的丹书铁券。

洪武三年（1370），朱元璋为了奖励开国功臣，册封李善长、徐达、常茂、李文忠、冯胜、邓愈等人为六公二十八侯，并赏赐他们丹书铁券，人手一张。这些铁券上面，皇帝用诚恳的言语称颂功臣们昔日的功绩，并刻有"除谋逆不宥，其余若犯死罪，尔免二死，子免一死"字样。意思是说，除了犯上谋逆之外，自己可以免死两次，孩子可以免死一次。所有的铁券都是一式两件，一件授予获赐者，另一件藏于内府。在需要查验时，只要将它们放在一起，真伪立辨。

按理说，这个宝贝疙瘩可不得了。如果开国功臣犯了死罪，官员前来拿人，只要拿出这丹书铁券，即使这官员手中有尚方宝剑，也奈何不了。所以说，有了这宝贝疙瘩，开国功臣便像是多了条命。

人在江湖漂，哪有不挨刀。有道是"伴君如伴虎"，别看今天风风光光，指不定哪日就触犯圣怒，被捕入狱。这个道理满朝文武都懂，谁不想混上一张丹书铁券，关键时刻救命？就连大谋士朱升也不忘向朱元璋要了一张丹书铁券。

不过，这丹书铁券的实际作用却值得商榷。丹书铁券可谓皇帝开给功臣们的支票，大家不要忘了，这支票能不能兑换，还是得问皇帝。说白了，这丹书铁券有没有过期？能不能用？解释权还在皇帝手中。你想呀，皇帝都下决心要杀你了，你还拿着这张支票要找皇帝兑换，你说皇帝能答应吗？

朱亮祖的死，大家现在应该能想通了吧！

事实证明，丹书铁券只是皇帝给开国功臣们开的一张无法兑换的口头支票，这些拥有丹书铁券的功臣大多没有享受到"免死"的特权，而是一个个死于非命。

洪武十三年（1380），明太祖朱元璋要诛杀宰相胡惟庸九族，究其党羽，前后共诛杀三万余人。朱元璋刚开始把胡惟庸案定性为"擅权植党"，但这样并不能诛杀那些拥有丹书铁券的开国功臣；于是又故意做大此案，将胡惟庸案定性为"谋逆罪"，并且牵连了李善长、冯胜、邓愈、唐胜宗、陆仲亨、华云龙、陈德、郭兴、王志、郑遇春、费聚、吴祯、赵庸、俞通源、杨璟、黄彬、梅思祖等人，还颁布了《昭示奸党录》，要求全面彻底肃清，最后将这些功臣一一处死。

单单凭借胡惟庸案，朱元璋就扫除了一大半拥有丹书铁券的开国功臣。

可以说，丹书铁券就没有真正起到过"免死"的作用，可谓

第二十五章 亮祖之死

一文不值。

或许有人会反驳说，徐达的长子徐辉祖的丹书铁券其实还是发挥过作用的。

徐达有四子三女。长子徐辉祖世袭魏国公，也像徐达一样，善于用兵。前文提到，徐达有一个女儿嫁给朱元璋的四子朱棣为妃。后来朱棣发动靖难之役时，暗中派人联系大舅哥徐辉祖，想让其做内应。不过，徐辉祖对建文帝十分忠诚，断然拒绝了朱棣的请求，并亲自领兵抵御朱棣的军队，曾在齐眉山大败燕军。可惜朱允炆并不信任徐辉祖，将他召回了南京。

朱棣进入南京后，建文朝旧臣们很多都归附于他，而徐辉祖却独自守在父亲徐达的祠堂里，不愿出门迎接。朱棣让徐辉祖供认自己的罪状，他却毅然写下"中山王开国功勋太祖所赐免死铁券，中山王子孙免死"的字样。

朱棣看后，勃然大怒，想要将他和黄子澄、齐泰等人一起处死。但是，最后徐辉祖并没有被处死，而是被废除了爵位，禁锢在私第里，直到永乐五年（1407）才去世。

有些人认为，朱棣最后没有杀徐辉祖，就是丹书铁券起了作用。因为朱棣顾忌徐辉祖手中的丹书铁券，怕失了皇家的诚信，这才留下他的性命。其实这种说法失之偏颇，朱棣绝非顾忌徐辉祖手中的丹书铁券，而是顾及徐辉祖与徐皇后的兄妹之情，他十分疼爱徐皇后，不想让她伤心，这才留下徐辉祖。永乐五年（1407），徐皇后去世后，徐辉祖也莫名其妙地死了，前后相隔不到一个月，怪哉！

总之，在皇帝不想杀你时，丹书铁券才是所谓的"免死金牌"；在皇帝想要杀你时，对不起，丹书铁券就是一文不值的废铁！

第二十六章　四伐北元

朱亮祖被当众活活鞭死后，官员们更惶恐了，吓得时常半夜醒来，大汗淋漓睡不着觉，有些胆子小的直接被活活吓疯了。洪武年间的官员太难了，好不容易熬到年底，按理说家家户户都应该沉浸在过年的喜悦之中，可是官员们却高兴不起来，终日惴惴不安，生怕一不小心卷入胡惟庸案，成了奸党，转天脑袋搬家。

洪武十四年（1381）正月，虽说官员们不开心，一个个愁眉苦脸地过着年，但是朱元璋倒是挺开心的，宫里宫外早就忙开了，里里外外装扮一番，准备一家人开开心心过大年。可是没过多久，传来了一个消息，让朱元璋很苦恼。

究竟是什么消息呢？

原来是边关快马来报，说北元平章乃儿不花率领大军浩浩荡荡南下犯境。这北元也挺会折腾的，明知道正面打不过明朝，动不动就袭扰一下明朝边境，让朱元璋不得安宁，而且还专挑逢年过节这种好时节。

官员们听到这个消息，眉头倒是舒展开了。

因为一旦打仗，官员们就有了用武之地，尤其是武将，朝廷还要靠他们冲锋陷阵呀。朱元璋总不可能在这节骨眼儿上乱杀人，扰乱军心吧？更重要的是，这样一来，朱元璋的注意力就会彻底转移，没有工夫去追查胡惟庸案了。

这大过年的打什么仗呀？朱元璋不太情愿。但经过慎重考虑后，他还是决定派大军进行北伐。虽说胡惟庸案爆发后，朱元璋杀了不少猛将，不过这个时候还看不出问题。毕竟明朝开国猛将实在太多，丝毫不影响！

当时猛将如云，那么到底选任谁担任此次北伐的主帅呢？

朱元璋第一个想到的是徐达。此人一向善于用兵，而且身经百战，尤其是有两次北伐作战经验，自然是此战北伐主帅的不二人选。他第二个想到的是信国公汤和。此人为人谦虚谨慎，也曾跟随徐达北伐，当个副将是最为合适不过的。他第三个想到的是颍川侯傅友德。此人打仗，每次都身先士卒，尤其是在攻占武昌城的时候给朱元璋留下了很深的印象。当时，傅友德率领一百名敢死队员攻城，不幸面中一箭，没想到他并未退却，拔箭再战；后来肋下又中了一箭，他还不退却，拔箭继续攻城；最后，敢死队员在他的精神鼓舞下，一鼓作气，终于攻破武昌城。此人骁勇异常，非常适合当个先锋或是副手。

于是，朱元璋打定主意，决定任命魏国公徐达为征虏大将军，信国公汤和为左副将军，颍川侯傅友德为右副将军，率领大军进行北伐。

> 十四年春正月戊子，徐达为征虏大将军，汤和、傅友德为左、右副将军，帅师讨乃儿不花。
>
> ——《明史》

朱元璋是个军事天才，军事指挥能力十分突出。在第一次北伐和第二次北伐出征前，他对整个北伐行动都作了细致的战略部署，此次也不例外。

朱元璋当即召开军事会议，进行分类讨论，对徐达率领的北伐军作出了以下战略部署：首先派遣小股侦察部队北出塞外，刺探北元虚实，倘若北元设有埋伏，那么将计就计假装不敌，一路败退，诱惑他们追击深入明境，等到对方疲困交加之时，再试图反击，一举击败他们；倘若北元没有设下埋伏，就直接命令精锐骑兵发起进攻，直捣黄龙便可。

跟着朱元璋打仗，做主帅的轻松不少，一般来说，按照朱元璋的战略部署执行就差不多了。

四月十五日，徐达、汤和、傅友德三人率领大军，兵分东西两路浩浩荡荡地出塞北征。

东路军以傅友德为先锋，在灰山一带（今内蒙古宁城）轻而易举地大败北元部队，俘获不少兵马钱粮。

傅友德大喜，见北元没有设下埋伏，感觉建功立业的机会到了，振奋不已。他按照朱元璋的战略部署，当即命令部队继续朝前行军，发起进攻，结果在北黄河（即潢河，今西辽河）附近又遇到了北元部队。

傅友德二话不说，当即拔刀喊道："兄弟们，建功立业的时候到了，冲啊！"说完，便一马当先地发起冲锋。手下将士见主帅如此拼命，哪有不卖命的道理？纷纷抽刀冲锋。打仗这件事，胆小的怕胆大的，胆大的怕不要命的。北元部队见明军上来就拼命，被吓破了胆子，纷纷不战而逃。明军乘胜追击，大获全胜，还俘虏了北元的一个高官，叫作别里不花，官职为平章。

东路军这仗打得势如破竹，非常顺利，我们再来看看西路军。

西路军以沐英为先锋，沐英是第三次北伐的主帅，当时战绩喜人，四面合围全歼敌军。

沐英率领部队从长城古北口（今北京密云东北一带）出塞，按照作战计划，先后攻取了高州、嵩州、全宁等地，虽然遇到抵抗，但是战斗十分顺利。

第二十六章　四伐北元

按照朱元璋的战略部署，既然没有埋伏，那就直捣黄龙吧！

于是，沐英又率军渡过胪朐河（今中蒙边境克鲁伦河），一路追击前进，势如破竹，大获全胜，也俘虏了一个北元高官，叫作李宣，乃是知院。

仗打到这分上，真是没的说了，好比过年期间徐达率领两个"旅游团"出国观光一样。

两个"旅游团"在北元境内好好地溜达了一圈，领略了当地的风土人情，还带了不少土特产，这才打道回府。

四个月后，东西两路大军浩浩荡荡，凯旋回朝。

> 夏四月庚午，徐达率诸将出塞，至北黄河，击破元兵，获全宁四部以归。
>
> ——《明史》

第四次北伐，明军大获全胜，用时四个多月，比第三次北伐时间要长，规模也比第三次要大，虽然跟前两次北伐无法相提并论，不过还是让我们再次领略到了朱元璋突出的军事能力。出塞之前，朱元璋便对这次北伐行动进行了科学战略预判，同时作了严密部署；傅友德和沐英等人按照战略部署，果然轻而易举地打败了元军，大获全胜。

朱元璋绝对是军事天才，这种运筹帷幄之中、决胜千里之外的军事才能，令人不得不服！

傅友德、沐英等人带领着队伍浩浩荡荡凯旋而归，这新年没过好，他们本想回去好好休息休息，可是又出事了！

第二十七章 征讨云南

北伐军凯旋后，朱元璋又下了一道命令，命傅友德、沐英和蓝玉等人率军前去征讨云南一带的元朝残部。

朱元璋为什么突然心血来潮要征讨云南呢？

当时，云南的统治者乃是梁王，听命于元朝。明朝建国后，重心一直在北元，没空理会云南。

虽说云南梁王也是元朝的旧部，但是朱元璋觉得没必要打，于是派了个使臣，拿着自己的手谕，前去招降纳附。

这个使臣名叫王祎，写得一手好文章，乃是个大名人，与宋濂齐名，很受朱元璋器重。

> 太祖喜曰："江南有二儒，卿与宋濂耳。学问之博，卿不如濂。才思之雄，濂不如卿。"
> ——《明史》

王祎来到梁王府，见到梁王，说明来意，奉上手谕。梁王拿过手谕，笑了笑，什么也没说，便让手下将王祎先带下去了。

王祎也不着急，四处走走看看，游玩一番，一连住了几天，梁王毫无消息。王祎也是聪明之人，一下便猜中了梁王的心思，知道他是犹豫不决，取舍难定。于是，王祎再次找到梁王，给他讲了个小故事。

元朝末年，腐朽不堪，民不聊生，百姓纷纷起来反抗。当时有四个农民比较厉害，一个叫作陈友谅，占据湖北一带；一个叫作张士诚，占据江南一带；一个叫作陈友定，占据福建一带；还有一个叫作明玉珍，占据四川一带。可是后来，这些人都没了，就连北元皇帝也跑到塞外了，手下那些猛将要么投降，要么四处流窜，毫无用武之地。我们大明皇帝恩典，先礼后兵，你若愿意臣服示好，我们便赏赐；你若不愿臣服示好，那我们只有诛灭了。你若觉得自己兵多将广，那么请问你跟陈友谅和张士诚比，谁更强呢？我说你呀，不要再执迷不悟了！不然，我们皇帝派大将南下，率领百万大军前来征讨云南，你岂不是瓮中之鳖吗？

这王祎绝对是个议论文高手，通过讲事实、摆道理，有力地论证了一个论点：你梁王的出路只有一条，就是投降归附于大明。

这故事讲完，梁王心中有些害怕，有意归附，连忙给王祎换了个级别更高的住所。

看到梁王前后态度的变化，王祎知道这事有谱了，露出满意的笑容，可是意外又发生了。

这时，梁王府又来了个人，原来是北元派来的使臣，叫作脱脱，前来讨要粮草，同时想要跟梁王联合，一起对付明朝。这人不简单，一到梁王府便知道明朝派了使者，梁王府可能有"内线"。而且此人精通读心术，一眼便看出梁王有意归附明朝，于是决定使计杀掉王祎，断了梁王归附明朝的后路。

这王祎要是被杀，梁王归附大明的后路可就断了，梁王自然不愿看到，于是命人将王祎暗中转移出来，偷偷藏在百姓家中。脱脱左寻右找，就是寻不到王祎，十分气愤，于是便来到梁王府，质问梁王："我们国家都快要被人颠覆了，我们这些做臣子的，不想方设法前去营救就已经很不对了，难道还要帮助敌人来攻打自己的国家吗？"

梁王听后，面红耳赤，感觉自己愧对元朝，于是将王祎交了出来。

王祎被交出后，他就知道劝降梁王之事已经失败了。他知道自己乃是大明的使臣，自己的一言一行代表着大明，决不能有辱大明。

当时，脱脱很嚣张，让王祎跪倒。

王祎不跪，毫无惧色地说道："你们元朝灭亡，我们大明取而代之，乃是天命所归，你们这些焚火余烬难道还想与日月争辉吗？我身为大明使臣，怎么能够受你们的羞辱？"

脱脱勃然大怒，举刀要杀王祎。边上有人拉住，劝阻道："王公素有重名，不可害也。"

脱脱振臂说道："今天就算是孔圣人在此，那也不成。"

王祎看着梁王说道："你今日若是杀了我，明日我大明将士就会兵临城下，你的末日也就到了。"

就这样，王祎被害了。

王祎被害后，按照朱元璋的性格，应该会立即派大军前来征讨。可是这一次，朱元璋居然没有派兵。

其实想想也不难理解。第一，王祎被害的时候乃是洪武六年（1373），当时明朝最大的隐患还是北元，重心肯定是防御北元，还顾不上云南梁王；第二，梁王态度一直很暧昧，犹豫不决，朱元璋觉得还能争取劝降；第三，即使梁王归附不了，那也最好让他保持中立，不能将他直接推向北元，而一旦发兵，就等于将他彻底推向北元了。

对于梁王，朱元璋还是没有放弃，洪武七年（1374）、洪武八年（1375）又曾派过使臣前去劝降，可是都没有成功。

征讨云南

到了洪武十四年（1381），形势有了很大的变化。北元已经被打残了，即使云南和北元联合，朱元璋也不怕了，所以他下定决心要征讨云南。

傅友德、沐英和蓝玉是老战友，接到命令后立即打点行装，准备出发。

临行前，他们三人约好，准备要见一个人。

见谁？自然是朱元璋。

因为他们知道，朱元璋的军事能力突出，每次出征前，都会亲自作战略部署，相信这一次也不例外。所以，这次三人不等朱元璋召集，就直接前来求见了。

三人见到朱元璋，说明来意后，发现朱元璋早就准备好了，桌面上的地图标着线条和圆点。

朱元璋指着地图，说道："这行军路线，你们三人可要给我记好了，先率领主力进逼曲靖。"

三人连忙点头称是。

洪武十四年（1381）九月，傅友德任征南将军，沐英和蓝玉作为副将跟随左右，率军三十万人前去征讨云南。

当时云南大雾，不利于行军，但是傅友德和沐英等人不敢懈怠，按照朱元璋的战略部署，率领主力冒着大雾迅速前进，很快便穿插到了指定地点曲靖。不过，当时梁王早已得到了消息，平章达里麻和十万军队早就临江列阵，严阵以待了。

当时雾气太大，双方都摸不清对方的情况，不敢贸然进攻。等到雾气慢慢散开了，两军隔江相望，阳光照射到明军将士的甲胄和刀枪上，金光闪闪，达里麻大惊失色。

当时，主帅傅友德想要马上渡江作战，可是沐英坚决不同意。

他先给傅友德讲了个"半渡而击"的小故事，然后说道："眼下敌人已经在对岸严阵以待，扼制住了江面。我们现在贸然渡江，岂不是正中敌人下怀吗？"

《孙子兵法》里面也说，打仗要半渡而击之。就是说，要等对方部队一部分上岸，另一部分正在渡江的时候发起攻击。此时一旦发起攻击，敌人必然首尾不能相顾，行列混乱。所以说，沐英的劝阻是正确的。

傅友德也觉得沐英说得不无道理，可是如果不渡江又能做什么呢？傅友德有些不知所措，傻傻地看着沐英，准备将这个难题抛给沐英。

他没好气地问道："如果我们不渡江作战，又怎么能拿下对方呢？难道就在这里傻站着，等敌人主动过来投降吗？"

沐英被呛了一句，不知如何回答，不过他思维敏捷，马上便有了主意。沐英说："我们率领主力在江边严阵以待，装出一副想要渡江作战的样子麻痹对方。同时，我们暗中派出一支奇兵从下游悄悄地渡江，在敌军后方的山谷中张开旗帜，吹响号角，迷惑敌人。如此一来，元军不明真相，必将阵脚大乱，这时我们率领部队乘机渡江，一鼓作气拿下对方。"

傅友德一听有理，立即采纳了他的作战方案，并让他去布置这支奇兵。沐英挑选了几十个勇猛且水性好的敢死队员，从下游暗中潜水过去，然后在后方张扬旗帜，吹号呐喊："还不放下武器，快快投降……"

元军正和对岸的明军对峙着，突然背后又天降明军，也不知道有多少人，顿时乱了阵脚。

傅友德见机不可失，振臂一呼："冲啊！"立即率领主力乘机渡江猛攻。

就这样，双方打了起来。这一战可真够激烈的，双方鏖战许久，元军最终抵不住明军的铁骑，尸横遍野，两万多元兵被俘虏，连达里麻也被俘虏了。

鏖战良久，复纵铁骑，遂大败之，生擒达里麻，僵尸十余里。

——《明史》

这一仗，明军大胜，在云南打出了声威。此外，沐英还做了一件事，将明军的威望推向了顶峰。

沐英不但会打仗，而且也擅长做思想工作。他讲了明朝优待俘虏的政策，对元军俘虏说，你们要是愿意参加明军的话，欢迎你们加入；要是不愿意也没关系，可以发放路费让你们回家，但是有一点绝不允许，就是不能回去继续当元兵，跟我们大明作对。

两军作战，攻心为上。如此一来，消息传到元军，对方内部瓦解得很快。

明军得胜后，长驱直入，元军不战而逃，梁王在逃亡途中死去。

明军势如破竹，一路进击，兵临昆明城下。昆明不攻自破，献城投降。

到了这里，云南元军大部分已经被歼灭了，只有少数残余部队逃到大理，凭借点苍山和洱海两处天险，负隅顽抗。当时，大理的"带头大哥"是段世。小说《天龙八部》中，段誉的设定就是段世的先人。可惜大理绝学"六脉神剑"早已失传多年，段世眼下也只能扼守龙首和龙尾两关，垂死挣扎了。

对待敌人一定要穷追猛打，赶尽杀绝，以免死灰复燃，后果不堪设想！

沐英等人正是这样想的，他们决定将大理余党连根拔起！

洪武十五年（1382）闰二月，沐英和蓝玉二人率军攻打大理。段世自然知道朝不保夕，但是拒不投降，聚众扼守龙尾关！

当时，王弼奉命直攻上关，沐英亲自率领部队横渡河流，进攻下关，两路人马形成犄角之势。胡海率领一路人马由石门抄小路渡河，从点苍山背后攀附而上，作为策应。

在这场战役中，沐英发挥了很好的模范作用。史书记载，沐英身先士卒，策马渡河，当时水已经没过马腹了，但是沐英毫无惧色，继续前行。左右将士见主帅如此拼命，无不争先恐后地冲向敌人阵地。元军哪里见过这等阵势，无心恋战，吓得四下逃窜，段世也兵败被俘。

沐英在平定云南战役中战功赫赫，朱元璋让蓝玉班师回朝，命令沐英留滇镇守。

朱元璋把沐英留在云南镇守，没想到这一留便是永远，直到沐英老死，其间很少回南京。

沐英的高光时刻终于到来！纵观沐英一生，他的主要功绩其实是平定云南和治理云南。朱元璋对他十分认可，有过很高的评价："只要有你在云南，西南我便可高枕无忧啊！"

那么，朱元璋为什么会对沐英有如此高的评价呢？这里暂且卖个关子，后面有机会再讲。

第二十八章 奢香传奇

有道是"打天下容易，守天下难"。洪武十五年（1382），傅友德、沐英领兵平定云南。之后，如何管理云南让雄才伟略的朱元璋十分头疼。

云南地处西南边陲，山高路险，而且民族众多，各地风俗不尽相同，管理起来非常麻烦。在元朝，贵州的管理采用的是土司制度。土司名义上由元朝任命，但实际上就是当地各个部落的头领，报给元朝廷走个流程，仅是备案而已，而且还是世袭。

如此一来，山高皇帝远，土司往往各自为政，不听朝廷指挥，甚至还会反叛朝廷，说白了就是土皇帝。

洪武年间，明朝的武官由兵部管理，采取世袭制；而文官由吏部管理，采取流官制，不能世袭，往往是通过科举制度考录的。

关于云南的管理，当时有人向朝廷建议，继续沿用元朝以来的土司制，土司跟武官一样，由兵部管理，可以世袭；朝廷要做的就是安抚好这些土司，让他们协助朝廷管理好当地各个民族，使其和平共处，共同发展。

不过，这种方法有个明显的弊端，就是土司权力太大，不会完全听命于中央。我们都知道朱元璋的性格，这他能答应吗？

当时，朱元璋想要废掉土司制度，把云南各地改成府州县，采取流官制管理，也就是所谓的"改土归流"。

史书上有这样的记载：

霭翠辈不尽服之,虽有云南,不能守也。

——《明史》

意思是说,霭翠等人如果不能完全顺服,那么我们虽说占据云南,也是守不住的。

这个霭翠到底是何方神圣?

云南、贵州两省从地理形势上来看,紧密相连,唇亡齿寒。前文提到,在元朝,云南是由藩王(梁王)镇守的;而贵州却不是藩王镇守,而是由当地的土司自治。为了统一全国,朱元璋派蓝玉、沐英等人一刀一枪打下云南。而贵州就有所不同了,文献中提到的霭翠就是贵州的土司,是当地最大的统治者,在云南尚未被明军拿下之时,便早早地投降了明军。

当时,朱元璋为了平稳过渡,授予当地官员原来的官职,让他们帮助自己管理当地的百姓。后来,贵州宣慰使霭翠和宣慰同知宋钦先后去世了,按照当地的习俗,这两个职位分别由他们的妻子奢香和刘淑贞继承。

什么是宣慰使?什么是宣慰司?这些字眼在明朝出现的频率很高,给大家简单介绍一下。

明朝的"三宣六慰"不知大家听说过没有,"宣"就是宣抚司,"慰"就是宣慰司。明朝版图很大,曾经包括缅甸和老挝部分地区,在缅甸设立过缅甸宣慰司,在老挝设立老挝宣慰司。

"宣慰"二字的字面意思为宣扬政令,安抚百姓,"司"字有掌管、主持的意思,也有行政机构的意思,如此一来,宣慰司的概念也就不难理解了。其实,这宣慰司就是明朝设置的专门管理边境地区地方行政机构。宣慰司的官员叫作宣慰使,通常从当地有名望、有权势的贵族中选出,还可以世袭。

这宣慰使是替大明皇帝管理明朝领土（边境地区）的，虽说是从当地权贵中选出，但是必须由大明皇帝册封任命。一般来说，新旧宣慰使接替的时候，会派遣使者向大明皇帝朝贡，并"乞命以职"，就是请求皇帝册封，皇帝也会顺水推舟同意册封，然后再赐予冠服、印章和珠宝绸缎之类的东西。说白了，这就是一个相互尊重、走走过场的形式罢了。

宣慰司有向朝廷纳贡的义务，同时，大明对宣慰司也有保护、调解的职责。这不难理解，小弟跟着大哥混，到处跟别人说我大哥是天朝上国大明，并每年按时给大哥交"保护费"；哪天小弟要是被别人（邻国）欺负了，你这当大哥的自然要替小弟出头，找那不知好歹的家伙算账。

这宣抚司要是被邻国欺负了，大明自然会保护，派兵攻打邻国。不过，宣抚司之间也时常不和，会相互攻伐。这时，大明自然不会出兵攻打，毕竟两边都是自己的小弟；大明会让双方停手罢战，握手言和，就是所谓的调解。

按理说，这宣抚司都在大明领土，都是同一个大哥罩的小弟，应该团结一致才对啊，为什么会相互攻伐呢？

古代帝王在治边上都有一个策略，就是"以夷制夷"，明朝皇帝也不例外。通常，皇帝怕一个土司独大，对自己不利，往往册封多个，既显示出中央的大度，又让他们相互制约，坐收渔人之利。

这策略看似完美，其实有许多漏洞。因为册封多了，土司之间难免有矛盾，会相互攻伐，那么大明就必须出面调解，不胜其烦。而且要是调解不当、处理不公的话，后果很严重，有些土司直接叛乱，有些土司直接投敌。尤其是明朝中后期，中央集权削弱后，这种问题更加严重。

下面我们言归正传。贵州宣慰使霭翠和宣慰同知宋钦先后去世了，职位分别由他们的妻子奢香和刘淑贞继承。

朱元璋那会儿一心想要废掉土司，改设流官。当时。贵州的都指挥使叫作马烨，有些史料说此人乃是马皇后的亲侄子，估计不太靠谱，因为根据《明太祖实录》记载，马皇后并无兄弟，又是哪里来的侄子呢？这个马烨甚会揣摩圣意，也是个支持"改土归流"之人，认为眼下是个"改土归流"的好时机，于是想要有一番作为。

那么，到底怎样才能名正言顺地废掉土司呢？

土司制度由来已久，在当地根深蒂固，要想名正言顺地废掉土司制度，除非当地百姓聚众造反。于是，马烨想到了一个法子。

如果他们聚众造反，自己便可以名正言顺地出兵镇压，然后再借机废掉土司，改设流官，一切都是那么顺理成章。

可是，眼下百姓安居乐业，根本没有造反之心，又怎么可能会聚众造反呢？马烨决定引蛇出洞。

当时，贵州正遭受旱灾，粮食颗粒无收，百姓食不果腹，更不要说朝廷的赋税了。奢香深知民间疾苦，于是多次向上级行文汇报，陈诉灾情，希望减免百姓赋税。可是马烨却无动于衷，还乘机将奢香抓到贵阳，当着众人的面将其扒得一丝不挂，还令人用鞭子狠狠地抽打她裸露的后背，当众将其百般羞辱，企图激起当地人民的反叛。

奢香手下那些头领对这个马烨早就恨之入骨，得知此事后，哪里按捺得住，当即聚集兵勇，要为奢香讨还公道。此事很快在云贵一带传开了，一场轰轰烈烈的反抗战争一触即发。

这时，刘淑贞连忙赶到现场，对奢香说："马烨无事生非，无非是想引诱我们造反，然后再将我们镇压，一网打尽。我们可千万不能中计。"奢香深明大义，表明自己忠于大明，不愿反叛，同时还当众揭露了马烨逼反的用心，安抚大家不要轻举妄动，从而避免了一场浩劫。

刘淑贞是个女中诸葛,一方面和奢香劝住大家不可莽撞,勿中奸计;另一方面还特地进京面见朱元璋,将马烨在贵州的所作所为悉数告诉了朱元璋。

听了刘淑贞的话,朱元璋震惊了,怎么也没有想到一个女子竟然有如此胆略和眼光,于是改变了原先"改土归流"的想法,让人将奢香接到宫中,决定见上一面。

朱元璋亲自接见了这个少数民族的女土司,发现她不仅年轻漂亮,而且英姿飒爽,打心底里喜欢,于是当面问清了事情的缘由,并在宫中热情款待了她。

朱元璋心里自然明白马烨对自己忠心耿耿,此举无非是为了逼反他们,替自己执行"改土归流"的政策。不过为了稳定贵州地区,他还是决定牺牲马烨。

朱元璋打定主意后,对奢香说道:"马烨凌辱了你,朕可以替你报仇,杀掉此人,那你又该如何报答我呢?"

奢香夫人当即表态,说道:"我可以保证贵州人民永远忠于大明,永不叛变。"

朱元璋听了后,笑了笑,摇了摇头,说道:"这是土司的职责,也是你的本分,这个不算。"

"我们可以为朝廷开山辟路,修建驿道,方便大明管理。"

朱元璋闻言后大喜,当即说道:"好,我们一言为定。"他将奢香夫人封为"顺德夫人",还赏赐了她许多金银财宝。不久,朱元璋将马烨召回京城,治罪入狱。

奢香回到贵州,将消息告诉手下臣民,人们无不感服朝廷的威德,果真兑现了诺言,修了一条驿道。

这条驿站共有五百余里,史称"龙场九驿",改变了当时贵州交通闭塞的现状,加强了各地的联系和友好往来,促进了贵州当地经济发展和社会进步,具有重大的历史意义。

第二十九章　皇后之死

傅友德和沐英领命南征云南结束后，历史的车轮就来到了洪武十五年（1382）。这一年对朱元璋来说，可谓流年不利，接连死了两个亲人。

洪武十五年（1382）五月，朱标的长子，也就是朱元璋的嫡长孙朱雄英夭折了，那年他才八岁。顺带说明一下，建文帝朱允炆并非朱元璋的嫡长孙，他是朱标的次子。

　　　　洪武十五年五月己酉朔，皇嫡长孙雄英薨。
　　　　　　　　　　　　　　——《明太祖实录》

八岁的孩子正是天真烂漫、长辈疼爱的时候，可惜不幸夭折了。白发人送黑发人，这种滋味最不好受。

没想到，老天爷又跟朱元璋开了一个天大的玩笑。三个月后，马皇后病逝了，享年五十一岁。朱元璋与马皇后的关系非同小可，他们乃是一对患难与共的夫妻。马皇后的去世，对朱元璋打击太大了，他悲痛欲绝，生不如死。

他发现，原来痛苦这种滋味没有最不好受，只有更不好受！

朱元璋记得，那年，自己迎娶马姑娘，两人郎才女貌，羡煞军中将士。

那年，奸人向郭子兴进谗言，将自己关起来，想要饿死自己。马姑娘偷偷地给自己送吃的，为了不被人发现，将炊饼藏在怀中，还把胸口给烫伤了。

那年，自己与陈友谅争霸，有一次被陈友谅追得落荒而逃，坐骑也受了伤跑不动。她背起自己就跑，这才逃出生天。

那年，自己攻打集庆（今南京）。她率领妇女在后方为前线将士缝衣做鞋，鼓舞士气。

那年，龙湾大战，陈友谅率领大军兵临城下，城内人心惶惶。关键时刻她挺身而出，镇定自若，给大家吃了颗定心丸。她又拿出自己的金帛，全部犒赏士兵，鼓舞士气，稳定军心，这才有了最后的胜利。

那年，自己要杀朱文正。她劝道，朱文正是自己的亲侄子，还立下大功，难道就不能给他留条生路吗？最后，自己将朱文正关了起来。

那年，自己要杀李文忠。她劝道，李文忠是自己的亲外甥，战功赫赫，就不能给他留条性命吗？最后，自己削去李文忠的官职。

那年，自己要杀宋濂。她劝道，宋濂乃是太子的老师，寻常百姓尚且知道尊师重道，更何况我们帝王之家，就不能网开一面吗？最后，自己将宋濂流放茂州。

那年，自己让重刑犯去筑造城墙，将功折罪。她劝道，通过劳役来赎罪，这对囚犯是最大的恩惠，可是囚犯疲惫不堪，再加上重劳役，恐怕性命不保。最后，自己全部赦免了他们。

那年，自己当了皇帝，想给她的族人封官加爵。她劝道，封官加爵偏爱外戚的话，不合乎法律。最后，自己打消了念想。

那年，自己给太学生设置补贴，让他们安心读书。她说道，太学生有了补贴，吃喝不愁，可是他们的老婆孩子怎么生活呢？太学生能安心读书吗？最后，自己设置红仓，专门供养太学生的老婆孩子，百姓称颂不已。

那年，遇到天灾，百姓流离失所。她带领宫中上下一起粗茶淡饭，节衣缩食，为百姓祈福。

…………

想到这些，朱元璋早已双眼模糊，再也压抑不住自己的情感，放声痛哭起来："你就这样走了，丢下我一个人孤零零地活在这世界上，往后的日子你让我怎么过呀？下次我再犯错误的时候，谁来劝劝我呀？"

那一夜，他哭得像个孩子。

纵观马皇后的一生，在朱元璋创业初期，她对朱元璋不离不弃，并帮助他一起渡过危难，建立大明王朝。朱元璋怎能不感激涕零？马皇后太善良了，就连临死前，还跟朱元璋说生死有命，可不要怪罪太医。因为这些，朱元璋称霸天下之后，虽然坐拥天下女色，但是却对马皇后情有独钟。在屠杀功臣的时候，面对大臣的劝解，甚至太子朱标劝解，朱元璋往往都无动于衷；但是每每遇到马皇后劝解，朱元璋通常还是网开一面。

从这些事情中，不难看出马皇后在朱元璋心目中的地位。或许在朱元璋的心中，马皇后就是他的唯一，马皇后就是他的一切！

朱元璋知道，人死不能复生，日子再难也得继续过下去，眼下最重要的是给马皇后举办葬礼。

要给马皇后下葬，先要挑选个好日子。钦天监的官员翻开推算表，左掐右算，说旧历九月二十四日是皇后下葬的吉日。于是，朱元璋便将马皇后下葬的日子定在了那天。

到了旧历九月二十四日，本来天气不错，风和日丽，可是突然乌云密布，雷声隆隆，竟然还下起了倾盆大雨。朱元璋看了看天，丝毫没有要停的样子，而时辰马上就要到了，看来葬礼无法举行了。朱元璋阴沉着脸，默不作声，心中十分恼火。

这举行葬礼的时间乃是朝中大臣经过商议，精心挑选的良辰吉时，哪知道出了这事。这么看来，众人怕是难辞其咎了，尤其是钦天监的官员，一个个吓得大汗淋漓，不敢作声。

这时，一个负责管理佛教事务的高僧站了出来。这位高僧叫作宗泐，他一看龙颜不悦，灵机一动，便上去说出了四句偈语。提起偈语，可能有些人不了解。偈语就是佛经中的唱词，类似于古代的诗词，只不过诗词是文人所写，而偈语乃是和尚所著，里面蕴含着一些佛学道理。

宗泐所说的四句偈语是："雨落天垂泪，雷鸣地举哀。西方诸佛子，同送马如来。"

意思非常简明易懂：今日下雨乃是老天落泪，打雷是因为大地悲哀；他还把马皇后比作西方的如来佛祖，说今日可是西天诸佛为马皇后送行呢，所以才天地动容，下雨不止啊。朱元璋闻言后，脸上的乌云立即散开了，于是，马皇后的葬礼便在雷雨交加之中举行了。

有没有发现，这宗泐非常有才，马屁拍得让人非常舒服，有种"随风潜入夜，润物细无声"的感觉！

其实，宗泐这一生都与皇家关系密切。后来，朱元璋传位建文帝，朱棣发动靖难之役夺了侄子皇位，当时南京宫中一片大火，建文帝失踪，生死不明，成为历史之谜。有一种说法就是宗泐将建文帝藏起来了，于是朱棣便将宗泐囚禁起来，希望能从他的口中问出建文帝的下落。当然这些都是后话，以后有机会再讲。

龙云际遇

马皇后去世的时候，朱棣和两个哥哥（秦王朱樉、晋王朱棡）已经封藩在外了，一般情况下不得跨出封地半步（除非皇帝有诏书召见藩王），否则判作谋反。现在马皇后死了，情况自然不同，朱棣三兄弟全都回到京城奔丧。

明朝非常注重孝道，尤其是中后期。父母去世了，不管子女是朝中大员，还是守关大将，都要辞官回家守孝三年，不然会遭天下人唾骂。万历年间，张居正老爹去世，他没有守孝三年，那是因为皇帝发了诏书，不让他回家守孝，因为你张大人一走，这大明朝就运转不起来了，张居正这才"勉为其难"地留了下来，叫作"夺情"，另当别论。

朱棣三兄弟都是封藩在外的藩王，手握兵权，镇守一方，离开十天半个月，没有什么大碍，但是时间久了，怕会影响边境稳定。这些道理朱元璋自然也懂，所以也不要求他们在京城守孝三年，等葬礼一过，就让他们兄弟三人回封地。

在回封地之前，朱棣特地见了朱元璋一面。当然，他肯定说过"爹爹，我这一走，不知何日才能再见，还望爹爹您保重身体"之类的离别之言，但这些并非重点，他还提了一个请求。这个请求很重要，能让自己"加分"，也就是在朱元璋心目中增加分量。

朱棣说，自己兄弟三人马上要回封地了，不能继续留在京城守丧，为了尽孝，请求朱元璋派几名高僧分别随同他们前往封地，继续为母后诵经祈福。朱元璋闻言后，内心颇为感动，于是答应了请求，让宗泐选出三位高僧。

没过几天，朱棣还在皇宫之中，突然有人进来禀报，说门外有个高僧求见，是宗泐亲自为他选定的随行高僧，法名道衍。朱棣将此人请了进来，定睛一看，不由得吃了一惊。只见这人相貌十分古怪，长着一对三角眼，看上去像是一头生了病的老虎。

> 目三角，形如病虎。
>
> ——《明史》

生了病的老虎也是老虎啊，那老虎可是百兽之王，说明道衍

第二十九章 皇后之死

身上有种百兽之王的气势。

朱棣见道衍相貌古怪，有股杀气，心中不由得一愣。

这时，道衍开口说话了："大王若是让我一同前往，我定要送大王一样礼物。"

"哦，什么礼物？"有意思，一见面就要送礼物，朱棣纳闷不已。

"我一定要送大王一顶白帽子戴戴。"

这句话其实是个暗语，隐藏了一层意思。"给大王戴白帽子"，也就是在"王"字上面加一个"白"字，岂不就是"皇"字吗？其实道衍的意思是说，自己可以帮朱棣打江山，当皇帝。

这话要是换作别人，可能还听不明白，不知话中何意。但是朱棣是何等人物，稍微一琢磨，便明白了道衍的意思，心中不由得一惊："现在皇帝健在，太子朱标也在朝中，你却说要帮我当皇帝，那不是造反吗？"

两人从未谋面，这道衍一见面便说这样的话，可真够大胆的！

朱棣虽然心中有些惊讶，但是对这道衍一点也不排斥，反倒有种相见恨晚的感觉，于是便将此人一同带回了北平。

这道衍可不简单，后来朱棣在他的帮助下，以区区一地之力却打赢了建文帝的全国兵马，夺取了皇位，道衍也因此被后世称为"黑衣宰相"。

黑衣宰相

道衍小时候叫作姚天禧（他更为人所熟知的名字是姚广孝，这是他帮助朱棣取得天下之后，朱棣钦赐的名字），出生于长洲（今江苏苏州），据说祖上世代行医，生活条件不错。姚天禧从小聪明伶俐，过目不忘，父母想让他继承祖业，当个悬壶济世的医生，可是他偏偏没兴趣，整日天马行空地想要干出一番大事业。

有一次，他一个人在苏州城的大街上晃荡，突然发现人群一阵骚动，纷纷向两边退让闪避。

姚天禧有些纳闷，抬头一看，只见对面走来一队人马，中间那人一身和尚打扮，却前呼后拥的好不威风，一问，这才知道中间那和尚原来是元朝的僧人。一心想要干番大事业的姚天禧对此羡慕不已，不久，年仅十四岁的姚天禧便剃度出家，法名道衍。不过他当了和尚之后，与一般和尚有些不同，不喜欢吃斋念佛，却十分喜欢钻研阴阳术数和兵法。

道衍出家后，喜欢云游天下，有一次经过嵩山寺，碰到了一个人，叫作袁珙。

这个袁珙可不是普通人，乃是浙东第一相士。据说，此人识人看相没有不准的。有一次，他给南台大夫普化帖木儿看相，说他个性雷厉风行，是个大富大贵之命，不过做官一百一十四天就会被夺印，但是却能坚守节操，忠于朝廷，死后名留青史。后来普化帖木儿在浙江做官时，果然被张士诚"逼取印绶"，最后不屈而死。

还有一次，袁珙给江西左副都御史程徐看相，说他面有紫气，千日之内必会升迁，还说他日后不会尽忠守节。结果一年后，程徐果然升迁为兵部尚书，后来此人投降了明朝，果然不是尽忠守节之人。

当时，袁珙碰到道衍，"职业病"又犯了，上下打量道衍，大吃一惊，说道："你真是个奇特的僧人啊！眼睛是三角形，如同病虎一般。你的天性必然嗜好杀戮，肯定是和刘秉忠一样的人！"

这刘秉忠又是谁？他是元朝初年的一位僧人，曾帮助忽必烈打天下，制定元朝各项制度。袁珙这番话，说道衍三角眼，样貌丑，还说他嗜好杀戮，按理说一般人听后会生气，甚至会大骂袁珙，没想到道衍却大笑三声，大喜离去。

尝游嵩山寺，相者袁珙见之曰："是何异僧！目三角，形如病虎，性必嗜杀，刘秉忠流也。"道衍大喜。

——《明史》

还有一次，明太祖朱元璋诏令天下精通儒学的僧人到礼部应试，道衍到了京城，受赐僧服而回。他和宗泐一起经过北固山，站在山顶，一览众山小之时，心潮澎湃，诗兴大发，当即作了首诗：

"谯橹年来战血干，烟花犹自半凋残。五州山近朝云乱，万岁楼空夜月寒。江水无潮通铁瓮，野田有路到金坛。萧梁事业今何在？北固青青客倦看。"

后面两句的意思就是，南朝的江山现在又在哪里呢？我这个北固山寺庙的僧客清楚得都厌倦看了。当然，此处的"萧梁事业"就是暗指朱元璋统治下的大明江山。

一个出家僧人竟然口出狂言，竟然暗讽当朝皇帝，简直是大逆不道。

宗泐是个聪明人，听后大怒，瞪眼骂道："你这哪里是佛家弟子该说的话！"

道衍听后，笑而不语。

第三十章　锦衣校卫

洪武十五年（1382），马皇后去世四个月前，朱元璋还专门设立了一个令人闻风丧胆、谈之色变的机构。对，就是大名鼎鼎的特务机构——锦衣卫。

看过《新龙门客栈》的朋友，一定对明朝的这个特务机构有着很深的印象。那些"特务"身穿飞鱼服，腰间佩带绣春刀，虽然级别不高，但是朝中百官，哪怕是六部尚书都对他们毕恭毕敬，十分忌惮。这个特务机构的权力很大，暗中监视百官，只要怀疑百官有不轨行动，不用告知刑部，便可以直接抓人入狱，令满朝文武百官谈之色变。

为什么这特务机构叫作"锦衣卫"呢？

"卫"其实是明朝的一个军事编制单位，如羽林卫、金吾卫、济宁卫、天津卫等。按照明朝当时的军制规定，一卫满编人员大约5600人，下面还设有千户所、百户所。明朝皇家亲军卫一共有26个（上直二十六卫），由明太祖朱元璋设置的有12个（上十二卫），这锦衣卫便是其中之一。

我们再来看看"锦衣"二字。"锦衣"的字面意思不难理解，就是精美华丽的衣服。这就奇怪了，既然是搞特务工作的，干脆叫"特务师""特务卫"好了，为什么要起这么个名字——"锦衣卫"呢？

明史里有这样的记载：

十五年，罢仪鸾司，改置锦衣卫。

——《明史》

意思是说，洪武十五年（1382），废除了仪鸾司，将其改制为锦衣卫。

前面提到过亲军都尉府，这是洪武三年（1370）设置的，下面有个仪鸾司。照这么看，锦衣卫的前身是仪鸾司，原本并非皇帝监管百官的特务机构，而是皇帝的侍卫亲军和仪仗队，由将军、校尉和力士组成。校尉一般掌管卤簿、伞盖，而力士举持金鼓、旗帜。在没有朝会时，各卫亲军分别值守皇城四门，唯独锦衣卫要在午门外昼夜守卫。午门乃是宫城的正门，可见锦衣卫地位之高。

说白了，锦衣卫原本是明朝的国家仪仗队。要进锦衣卫很难，不仅样貌要好，而且还要高大威猛、气质绝佳才行，毕竟你要跟着皇帝一起接待国外来宾，代表国家形象呀！平时没有外宾接待、朝会，或是跟随皇帝出巡的话，还要24小时站岗，位置还很特别——午门外。

以上工作职能还不难理解，后来，锦衣卫的工作越来越多，到了永乐年间，还要管理驯象所、监管象奴、驯养大象，这恐怕很多人都想不通。

一个特务，陪着皇帝出巡，搞搞礼仪，站岗放哨，也算说得通，怎么还跑去管理驯象所了？这不是"狗拿耗子"吗？

其实在明朝，大象是仪仗队中必不可少的，既然如此，锦衣卫自然就要监管象奴、驯养大象了。

好了，下面我们言归正传，再聊聊锦衣卫的另外一项重要职能，就是"巡查缉捕"。

这群人整天游荡在茶楼酒馆，街头闹市，看谁不爽，就随意逮过来，盘问一番。

"我说你叫什么？把'身份证'拿出来看看。没事在这里游荡什么？"

"报告大人，我叫张三，家住街角张家，这是我的'身份证'。刚在朋友家吃饭，赶着回家，恰好路过此地。"

"别磨磨蹭蹭了，还不快滚。"

要是回答让这群人满意，那倒也罢了。若是一言不慎，惹怒了这帮人，那麻烦可就大了。

"什么，你敢顶撞老子！你说你在朋友家吃饭，我倒是怀疑你在朋友家图谋不轨，对皇上不利，跟我们走一趟！"说完，便从腰间拿出"工作证"（腰牌），亮明身份。

"什么，我都不认识皇上，我怎么可能会对皇上不利啊？我连动机都没有，大人，我冤枉啊。"

"少说废话，跟我们走一趟。"他们也不用跟张三废话，不由分说即可将他拉走，任凭张三哭天喊地也没用。

逮回去后，张三可就要遭罪了。前面我们已经介绍过了，先来一套组合拳，再奉送一份酷刑"VIP大礼包"，不怕你不招认。栽赃嫁祸是他们的拿手本领。

三法司办案还要讲究程序，要有法可依。这锦衣卫倒好，只对皇帝负责，其他都不看在眼里。他们可以独立审判，不受三法司牵制，而且还有特殊的监狱，叫作"诏狱"，俗称"天牢"。大家对这个不陌生吧，影视剧里时常能见到皇帝发怒时大喊："将某某给我打入天牢！"

所以说，别看锦衣卫品级不高，但是权力很大，在街上大摇大摆横行无忌，无人敢惹。官员们对他们更是谈之色变，唯恐避之不及，要是锦衣卫登门拜访，哪怕是二品的尚书都要出门相迎，笑脸相陪，请客吃饭，再送"红包"。

牛人王守仁

纵观整个明朝,满朝文武都怕锦衣卫。不过正德年间却出了个牛人,虽非大官,却不怕锦衣卫,而且还执意和锦衣卫对着干,让人不得不服。这位牛人就是王守仁,心学的创始人,对后世影响很大,这里先向大家简单介绍一下。

正德十四年(1519),宁王朱宸濠在江西造反。当时,王守仁乃是赣南巡抚,危急关头挺身而出,组织士兵前去平叛,前后只用35天,便平定了叛乱。由此可见王守仁的能力有多强。

按理说,王守仁平定了这么大规模的叛乱,厥功至伟。然而朝廷对此并不在意,这是为什么呢?

懂历史的朋友都知道,正德帝朱厚照比较贪玩,也喜欢打仗。当时,他正在率军赶赴江西的路上,本想自己前去平叛。现在倒好,人还没到,叛乱已经平定了,他自然就不高兴了。

朱厚照身边有个亲信叫作江彬,是个红人。他给皇帝出了个馊主意,让王守仁放掉朱宸濠,然后让皇帝再抓一次,"过把瘾"。

打仗是要死人的,为了让皇帝"过把瘾",不顾百姓和士兵生死,真够缺德的。

可是没想到,这皇帝朱厚照竟然同意了。史书上是这样记载的:

> 又欲令纵宸濠湖中,待帝自擒。
>
> ——《明史》

要说朱厚照是个彻头彻尾的昏君,多少也有些不妥,他好歹也做了一些正事。不过,朱厚照宠信刘瑾、钱宁、江彬等人,着实给天下百姓带来了不少灾难,这个责任必须算到朱厚照身上。

王守仁抓到朱宸濠后,正考虑如何处置,结果这时朝廷就派来一名锦衣卫，命令王守仁放掉朱宸濠，说这是皇上的旨意。

锦衣卫平日里跋扈惯了，在京城都横着走，连二品的尚书也不在乎，哪里会瞧得上王守仁这位地方官员。不过，我们这位王大人也挺有个性，也没给这锦衣卫什么好脸色。

锦衣卫前来传达消息，王守仁不但不出门迎接，甚至还闭门不见，让这锦衣卫大人颜面扫地。

按理说，在明朝，一般锦衣卫登门，官员们必定好吃好喝好招待，走的时候还得包个大"红包"，这才是正常的接待流程。当然，这些官员在心里肯定早已暗暗地将这个锦衣卫骂了个够。我们再来看看王守仁是怎么做的。

王守仁很有意思，只让侍从给了锦衣卫大人五两银子，让他去吃个"工作餐"，从哪里来就打哪里回去。

堂堂锦衣卫大人竟然被人如此羞辱，气得他直接扔掉银子，转身就走。

到这里，王守仁已经把锦衣卫得罪透了，他回去定会告黑状。

王守仁虽说不待见这位锦衣卫，但他走的时候自己也得送送，要不然他回去跟上面告黑状，自己"吃不了兜着走"。王守仁拉着锦衣卫大人的手，亲切地说："大人辛苦了，我当年也在锦衣卫狱待过，熟人也不少，但像您这样清正廉洁的官员我还真没见过，您不收我的礼，实乃高风亮节。我这个人不会别的，只会写写文章。等我有时间了一定要给您写一篇文章，也让天下人知道您的高尚品行！"

这位锦衣卫又不傻，知道王守仁这话虽然说得好听，其实有威胁之意。权衡之下，他一改往日的跋扈作风，竟然也换笑脸相迎，寒暄几句，便告辞了。

随后，王守仁立马将朱宸濠交给宦官张永，把功劳献出，这才脱离了危险旋涡。

洪武十五年（1382），马皇后病逝。从此，朱元璋屠杀功臣之时，就再也没人能够劝得住了。同年，他设置了锦衣卫，活跃于洪武四大案，看来他是要在屠杀功臣的这条道上走到黑了。

官员们一直活在噩梦中，久久不能醒来。

千百年来，多少读书人头悬梁、锥刺股，日夜苦读，就是为了一朝金榜题名，入朝为官，光耀门楣。可是，洪武年间的官员却不好当。当时，朱元璋四处追查奸党，锦衣卫和检校更是无孔不入，官员们一不小心就会牵连其中，不仅自己将身首异处，而且还要连累家人发配充军，搞得终日惶惶不安。

"我真的太难了！"

这是洪武年间的官员们发自肺腑的呐喊。

当时，有些人看破红尘，不愿入朝为官。或许大家认为，不愿做官就不愿做官呗，没什么大不了的，但是在朱元璋眼里这可不行。

百姓若是想做官，朱元璋可以不给他官做；但是，朱元璋若想让某人做官，他却不想做官，那还真不行。

洪武年间，苏州有两位儒士，分别叫作姚叔闰、王谔。二人精通"四书五经"，在当地颇具盛名，于是被人举荐入朝为官。当时正值朝廷用人之际，朱元璋便令吏部行文于苏州府，要求二人赴京，入朝为官。按理说，一般人遇见这等"祖坟冒青烟"的好事，自然欣喜若狂，赶紧入京复命，没想到姚、王二人却不肯入京。他们认为"伴君如伴虎"，入朝为官风险很高，不愿去南京做官，于是跟苏州当地官员打过招呼，找了个理由，便没有去南京。朱元璋得知后，勃然大怒，下令处死了姚叔闰、王谔二人，还将他们的家也抄了。

朱元璋这样做，用意很明显。你们二人若是想当官，那得看朕今日心情如何，愿意不愿意给你们个官当。朕不让你们二人当官是可以的,但是朕让你们二人当官,你们却不想当,那是你们不识抬举,绝对不行,必须付出惨痛的代价。或许朱元璋也为自己的这种霸道而感到心虚,特地下了一个文件,来说明这个做法的合理性。

> 率土之滨,莫非王臣。……寰中士夫不为君用,是外其教者,诛其身而没其家,不为之过。
>
> ——《大诰三编·苏州人才第十三》

意思是说,这天下再大,天底下所有的人都是皇帝的臣民。如今这天下的读书人有不愿意为皇帝效劳服务的,那就要诛杀他本人,抄没他的全家,这也不算什么过分之举。

洪武年间,贵溪县有两位儒士,乃是叔侄二人,叔叔叫作夏伯启。这叔侄二人不愿入朝为官,但是朱元璋下了死命令,不去当官是不行的。叔侄二人无奈,只好在规章制度中找漏洞,结果还真被二人找到了漏洞——残疾人不能做官。故而叔侄二人一狠心,一咬牙,一跺脚,竟把自己的大拇指给剁掉了。

这大拇指没了,字是写不了了,那还怎么当官呢?

本想着成了残疾人,就不用再入朝做官了。可是谁也没料到,朱元璋可不是好糊弄的,竟然命人将叔侄二人五花大绑带到京城,还亲自审问二人。

朱元璋问道:"当年天下大乱之时,你们叔侄二人身在何处?"

夏伯启答道:"红寇乱时,我们为了躲避战乱,躲藏在福建、江西两省交界之处。"

朱元璋问道:"你当时有带着家人一起避难吗?"

夏伯启答道:"奉父而行。"

朱元璋问道:"既然你奉父而行,上高山峻岭,下深谷陡涧,是不是用手扶持着老父亲呢?"

夏伯启答道:"用手扶着的。"

朱元璋问道:"此后又去了哪里?"

夏伯启答道:"红寇张士诚占据信州,我回了老家。"

朱元璋问道:"回家干什么呢?"

夏伯启答道:"在老家教书,一直到现在。"

话讲到这里,夏伯启张口闭口"红寇",朱元璋知道叔侄二人看不起自己,不愿为新朝服务。

朱元璋说:"你们不就是想学周朝的伯夷、叔齐吗?人家宁肯饿死,也不食周粟。你们却以教学为生,不担心再有动乱,也不再怕人抢夺家财。朕倒想问问你们,这样安逸的生活到底是谁给你们的呢?"

叔侄二人闻言后,无言以对。

朱元璋又说:"朕告诉你吧,你们靠的就是朕,当今的皇帝。朕让你们免受战乱的侵扰,过上如此安逸的生活,可是今天朕需要用你们之时,你们却宁肯砍去手指也不为我所用。你们不是朕教化下的臣民,朕要让你们心服口服,再杀你们,抄没你们的家产,以免以后有人学你们跟朕作对。"

元末,浙江临海县有位名士叫作陶凯,字中立,前面已经提到过。此人才学渊博,见识卓远,负有盛名,乃是当时的文坛领袖。他一生追求学名,不求仕途,在乡里办学,传道授业,名气很大。元朝末年,由于名气太大,他被举荐到江西省永丰县当教谕。当时,刘伯温在江西省高安县当县丞,两人关系不错,来往也密切。可是没过多久,二人相继辞职,刘伯温回了老家浙江青田,而陶凯则去了杭州一个姓施的大户人家当家教了。

有一次,朱元璋慕名前来拜访,讨教夺取天下的方略。陶凯说道："现在群雄四起，我们切不可跟他们争根据地。元朝虽然有土地，但政治衰败，民怨四起，夺取这些地方比较容易。"朱元璋非常惊讶，于是对陶凯说道："我们总有一天还会相遇的。"

洪武元年（1368），朱元璋登基称帝，于是派遣官员拿着诏书，送到陶凯的家乡，劝他进京当官。没想到陶凯却不愿当官，当即离家远游，四处游学去了，期限到了也不见回来。

朱元璋大怒，于是又发了一道谕旨，说如果陶凯不前来应诏当官，那么就取他的族人首级回来。陶氏族人一听，惧怕不已，于是纷纷四处寻找，终于寻得陶凯。

如果不前去应诏当官，那么陶氏一族势必遭殃，生灵涂炭。为了避免族人遭殃，陶凯考虑再三，只得前去应诏当官。

洪武年间，若是入朝为官，一不小心便会惹来杀身之祸。可是若不入朝为官，即使砍掉手指，同样会招来杀身之祸，甚至还会连累族人。

朱元璋执政期间，士大夫的日子确实不好过！

还是那句话：我太难了！

这是洪武年间的士大夫发自肺腑的感叹！

话说回来，洪武年间有一个高人叫作袁凯，是个御史，陪伴朱元璋多年，最后功成身退，得以寿终，令人叹服。

有一次，朱元璋想要杀掉一个囚犯，便命袁凯将此人送到皇太子朱标那里去审讯。可是，皇太子朱标不肯杀掉此人，准备从宽处理，于是袁凯便将审讯结果如实报告了朱元璋。

朱元璋问袁凯："那你来说说，朕和太子到底是谁对呢？"

这是一个两难之题，若说朱元璋不对，搞不好当场送命；若说太子朱标不对，又会得罪太子，即使不送命，也会失去太子的信任，日后怕是很难发展。

碰到这样的两难问题，别说是一个小小的御史，就算是狡猾善辩的胡惟庸或是神机妙算的刘伯温怕是也很难回答。

但是现在，皇帝正在问袁凯，他必须得回答。

袁凯没有办法，想了一想，小心翼翼地说道："皇上您杀人没有错，那是按照法律办事，依法治国。而现在太子朱标不杀此人也没有错，那是他心地仁慈，施的是仁政。"

> 陛下欲杀之，法之正也；今太子欲生之，心之慈也。
>
> ——徐祯卿《翦胜野闻》

袁凯是个混迹官场的老江湖了，竟然说两个都对，两边都不得罪，实在是高明！

按理说，这回答算是十分得体了，可是朱元璋不太喜欢高明的人。他当即阴沉着脸，呵斥袁凯狡猾，想要两边讨好，是个滑头之人，于是命人将袁凯关进监狱。三日后，不知怎的，朱元璋又让袁凯官复原职，继续上朝。

虽说袁凯官复原职，但是日子并不好过。《金台纪闻》里记载，袁凯每天上朝，朱元璋总会在群臣面前指着他的鼻子说他"是持两端者"（即墙头草，两边讨好之人），令袁凯灰头土脸，十分难堪。

袁凯这人十分聪慧，政治敏感度也很高，感觉这样下去，迟早会身败名裂，被朱元璋杀掉。于是，他暗中思索如何逃过这次劫难，最后决定效仿当年的孙膑，装疯卖傻。

有一次，袁凯在朱元璋上朝过金水桥时，故意装疯，倒地不起，胡言乱语。朱元璋是什么人啊，怎么可能会被蒙骗。他笑了笑，说道："真疯的人是不会疼的。"于是，命人喊来木匠，用木钻扎他身体。袁凯强忍着剧痛，对着朱元璋哈哈大笑，这才被朱元璋放回了老家。

回到老家，袁凯知道朱元璋不会就此罢休，只好继续装疯。

他整日用铁索锁住自己的脖子，还故意毁掉了自己的容貌。果然如袁凯所料，朱元璋仍不放心，派人到袁凯府上宣旨，让他去当本地的儒学教授，其实是暗中查看袁凯是不是真疯。

袁凯当场一会儿睡在地上，一会儿起身傻傻地看着使者，还当场唱起了歌。使者见了，摇摇头，回去向朱元璋报告，说袁凯是真的疯了。

朱元璋是个多疑之人，还是不信，又暗中派人去袁凯府上查探。于是，袁凯将计就计，在那人暗中查探之时，故意装作不知，倒在地上，大口大口地吃"狗屎"（其实是事先让家人用炒面搅砂糖做的食物），还大喊好吃。

那人回去后，将此事报告给朱元璋，朱元璋这才相信袁凯是真的疯了，再也没有关注过袁凯。

朱元璋执政时期，官确实不好当，能全身而退、得以寿终者更是寥寥无几。而袁凯凭借着自己的智慧和坚定的意志，在朱元璋眼皮底下蒙混过关，得以寿终，确实令人佩服。

洪武年间，有个左佥都御史叫作严德珉，因为有病在身，所以打了辞职报告给朱元璋，说自己想告老还乡，颐养天年。

这可犯了朱元璋的忌讳，朱元璋勃然大怒。你严德珉不是不想当官吗？那朕就成全你。于是，他命人在严德珉的脸上刺字，并将他发配到广西去了。

后来，严德珉遇赦，又被放回家乡，从此便成了一介布衣，过着寻常百姓的生活，一直活到了宣德年间。

有一次，严德珉不知所犯何事，被御史逮到衙门，跪在堂上受讯。问讯之间，严德珉说自己当年也曾在御史台干过，知晓三尺之法。御史见他对法律法规颇为熟悉，知他所言不虚，便问他曾经担任过什么职务。

严德珉答道："我就是洪武年间的御史台长官严德珉。"

> 洪武中台长，所谓严德珉是也。
>
> ——《明史》

御史闻言后，大惊失色，差点从座椅上跌落下来，连忙起身将他扶起，并向他行礼谢罪，态度十分恭谨，之后便将他放了，只是让他承担搬运袋子的刑罚。

有一次，严德珉和地方上管教育的官员一起喝酒。那官员见他面有刺字，头戴一顶破帽，十分好奇，不由得问了一句："您老人家到底曾犯何法？"

严德珉闻言后，便把自己的经历一五一十地说了一遍，最后感叹道："因为朝廷以前法度甚严，官员很难保住这项上人头，这顶官帽确实不容易戴呀。"

严德珉说完，朝着北面拱手行礼，态度十分恭谨，口中还一个劲儿地说着"圣恩，圣恩"。

时过境迁，或许有些人读到此处，觉得严德珉惺惺作态，太过矫情。但如果真的置身于洪武朝为官，就不会这样认为了。

朱元璋执政期间，整顿吏治十分坚决，入朝为官确实不易，一不小心不仅会脑袋搬家，而且可能满门抄斩。姚叔闰、王谔等人不愿入朝为官，夏伯启叔侄为了不做官宁可砍掉大拇指，结果却被一一斩杀，还被抄没家产。试问在法度如此之严的外部环境下，又有几个官员能保住项上人头，全身而退呢？严德珉陪伴朱元璋多年，却能保住性命，全身而退，怎能不发出这样的感叹呢？

洪武二十年（1387），朱元璋发觉锦衣卫权力过大，有依势作宠、滥用职权等问题。到了洪武二十六年（1393），他下令将锦衣卫废除，将刑具全部焚烧，并将全部案件交给三法司审理。

有些东西开了头就不好禁止了。虽说朱元璋最后把锦衣卫废除了，但是到了永乐年间，朱棣为了加强对百官的监督，又恢复了锦衣卫，一直到明末。有意思的是，锦衣卫竟然还传到了国外，越南也效仿明朝，设立了锦衣卫。

朱元璋虽然是锦衣卫的始作俑者，但后来认识到其危害性，将其废除了。而后世一聊到明朝的特务机构，一说到东厂、西厂，一聊到厂卫，就大骂朱元璋，就说是他搞出来的，说他搞的白色恐怖最厉害。

在这里，要郑重说一句，这个"锅"朱元璋不应该背。

"厂卫"一词是明朝中后期出现的，是明朝抓人审讯的机构，"厂"指的是东厂和西厂，"卫"指的是锦衣卫。

朱棣夺位成功，登基称帝后，为了加强对百官的控制，不仅恢复了锦衣卫和锦衣卫监狱，而且还设立了一个新的机构——东厂。

东厂是一个特务机构，由太监担任首领，叫作"厂公"，相信大家在影视剧中看到过。有一点必须搞清楚，东厂的首领叫作厂公，是个大太监；而锦衣卫的首领叫作指挥使，乃是正三品官员，两者切不可混为一谈。

明朝的宦官也有官署衙门，一共有十二监、四司、八局，各司其职，统称为"二十四衙门"。其中，最有权势的太监叫作掌印太监。掌什么印？我不说，相信你也懂的。这掌印太监还有一个职能，就是提督东厂。东厂只对皇帝负责，四处打听秘密消息，可以随意抓人拷问，权力之大，令人谈之色变，就连锦衣卫也在他们的监视之下。

史书上记载：

> 东厂之设，始于成祖。锦衣卫之狱，太祖尝用之，后已禁止，其复用亦自永乐时。厂与卫相倚，故言者并称厂卫。
>
> ——《明史》

意思是说，东厂的设立，是从明成祖开始的。明太祖朱元璋曾经用过锦衣卫狱，不过后来禁止了，永乐年间又重新使用。厂与卫是相辅相成的，所以两者并称厂卫。

这段话说得明明白白，东厂是明成祖朱棣设立的，跟朱元璋没有半毛钱的关系，这笔账可不能算在朱元璋头上。

后来到了成化年间，明宪宗重用宦官，又搞出了个西厂，权力比东厂还大，连东厂也要受他们管制稽查，首领是大太监汪直。再到后来，明武宗又搞出了个内行厂，首领是宦官刘瑾，东厂、西厂都要听他的，到处暗中刺探消息，令天下骚动。

所以说，西厂、内行厂更不是朱元璋搞出来的，这笔账更不能算到朱元璋头上。列位看官，这个"锅"朱元璋肯定是不背的。

相反，朱元璋还很反感宦官干政，认为历朝都有宦官当政祸国的教训。他还说过："我看《周礼》，宦官不过百人。后来，宦官达到数千人，结果因为起用宦官而造成社会混乱。依我看来，宦官不能太多，也不能别有委任，只能让他们干点宫中杂事。"

> 朕观《周礼》，奄寺不及百人。后世至逾数千，因用阶乱。此曹止可供洒扫，给使令，非别有委任，毋令过多。
>
> ——《明史》

明初，朱元璋对宦官有严格的禁令：第一，宦官不能过问政事；第二，宦官不能接受教育，读书认字。朱元璋相信，只要宦官是文盲，只能擦桌扫地，就算想了解政事也过问不了。

史书上记载了一件事。有一个老太监跟在朱元璋身边许多年，一直勤勤恳恳，从不谈论政事，很受朱元璋信任。有一天，朱元璋心情不错，没想到那老太监竟然谈论起国家政事。

你这老家伙，今日不知受了谁的指使，竟敢在朕耳边议论政事，吹起耳旁风，影响朕当政。朱元璋大怒，立即将他赶出宫外。

> 有内侍事帝最久，微言及政事，立斥之，终其身不召。
> ——《明史》

朱元璋怕自己死后，子孙后代会受宦官影响，于是在《祖训录》中立下规矩，严禁宦官干预政事。

洪武十七年（1384），朱元璋还在宫门前立了块铁牌，上面刻有十一个大字：

> 内臣不得干预政事，犯者斩。
> ——《明史》

朱元璋相信，自己将名言警句刻在此处，宫中来往之人都能看见，谁也不敢违背，那么宦官自然也就无法干政了。

理想很丰满，现实很骨感。

事实上，明朝反而是中国历史上宦官权力最大的朝代之一，也是宦官干政最严重的朝代之一，出现了一大批权倾朝野的大太监，如魏忠贤、王振、刘瑾……可悲可叹，如果朱元璋地下有知，一定死不瞑目。

第三十章　锦衣校卫

第三十一章　重开科举

前面说过，明朝洪武四年（1371）开科取士后，朱元璋曾一度废除科举制，改为举荐制。到了洪武十五年（1382），朱元璋回心转意，又下令恢复科举制，并于洪武十七年（1384）命礼部定科举程式，全国上下一片沸腾。

次年（1385）二月，472名考生在南京城参加会试。当时不知为什么，京城四处流传着一首童谣："黄练花，花练黄。"人人口头传诵，但是谁也不知道这童谣到底蕴含着什么意思。结果在这次会试中，黄子澄考了第一，为会元；练子宁排名第二；花纶排名第三。

三月殿试，朱元璋亲自出题考这三人策论。殿试完毕，初拟花纶为第一，练子宁为第二，黄子澄为第三。

这时，人们发现会试与殿试所拟名次恰与童谣相同，这才恍然大悟。花纶被点为状元，一时之间无人不知，无人不晓，故而同榜进士皆称他为"花状元"，榜眼练子宁还送诗庆贺。

说来也巧，就在放榜的头天晚上，朱元璋做了个梦，梦见殿前柱子上有一枚巨钉，上面装饰着几缕白丝，悠扬于日下。朱元璋醒来后，不解其意，等到拆开试卷一看，这才恍然大悟。他在进呈的试卷中翻阅到一名叫作丁显的考生，认为此人姓名正与自己昨日的梦境相符，"丁"和"钉"同音，"显"字正是日下双丝。于是，朱元璋当即将此人点为状元，原本第一名的花纶则被朱元璋以太过年轻为由放入了二甲。就这样，年仅二十八岁的丁显因为皇帝的一个梦而被提拔为状元。

朱元璋做梦而提拔丁显为状元之事真伪难辨，或许并不可靠。不过史书上记载，明朝确实有丁显这个人，他在洪武十八年也确实中过状元，授为翰林院修撰（皇帝身边起草文稿的秘书）。此人天资聪颖，博古通今，性格刚毅，后来因为上疏论事，言辞太过激烈，得罪了朱元璋，被长期贬官，最后病死在任所。

科举风波——南北榜

停了十年的科举终于恢复了，但由于当时没有考虑到地区平衡，没有考虑到分卷问题，结果引发了一场不小的科举风波。

洪武三十年（1397），丁丑年，大明迎来了三年一度的科举会试。朱元璋考虑再三，任命八十五岁高龄的翰林学士刘三吾为主考官。当时一共录取了51名进士，经三月殿试后，以陈䢿为状元、尹昌隆为榜眼、刘仕谔为探花，选取了二甲13人，三甲35人，是为春榜。春榜中所录取的51人全是南方人，竟然没有一个是北方人！

平心而论，当时明朝南北经济发展并不平衡。南方经济、文化远比北方发达，南方的教育水平也高于北方，因此往年会试中也是南方人上榜居多。但是像今年这样，北方人一名未取，却是从来没有发生过的。

放榜后不久，会试落第的北方举人非常不满，纷纷联名上疏，状告那主考官刘三吾等人，说他们是南方人，因此偏向南方人，有意打压北方仕子。更有数十名考生在南京街头沿路喊冤，看到官员轿子，不管三七二十一，立马扑上前去，拦住告状。

一时之间，南京城百姓议论纷纷，各种传言铺天盖地。有人说主考官刘三吾收了南方仕子的钱财，也有人说主考官刘三吾乃是南方人，偏袒南方，有意不录取北方仕子。种种说法搞得刘三吾灰头土脸，十分难堪。

没过多久，消息便传遍朝堂，文武百官无不震惊。不少监察御史（尤其是北方官员）也趁机给朱元璋上折子，要求皇帝彻查此科会试。当时，朱元璋也怀疑此次科举考试有鬼，十分恼怒，正式下诏，成立由侍读张信、侍讲戴彝、右赞善王俊华等12人组成的"调查小组"，从落第试卷中找出百来份试卷，要求他们每人再各阅读十份，希望能增录一些北方人入仕。

皇帝下了命令，官员自然不敢怠慢。"调查小组"经过仔细复核，到了四月底终于有了结果，将报告交给了朱元璋，结果再次让朱元璋瞠目结舌。因为调查报告上说，经仔细复核上呈的试卷，发现北方仕子水平确实不行，所录取的51个南方仕子，确实都是凭真才实学录取的，没有任何问题。

这样的调查结果，引起全国一片哗然，落榜的北方学子们哪里肯接受这样的调查结果，纷纷上告朝廷要求再查此案。这波舆情不但没平息，反而越搞越大，朝中北方籍的官员纷纷加入了战斗，不断抨击此科会试不公，要求皇帝再次选派"调查小组"，对全部考卷重新复核，并严查所有涉案官员。同时，还有人状告刘三吾暗中嘱咐张信等人，故意拿一些北方仕子考得差的卷子进呈复核。

刘三吾被搞得焦头烂额，有人还趁机落井下石，翻出刘三吾十多年前曾上书为胡惟庸鸣冤的旧账。朱元璋大怒，突然下诏，说考官刘三吾为"蓝玉余党"，发配西北。张信的下场更为悲惨，因他涉嫌欺骗皇上，结果被凌迟处死。"调查小组"的其他成员也大都受到了严惩，被发配流放，只有戴彝、尹昌隆二人幸免，因为他们在复核试卷后，列出的中榜名单中有北方仕子，这才逃过一劫。

"调查小组"成员遭到杀头流放，这第三次核查工作没人敢去了。于是，朱元璋亲自批改试卷，录取任伯安等61人，全是山东、山西、陕西等地的考生，江南的考生一个也不录用。

六月进行殿试，最后选定韩克忠为状元、王恕为榜眼（明朝的一位名臣，与马文升、刘大夏合称"弘治三君子"，辅佐明孝宗朱祐樘开创了"弘治中兴"）、焦胜为探花，是为夏榜。因为所录61人全是北方人，故又称北榜。

丁丑年科举会试案件背后的谜团一直未曾解开，但是朱元璋通过"南北榜平衡"的手段处理了此次科举大案，平衡了南北政治，还是令人称道的。"南北榜取士"在一定程度上普及了文化教育，提高了落后地区考生的积极性，平衡了政治关系，对于维护国家统一和民族团结起到了积极的作用。这大概也是"南北榜取士"一直延续到清朝的一个重要原因。

洪武十七年（1384），明军其实还发动过第五次北伐。只是这次北伐规模太小，几乎可以忽略不计。关于这次北伐，史料笔记着墨不多，只是说洪武十七年（1384）五月，千户也先帖木儿在西番反叛大明，百户刘林率领士兵迎战，不幸战死。朱元璋派遣宋晟率领凉州部队出关北伐，大获全胜，俘虏了近两万人，包括也先帖木儿。具体的战斗细节史书上没有记载，我们不得而知。

科举刚刚恢复，第五次北伐刚刚结束，洪武四大案中的又一起案件爆发了！

第三十二章 郭桓案发

洪武十八年（1385），郭桓案爆发。

洪武四大案中的空印案和胡惟庸案，其实都是冤案。而郭桓案是一起贪腐案件，涉案金额之大、人员牵涉之广，古今罕见。下面我们仔细聊聊。

朱元璋出身于社会底层，痛恨贪官污吏欺压百姓。得天下之后，他注重整顿吏治，对贪官污吏毫不手软，采用重典，甚至采用剥皮等酷刑，以吓阻官吏贪污腐败。在郭桓案还未爆发前，空印案、胡惟庸案已经先后发生，朱元璋采用重典处理空印案，在胡惟庸案中更是诛杀了数万人，还严密监控朝中百官。就是在这样的政治环境下，还是爆发了郭桓案。

此案到底是如何爆发的呢？

当时，北平布政司、按察司和户部侍郎郭桓相互勾结，暗中将税钞瓜分了。说白了就是省级官员和中央官员勾结，将本该入库的税收私下瓜分了。但可能是账目没做好，一不小心事情败露了。按理说，这些官员应该马上拿出私下瓜分的钱财，立即上缴国库，力求追责的时候从轻发落。

可是，钱财一旦进了这些官员的口袋，他们就不愿意吐出来了。但国库的空缺要补，怎么办呢？

其实在古代，这种事情时有发生。官员私吞了国库的钱粮，上级来查国库时，为了填补国库，官员通常会向当地富户"借"钱"借"粮。为什么这里的"借"字加了引号，相信我不说你也懂的，那是"刘备借荆州——有借无还"。富户自然也不情愿，但是没有办法，只能忍气吞声。

当时有个官员叫作刘汝霖，乃是大名府开州州判。他不去向官员追缴赃粮，也不找富户"借"，反而发文到各乡各村，堂而皇之地让老百姓来填补国库。如此一来，可就炸了锅了，一时之间当地百姓怨声四起，纷纷派人上京告状。

不久，御史余敏、丁廷举向朱元璋告发户部侍郎郭桓，说他利用职权，勾结北平承宣布政使司李彧和提刑按察使司赵全德、胡益、王道亨等人贪污。朱元璋大怒，下令严查此案。不查不知道，一查还真吓一跳，主要情况如下：

第一，私吞太平、镇江等府的赋税。明朝初年，百废待兴，江南富庶，国家税收主要来源于太平、镇江等地。郭桓等人胆大包天，竟然私吞了太平、镇江等地的赋税，却没有一粒米粮上缴。

第二，浙西秋粮按照原则本应该上缴450万石，郭桓等人却只上缴60万石粮食入仓，钞80万锭入库（折算后相当于约200万石粮食），而余下190万石粮食则全被郭桓等人瓜分了。

第三，征收赋税时，巧立名目，征收多种水脚钱、口食钱、库子钱、神佛钱等赋税，中饱私囊。史书上记载，官吏利用征钱粮等机会，肆意搜刮百姓，在征收秋粮的时候，府州县官发放，每米一石官折钞二贯，还巧立名色，取要水脚钱100文、车脚钱300文、口食钱100文；库子又要辨验钱100文、蒲篓钱100文、竹篓钱100文、沿江神佛钱100文。按照这样算下来，地方官员的额外索要早已超过了国家税收的一倍。

郭桓案贪腐的数目到底是多少？

史书上记载，朱元璋曾说：我全部写出来怕大家不信，那么我略写为700万石，再加上其他各项，国家一共损失了2400万石的粮食。明初，国家一年税收也才2900万石左右，若是真被贪腐了2400万石，朱元璋还没有及时发现，岂不是太傻了？所以说，贪腐数额应该不是2400万石，而就是700万石，更为合理。

那么，明明贪腐了700万石，朱元璋为什么说国家损失了2400万石呢？

个人推测，可能是因为元末明初的官场存在虚报数字的现象，一些地方官员为了升迁和政绩，故意虚报数字。因此，2400万石的数字很有可能是各地官员虚报夸大后的数据，其实并没有那么多。

事实上，贪腐700万石粮食的数目已经非常大了，这数字太过抽象，大家或许并无概念，那么我们一起来换算一下。

明朝的一石米约为120斤，如果按平均米价6元/公斤来换算，也就是说一石米相当于现在的人民币360元。那么700万石粮食相当于现在的人民币25.2亿元，可见贪腐金额之大，史上罕见。

郭桓案到底牵涉了多少人？

朱元璋令审刑司吴庸严查此案。经严查，由户部牵涉出六部，连礼部尚书赵瑁、刑部尚书王惠迪、兵部侍郎王志、工部侍郎麦至德等人均牵连在内。前面说过，国家税收都是由地方上报给户部的，单单一个户部不可能犯下这样的弥天大案。官员们接着顺藤摸瓜，又由户部牵连出全国的十二个布政司，再由布政司牵扯出了州府，又由州府牵扯出了全国各县，各县又牵扯出各乡、各村。如此一来，涉案人员不计其数，贪腐程度史上罕见。

按理说，贪腐之事知道的人越少，"安全性"越高，各人分的钱粮也越多。这郭桓倒是个"人才"，反其道而行之，不贪则已，一贪惊人，竟然将全国大部分官员拉下水了。户部钱粮报表来自布政司，若不拉布政司一起贪腐，那么户部贪腐多少，实入库的数目就会少多少，和应入库的数目对不上，贪腐行为立马暴露；因此，户部想要贪腐，必须拉布政司下水。同理，布政司也要拉州府下水，州府也要拉县下水。可是有一点让人想不通，户部好好的为什么要拉吏部、礼部、兵部、刑部、工部下水呢？难道也需要他们配合吗？或许其他五部也要交报表给户部。

纵观整个明朝二百七十多年历史，其实挺有意思。那些读书人通过科举入朝为官，大都挺有骨气，明知道有些话皇帝不爱听，说了会打板子，但是他们上朝还是直言进谏。最为典型的人物就是海瑞了，明明知道有些话说了会人头落地，但还是抬着棺材上朝骂了嘉靖皇帝，结果被关进了监狱，有效期是永久。

有些人认为这些读书人死脑筋，不会变通，不够圆滑；但是更多的人敬佩他们不畏强权，坚持原则，敢于直言进谏，乃是当世楷模。所以那些读书人骂了皇帝挨了打后，往往名气飙升，一夜之间便成了"网红"，成了百姓心中的英雄、膜拜的偶像。

海瑞抬棺骂嘉靖，嘉靖皇帝非常生气，却没有杀海瑞，而是将其打入大牢。其实这嘉靖皇帝非常聪明，若是斩杀了海瑞，虽说痛快一时，但是会成就海瑞的一世美名（不过这美名的代价有点大）。

直言进谏骂皇帝就能引来"流量"，就能一夜爆红，科举入朝的"书呆子"们纷纷跃跃欲试，排着队要骂皇帝（明朝皇帝似乎有点悲哀）。不过这一夜爆红还是有一定风险的，若是惹怒皇帝，被重打六十大板，卧床半年，也还算马马虎虎、说得过去；若是尺度没拿捏好，或是皇帝今天心情不好，有人还要撞枪口上，结果被斩首示众，那就呜呼哀哉了。

这些"书呆子"也很聪明，深知"法不责众"这个道理，于是想到了一个办法。一个人直言进谏，也许会被皇帝打六十大板，那么就拉着六部官员一同进言。皇帝就算生气，看在六部官员都在的分上，或许板子就不打了；即使要打板子，本来是一个人挨六十大板，要卧床半年，现在六个人见者有份，一人挨十大板，躺一星期就好。这么算下来，若是拉上六十个官员一同进言，那么岂不是一人挨一大板就够了？

或许郭桓就有这种"法不责众"的想法：我一个人贪，肯定要被你朱元璋杀头，那么我就拉着满朝文武一起贪，难道你朱元璋要把满朝文武都杀了吗？若是都杀了，谁来帮你管理国家呢？

郭桓倒是个厉害的角色，将了朱元璋一军，他相信朱元璋肯定会妥协的。不过，他还是小看了朱元璋。

吴庸将此案调查清楚后，写了份详细的调查报告给朱元璋。朱元璋看到这样遍腐式的滔天大案，终于彻底愤怒了。他毫不妥协，下了一道命令，要将六部左右侍郎以下官员全部斩杀，被斩杀人数上万。

> 自六部左右侍郎下皆死，赃七百万，词连直省诸官吏，系死者数万人。
>
> ——《明史》

意思是说，从六部左右侍郎以下，直隶和各省有好几万人牵涉在内而被杀。

一人贪污，我杀一人。

一百人贪污，我杀一百人。

若是满朝文武都贪污，那我就杀光满朝文武。

这就是朱元璋惩治贪腐的决心！

这不敢说后无来者，但绝对是前无古人。

朱元璋还不解气，还要向贪官的家人和亲戚追缴所有的赃粮。

这招很绝！贪官们贪腐的钱粮，不管你如何转移，哪怕转移到七大姑八大姨那里都不行，都要追缴！光是贪官就有数万人被杀，那么跟贪官沾亲带故被追缴的恐怕有几十万人，甚至几百万人……

核赃所寄借遍天下，民中人之家大抵皆破。

——《明史》

意思是说，窝赃的人遍布天下，全国中产阶级大多数因追赃而破产。

不管有多少人贪污，朱元璋一定要彻查到底；不管涉及谁，朱元璋一定要将他绳之以法，这种治贪精神值得世人称颂。

不过，当时有些人却不这样认为，他们认为朱元璋玉石不分，说他惩治郭桓案打击面太广，有些好人也被冤枉了。

可是，朱元璋却不以为然。他还专门写文反驳这些人，说你们看朕惩治贪官的时候，觉得朕太过严厉，于是你们有些人跑来替这些贪官说情，说他们是无辜的。你们为什么不看看这些贪官在侵占百姓财产的时候，为什么没有恻隐之心呢？如果这些官员对老百姓真有一点恻隐之心的话，那么就不会跟其他贪官同流合污，在贪官向百姓敛财的时候，就不会签字画押，而是出面喝止，或者举报。可是这些官员当时视而不见，事发后却说三道四，有诸多理由。跟贪官同流合污，又和贪官有什么分别呢？

涉事官员都要追责，贪腐的赃粮也要全部追缴，这本是天经地义的事情，然而在现实操作中却有不妥之处。大家可以试想一下，涉案人员如此之多，被追缴赃粮的家庭更是数不胜数，再加上有些不法官吏在追缴过程中趁机落井下石，敲诈勒索，民间中产家庭纷纷破产，搞得全国骚动，民怨沸腾。

朱元璋是个聪明之人，知道再这样追缴下去，势必影响大明的江山社稷，于是一看情势不妙，便开始"甩锅"，将责任全部推给了审刑司吴庸。为了平息民怨,他将审刑司吴庸斩杀,并称折算赃粮实有2400多万石,追缴赃粮一事就此宣告结束。

没有想到,郭桓案中最后一个被斩杀的官员竟然是追查此案的主要官员,呜呼哀哉!

朱元璋非常聪明,不仅大力治贪,而且还完善机制,预防腐败,从源头上解决问题。郭桓案后,朱元璋将记账的汉字"一、二、三、四、五、六、七、八、九、十、百、千"改为"壹、贰、叁、肆、伍、陆、柒、捌、玖、拾、佰、仟",以此杜绝贪官污吏通过篡改数字贪赃枉法。

郭桓案确实是个贪腐的大案。贪腐金额之大、牵涉人员之广,史上罕见,令人触目惊心。朱元璋要对全部涉事官员追责,还要追缴全部的赃粮,出发点当然是好的,也有一定道理,但是并不具备可操作性,毕竟打击面实在太广,一旦控制不好,便会矫枉过正,影响社会稳定。

韩铎案

郭桓案爆发后不久,大明的建设部门,也就是工部也出问题了,发生了一起贪污大案。工部管理着大明的建设项目,自古以来,有工程的地方容易有贪腐,所以工部也是贪腐的重灾区。

这贪污大案的罪魁祸首是工部侍郎韩铎。此人是洪武十五年(1382)进入官场的,起点还比较高,担任吏科给事中一职。

这吏科给事中是做什么的呢?

吏部是考核和提拔官员的,给事中是监督吏部的,说白了类似于入驻组织部门的一名官员。按理说,你是入驻组织部门的,应该监督组织部门在官员考核提拔中的公平公正问题,这韩铎倒好,不但不监督,而且还和礼部尚书与皇帝身边的人私下串通一气,跑官卖官,想要蒙混过关。案发后,法司要将他问斩。朱元璋见他颇有才干,又念他是初犯,于是网开一面,改为流放云南,后来又到工部当了个小官。

是金子到哪里都会闪光,心术不正之人到哪里都会搞事。韩铎城府很深,工于心计,到了工部正事不干,专门暗地里收集各位上司贪污的不法证据。因为各位上司有把柄握在他的手中,所以韩铎虽然职位不高,但是在工部分量很重,活儿没干多少,升迁倒是很快,没过几年便升到了工部侍郎。当了侍郎以后,他胆子更大了,跟底下那帮贪官污吏沆瀣一气,结党贪污。

本来为国家工程做工的工匠们是国家劳役,他却利用职权卖放工匠。他让手下暗中跟这些工匠索贿,然后将行贿的工匠直接放回,再去寻些工匠来补这些缺位。古代科学技术落后,大的工程所需工匠成千上万,每次卖个几百上千,别人发现不了,而这些贪官污吏却能从中获利很多。史书上记载,洪武十八年(1385)他们一次卖放木瓦匠1500名、土工300名、木匠500名、木舣匠150名,从中获利13,350贯钱,韩铎一人就分得4300贯钱。

这样说太抽象了,这里给大家换算一下。根据《日知录》记载,洪武十八年(1385)朱元璋曾规定,一石米5贯钱。明朝的一石米大概相当于120斤,如果按平均米价6元/公斤来换算,一贯钱的购买力相当于人民币72元。那么这次卖放,韩铎相当于分得309,600元。

大家想想,一次卖放就得到这么多钱,每个工程不止卖放一次,国家又有那么多工程……

还有一次,有一批90万斤的木炭要入国库,可是当时找不到搬运工,于是就放在原地没有入库,结果一放就是两个月。两个月后,官员找到搬运工了,准备将这些木炭入库,可是韩铎觊觎这些木炭,认为事情都过去这么久了,这点木炭朱元璋早就抛之脑后了,于是就只入库了9万斤,把其余81万斤私分了。

韩铎这胆子也太大了,自己和下面的贪官污吏吃肉,骨头都没留给朱元璋，让他直接喝汤。

案发后，锦衣卫将这韩铎一查，发现有来源不明的巨额财产。当时明朝没有"巨额财产来源不明罪"，于是将其抓到天牢，先是一套组合拳，还没奉送他酷刑"VIP大礼包"，韩铎就和盘托出，全部招认了。最后，韩铎被判死罪，犯罪同伙全部定罪入刑。

如此一来，工部也差不多一扫而光。

洪武三十年（1397），又爆发了一起贪腐案件，而且犯案者身份非常特殊，乃是当朝驸马，叫作欧阳伦。那么朱元璋又该如何处置呢？

前文提到，洪武年间，盐是用来引导百姓往边境运粮的；而茶是用来跟西部少数民族进行贸易的，可以换取马匹。所以这盐和茶都受朝廷管控，民间百姓不得私自贩卖。

因为茶马贸易存在着巨大的利益，所以有些人不惜铤而走险，私下贩卖茶叶。这欧阳伦乃是当朝驸马，按理说不愁吃穿，没必要去贩卖私茶。或许是贪欲使然吧，没想到他也加入了这个队伍，史书上说他"数遣私人贩茶出境"。

洪武末年，朝廷茶禁越来越严，很多人见苗头不对，便洗手不干了，想避避风头再说。没想到这欧阳伦自恃当朝驸马，不但不收敛，而且还明目张胆、大摇大摆地继续干着贩卖私茶的勾当。用现在的话讲，这就是顶风作案。可是他乃当朝驸马，身份显贵，当地官员谁也不敢过问。

"不作死就不会死。"有一次，欧阳伦的家奴周保带队贩卖私茶，十分嚣张，竟然让官府为他准备数十辆马车，专门用来运送私茶。当车队路过河桥巡检司的时候，当地巡检司的小吏上前检查。这周保跋扈至极，不但不配合检查，而且竟然当场殴打、侮辱巡检司的小吏，然后扬长而去。

别人贩卖私茶，都是偷偷摸摸的，你这厮竟然如此高调，还敢动手打人！这巡检司的小吏越想越气愤，于是便写了一封举报信，上报给朱元璋。

朱元璋大怒，当即下令赐死驸马欧阳伦，并将周保等人全部诛杀。

这驸马欧阳伦的妻子乃是安庆公主，安庆公主又是马皇后嫡出之女，身份非同寻常。朱元璋作为皇帝，手握生杀大权，完全可以放欧阳伦一马。但他宁可让女儿守寡，也要大义灭亲杀了欧阳伦，此举令人佩服。

洪武末，茶禁方严，（欧阳伦）数遣私人贩茶出境，所至绎骚，虽大吏不敢问。有家奴周保者尤横，辄呼有司科民车至数十辆。过河桥巡检司，擅捶辱司吏。吏不堪，以闻。帝大怒，赐伦死，保等皆伏诛。

——《明史》

无论是户部和工部的贪腐案，还是驸马欧阳伦的走私案，朱元璋都采取重典，目的是告诉天下臣民，不管是谁犯法，我都绝不姑息，严惩不贷；同时警示百官切不可铤而走险，走上贪腐之路，从而打造出一支廉洁奉公、勤政为民的官员队伍。可事实上，空印案和郭桓案结束之后，明朝的贪官还是像野草一样，烧也烧不尽。最后连朱元璋自己也感叹："朕一心想要清除贪腐，奈何早上杀了，晚上却又有犯的！"

前面说过，明朝官员的俸禄可以说是中国古代历史上最低的。朱元璋治贪的力度空前绝后，但是明初的贪官层出不穷，有些人认为原因并非在于治贪力度不够，而是明初官员的俸禄太低了，很难养活家人，而恰恰这些官员手中又有权力，所以铤而走险，冒险贪腐。言外之意还是怪朱元璋没有"高薪养廉"的思想。

这种观点是失之偏颇的。治贪力度大，治贪效果却不尽如人意，原因有很多，并非没有"高薪养廉"那么简单。即使采取重典治贪，天下也不可能全是清官。

朱元璋眼里揉不下沙子，一番感叹后，就此认为他的重典治贪是徒劳的，这种想法也不可取。《明史》中有这样一句评价：

> 一时守令畏法，洁己爱民，以当上旨，吏治涣然丕变矣。
>
> ——《明史》

意思是说，洪武时代，当地官员畏惧法律惩处，廉洁爱民，贯彻落实朱元璋的意图，官员队伍的面貌焕然一新。

从这里可以看出，朱元璋重典治国的成效还是很显著的。

郭桓案爆发时，马皇后已经去世将近三年了。在这三年中，朱元璋时常想起马皇后，尤其是举起屠刀杀人时，眼前总会浮现出以前马皇后劝诫自己的画面。然而，朱元璋还没有从马皇后去世的阴影中完全走出来，又有一个对朱元璋来说极为重要的人物去世了。

第三十三章　徐达之死

洪武十五年（1382）八月，马皇后去世，朱元璋悲痛欲绝，哭得像个孩子。三年后，朱元璋还没有彻底摆脱悲痛，他一生中最要好、最信任的发小徐达也走到了生命的尽头。徐达的病逝对朱元璋的打击非同小可，他哭得痛彻心扉，一连几日没有上朝。

史书上记载：

> 明年（1385）二月，（徐达）病笃，遂卒，年五十四。帝为辍朝，临丧悲恸不已。
>
> ——《明史》

纵观徐达一生，跟着朱元璋南征北战，战功赫赫，为大明王朝立下了不朽的功勋，乃是明朝开国第一功臣，亦是朱元璋的"万里长城"。或许在徐达眼中，朱元璋就是他最好的朋友，为了朋友他甚至可以付出宝贵的生命。更难能可贵的是，徐达为人十分低调，从不居功自傲，这点让朱元璋十分满意和放心。

话说开国后，朱元璋闲来无事，时常约徐达在莫愁湖边下棋。徐达虽然棋艺高超，但是每次下棋总以失败告终。其中的道理不难明白，乃是徐达有意让着朱元璋，不过朱元璋却没有察觉。主要是徐达这人处事非常高明，虽然让着朱元璋，却不明显，让人很难察觉。有时朱元璋下了一个陷阱，徐达便故意装出一副浑然不知、误入陷阱的模样，借机输给朱元璋，使得龙颜大悦。可是，时间久了，朱元璋还是觉察出来了。

有一次，朱元璋又在莫愁湖边摆下棋局，召见徐达下棋。

开局前，他还特地下旨，要求徐达必须拿出真本领来对弈，决不能糊弄自己。徐达闻言后，只得硬着头皮与朱元璋对弈。徐达一边走，一边想："皇上今日有言在先，我若是再让，输了棋局，怕是有欺君之罪；我若是拿出真本事赢了棋局，这皇上喜怒无常，一不小心惹恼了他，可如何是好？"这盘棋一直从早晨下到中午，都未能分出胜负。

正当朱元璋下了一手好棋，连吃徐达两子，洋洋自得之时，徐达却不再落子。朱元璋以为徐达束手无策了，得意地问道："徐兄为何迟疑不前啊？"徐达闻言后，扑通一声跪倒在地，答道："请皇上细看全局。"朱元璋闻言后，十分纳闷，低头仔细一看，这才发现棋盘上的棋子已经被徐达摆成了"万岁"二字。

朱元璋见此，龙颜大悦，当即便把此处楼宇连同莫愁湖花园一起赐给了徐达，这座楼便是后来的胜棋楼。

这个故事真伪难辨。史书上记载，徐达每年春天出征，冬天回来，回朝后立即归还帅印，然后带薪休假。每次凯旋归来，他从不跟人炫耀，总是轻车简从，礼贤下士，十分低调。每次和朱元璋对饮，双方都十分开心，朱元璋更是称他为兄弟，但是徐达并没有因此狂妄自大，反而更加恭敬。

有一次，朱元璋见徐达没有府邸，便对他说道："兄弟，你战功卓绝，却没有府邸，今日朕便把这旧府邸赐给兄弟，如何？"

按理说，皇帝亲赐豪华别墅，而这个豪华别墅还是皇帝之前住过的，这代表着莫大的恩宠，一般人定是受宠若惊，就地跪倒，谢主隆恩。没想到，徐达却坚决不要。

朱元璋见徐达坚持不受，便不再强求。

一日，朱元璋邀请徐达到自己的旧府邸饮酒。二人把酒言欢，喝得十分痛快，不知不觉徐达被灌得酩酊大醉。朱元璋命左右之人将他抬到殿内，盖上被子就寝。半夜徐达一觉醒来，头还有些晕乎乎的，问道："这是何处？"

奴婢回道："旧内。"

徐达顿时酒醒，连忙起身，跪倒在台阶上朝北拜了三拜，这才转身离去。

这事传到朱元璋耳边，朱元璋非常高兴，于是命人在殿前专门给徐达造了一座豪宅，并将这条街赐名为"大功"。

皇帝贵为九五至尊，至高无上，但也是最孤独的，很难有真正的朋友。在朱元璋的心里，或许徐达就是他的好朋友吧。

这样的好朋友病逝后，朱元璋能不伤心吗？慢慢地，他的眼睛有些湿润了，不由得想起种种过往。

那年，自己和徐达、汤和等一群小伙伴给地主放牛，日子虽然清苦，却很快乐。有一次肚子饿了，还把小牛给烤了吃，最后自己被地主打了一顿。

那年，自己投靠红巾军后，奉郭子兴之命回乡招兵，徐达第一个兴高采烈地前来投奔，还带了一群人。

那年，郭子兴不按套路出牌，将孙德崖扣住，结果孙德崖的部下将自己绑了，并扬言要杀了自己为孙德崖报仇。关键时刻是徐达挺身而出，替自己做了人质，经多方调解，最终二人安全归来。

那年，攻拔采石，三打集庆，徐达作战勇敢，奋不顾身，功不可没。

那年，自己和徐达率部合围常州，张士诚领兵来救，锐不可当。徐达在十八里处设下埋伏，自己率军与张士诚军正面交锋，徐达率兵从侧面攻击敌人两翼，大获全胜。

那年，自己和张士诚大战。徐达命令赵德胜攻打常熟，并在路上设伏生擒英勇善谋的张士德，大大地打击了张士诚的士气。

那年，赵普胜智勇双全，坚守安庆，久攻不下。徐达使用离间计，使陈友谅误杀赵普胜。

那年，陈友谅坐镇安庆，重兵反攻池州。徐达摆下空城计，只留老弱病残守池州，而自己率领精锐埋伏在其必经之地。待陈友谅大军到时，伏兵尽出，内外夹击，大获全胜。

那年，自己与陈友谅在康郎山大战。当时陈友谅军船高舰大，人多势众，来势汹汹。徐达临危不乱，一马当先，率领诸将冒死闯阵，奋勇杀敌，一举击败陈友谅前锋，首战告捷，士气大涨。

那年，自己与陈友谅在鄱阳湖大战。徐达采取群狼战术，率领诸将协同作战，拼死杀敌，顷刻间便吃了对方一艘巨舰，大大打击了敌人的嚣张气焰，鼓舞了士气。

那年，刘福通拥韩林儿退至安丰，结果被张士诚部将吕珍围攻，危在旦夕。徐达奉命驰援，大败吕珍，并救出韩林儿。

那年，自己讨伐张士诚，徐达领兵攻打泰州新城，围城打援，血战月余，这才攻克泰州。

那年，自己与张士诚在平江大战。平江城高墙厚，固若金汤，徐达领兵合围，数月攻之不克。他鼓励士兵不要气馁，艰苦作战，这才攻破平江。入城后，部队纪律严明，对百姓秋毫无犯，被百姓广为颂扬。

那年，自己在南京登基称帝。徐达率领大军北伐，势如破竹，攻克大都，吓得元帝连夜逃走，改写了历史，建立了不朽功勋。

那年，自己欲将旧府邸赐给徐达，他却坚决不要。后来自己将他灌醉，盖上被子，抬到殿内就寝。没想到徐达半夜酒醒，起床跪在台阶上朝北拜了三拜，便转身离去。

....

想到这些，朱元璋早已双眼模糊，再也压抑不住自己的情感，放声痛哭起来："你们一个个都走了，就剩下我一人孤零零地活在这世界上，往后的日子让我怎么过呀？下次北方再有警情，谁来替我分忧啊？"

那一夜，他又哭得像个孩子。

第二天醒来，他还沉浸在悲痛中，无心上朝，于是宣布辍朝，在文武百官面前痛哭流涕："老天爷啊，你为什么要夺走朕的良将啊！"朱元璋亲自参加了徐达的葬礼，还追封他为中山王，配享太庙。

徐达之死，代表明朝武将一个时代的结束，当然也是另一个时代的开始！

那么，另一个时代的武将引领者又是谁呢？

第三十四章 后起之秀

朱元璋建立明朝后，一直认为北元是最大的敌人，前后进行了五次北伐，大获全胜，俘虏了不少元人，也顺便帮元顺帝"搬了几次家"。后来，元顺帝也死了，不过这对北元并没有造成致命的打击。

继位的北元皇帝叫作爱猷识里达腊，是元顺帝的长子。他认识到了明军的强大，知道正面对战肯定不行，于是采取了灵活多变的游击战术，逢年过节就到边境骚扰一下，抢掠些财物回家过年；一看明朝大军压境，就转身逃跑。

北元在敌强我弱的情况下，采取游击战术袭扰明朝边境，无疑是个高明的策略。一方面，可以抢掠自己需要的物资，补充队伍；另一方面，又能拖住明朝的发展，为自己的发展壮大赢取时间，然后再找机会跟明军一较高下。

北元的这点小伎俩对朱元璋来说，就是"关公面前耍大刀"，哪里瞒得了他？于是，朱元璋决定再次北伐，彻底消灭北元的有生力量，俘虏北元皇帝，让他们永世不得翻身。

既然要北伐，那么第一个问题就来了：谁来当主帅，领兵出征呢？

当时是洪武十九年（1386）年末，常遇春和邓愈早就病逝了，李文忠和徐达也走了，冯胜已是垂暮之年，虽然饭还能扒拉几口，但是已经不适合挂帅出征了。朱元璋开始搜索身边战斗经验丰富的年轻将领，最后终于锁定了蓝玉。

对于蓝玉，《明史》中有一句很高的评价，说他作战勇猛，身先士卒，每战必胜。

临敌勇敢，所向皆捷。

——《明史》

显然蓝玉和沐英一样，都是金子，一直闪着金光，可惜一直没有挂帅。原因前文已经说过了，明初名将太多，论资历、论能力都轮不到他。不过，现在情况不同了，名将们死的死，老的老，已经没有合适人选，蓝玉终于等来了表现机会。

沐英在云南迎来了一生中的高光时刻，蓝玉的高光时刻终于也要开启了！

下面先简单介绍一下蓝玉。

蓝玉，安徽定远人（淮西集团的成员），是朱元璋的老乡，自然也是朱元璋的嫡系，更重要的是他还有一个特殊的身份加持，乃是开平王常遇春的妻弟。这个身份可不是一般人能有的。

他一开始投军的时候，便在姐夫常遇春帐下效力，作战勇敢，有大将之才。最重要的是背靠常遇春这棵大树，所以他参军时起点很高，不久便当了管军镇抚（六品）。

这蓝玉做事有勇有谋，打起仗来也不含糊，每次都身先士卒，勇猛过人，很受常遇春器重。常遇春倒也举贤不避亲，几次三番在朱元璋面前夸奖蓝玉。蓝玉在军中多次立下战功，又有常遇春这个姐夫的推荐，后来升任大都督府佥事（从三品）。

洪武三年（1370），朱元璋大封功臣的时候，六公二十八侯并没有蓝玉的份。这也不难理解，当时名将如云，而且蓝玉资历尚浅，根本就轮不到他。后来，蓝玉先是跟随傅友德进攻四川，攻克绵州，又跟随徐达北伐，率领骑兵屡败扩廓帖木儿，屡立战功。洪武十一年（1378），他又和沐英一起赶到西蕃平定叛乱，立下大功，回来后才被朱元璋封为永昌侯，当时的俸禄为2500石。

要知道，洪武三年（1370）朱元璋大封功臣时，侯爵的俸禄大都是1500石，六公中后面四位也才3000石。虽然说七八年过去了，物价难免上涨，但是蓝玉的俸禄都快赶上公爵了，由此可见这永昌侯可不一般啊。

蓝玉后来又和沐英一起平定云南，战功突出，又加过一次俸禄（增禄500石），也就是达到了3000石，在洪武三年（1370）的时候，这已经是公爵的待遇了。

这些年，蓝玉战功不小，爵位不低，不过一直当副手，跟随别人出征。这次，他终于等来机会当主帅，兴奋不已，一宿没睡，并暗暗发誓，此次北伐，一定要生擒北元皇帝，彻底消灭北元。

他要完成徐达和常遇春都没有完成的任务，要让天下人好好看看，谁才是真正的强者。

可是没想到，此次北伐蓝玉最后还是当了副职。

说好的主帅怎么又没了呢？蓝玉心中自然有些不满，想找朱元璋理论一番，可是当他听到主帅的名字时，便不吭声了。因为主帅乃是冯胜，开国六公之一，朱元璋还是决定任命他当主帅。

当时，北元太尉纳哈出拥兵数十万人，占据松花江以北广大地区，成为明朝边境的大患。

说起这纳哈出，乃是元朝开国功臣木华黎的后人。朱元璋起兵渡江攻占太平时，俘虏过元朝守将纳哈出。朱元璋挺欣赏这纳哈出，想要劝降，可是他当时刚刚起义，没成气候，纳哈出哪里瞧得上，于是拒绝了。朱元璋思前想后，最后还是放走了纳哈出。没想到纳哈出回去后，在辽东一带发展势力，越来越大，竟然做到了太尉。

要想彻底解决北元，就要消灭其有生力量，必须铲除纳哈出。

蓝玉北伐

洪武二十年（1387）正月初二日，朱元璋命宋国公冯胜为征虏大将军，颍国公傅友德、永昌侯蓝玉为左右副将军，率领二十万大军北伐出征。

朱元璋是个军事天才，每次北伐都要耳提面命，亲自部署一番，这次也不例外。

出征前，他亲自制定北征方略，叫来冯胜，嘱咐道："此次北伐，你率领大军驻守通州，先要派遣哨兵暗中察看元兵有无出没，若是元兵出现在庆州，那么立即派遣轻骑兵主动出击，打他个措手不及。一旦攻克了庆州，那么就可以率领全军，全力攻击金山，到时候纳哈出必将被擒。"

这又不是演戏，你想怎样就怎样啊？冯胜心中不免有些疑惑，但是脸上却不敢流露半分，只是不断地点头称是。

而后来发生的一切，正如朱元璋导演的一般，令冯胜叹服。

二月初三日，冯胜率领大军抵达通州后，并不贪功冒进，而是按照朱元璋的部署，先是派了小股侦察兵前去庆州侦察，果然不出朱元璋所料，还真发现庆州有大量元兵驻屯。

既然庆州有元兵，按照朱元璋的部署，就要立即派遣轻骑兵攻其不备。明军将领中，善于运用轻骑兵千里奔袭搞突袭的就要数常遇春和蓝玉了。冯胜当机立断，立即让蓝玉率领轻骑兵主动出击。

当时正值隆冬时节，庆州大雪，冻得将士们手脚发麻，路上更是白雪皑皑，行军都难，更别说打仗了。当时，不少将士见天气恶劣，并不看好此次出击，私底下议论纷纷，不过蓝玉却不说话，只是静静地看着这鹅毛般下个不停的大雪，慢慢地，他的耳边似乎响起了喊杀声，眼前似乎浮现出当年李愬雪夜入蔡州的场景。

当年天降大雪，温度极低，有些人甚至冻死在路边，就在这种恶劣天气下，李愬力排众议，冒雪入蔡州突袭叛军，将敌人杀了个措手不及，大获全胜。今日又是这般天降大雪，岂非天意？我辈当效仿当年李愬，率军冒雪突袭庆州，定能杀得元军措手不及，人仰马翻。

此时不杀，更待何时！

蓝玉做好战前动员后，率领部队冒雪连夜奔袭，第二天一早便到了庆州城下。

当时，元兵见天降大雪，冻手冻脚，便偷懒打盹，毫无防备，结果一见明军突然间兵临城下，如天降神兵一般，个个吓得面如土色，无心恋战，四下逃散。蓝玉率领明军乘胜追击，大获全胜，还俘虏了不少元兵。

月黑雁飞高，单于夜遁逃。

欲将轻骑逐，大雪满弓刀。

冯胜得知后大喜，连忙率领主力出松亭关（今喜峰口北），一路上势如破竹，攻占大宁后，与蓝玉兵合一处，留守五万兵马，率领其余人马全部浩浩荡荡杀向金山，与元军决一死战。

在挥师压向金山前，冯胜先派了一个人前行，这个人叫作乃刺吾，曾是纳哈出的部下。

冯胜这招乃是出征前朱元璋教的，叫作先礼后兵。先让乃刺吾前去劝降，若是劝降不成，再一决高下。

十五万明军浩浩荡荡压境，声势自然非同小可。纳哈出已经接连吃了好几个败仗，士气本来就不高，一听大军压境，元军内部开始出现了分裂，有些胆小的人直接率部投降了。

这时候，乃剌吾也到达纳哈出的大营，说明军声势浩大，锐不可当，要是对抗到底，只有死路一条。这乃剌吾的口才不错，经他这么一说，纳哈出内部更加混乱了，不少人动摇了，有了降意。不过，纳哈出当时手下将士不少，所以他还犹豫不决，对乃剌吾的说法也是将信将疑。

纳哈出灵机一动，想到了办法，说自己对蓝玉的敬仰有如滔滔江水连绵不绝，又如黄河泛滥一发不可收拾，为了表达敬意，决定前去明营献马。这话说得好听，其实是想找个机会前去明营探探虚实，再做决定。

蓝玉不傻，知道他葫芦里卖的是什么药，不过还是爽快答应了。

有道是"聪明反被聪明误，偷鸡不成蚀把米。"纳哈出这边前去献马探听虚实，那边乃剌吾也没闲着，趁机一一走访了纳哈出的部下，说将军你英明神武，可惜明珠暗投，埋没了人才；如今这天下大势，元朝已经是强弩之末，大明才是天命所归，不如将军弃暗投明，归降大明，我保你一生荣华富贵。说完，他还借机宣讲明军优待俘虏的政策，做起了各位将军的思想工作。

这些将军如今谁还看不清天下形势？而且老吃败仗，垂头丧气，现在经乃剌吾这么一说，竟然全被说动了。等纳哈出回来，发现军心早已动摇，没法与明军对抗了。又过了几日，重要部将观童也投降明军了。纳哈出见无力回天，长叹一声，罢了罢了，只得率部投降。

这二十万人投降可不是小事，而且空口白话，口说无凭，蓝玉担心今天纳哈出说投降，明天明军一走，他们又反叛，那可如何是好？纳哈出也有后顾之忧：现在你蓝玉开出很多优惠条件，说只要投降，官职可保，而且还有荣华富贵可享；若是自己投降后，朱元璋翻脸不认人，撤了自己的官职，将自己调离部队，那自己到时候岂不是成了砧板上的肉,任人宰割。

双方一合计,准备搞个隆重的"投降仪式",草拟一个"投降合同",写明双方的权利和义务,任何一方违约,都要加倍偿还。"合同"签订后,双方肩并肩、手拉手地去吃饭喝酒,岂不开心。不过没想到弄巧成拙,竟然出了个意外。

这仪式地点自然选在明营,顺便挑了个黄道吉日,到了那天,纳哈出带上几百号人前去明营参加仪式。蓝玉见纳哈出如约而至,十分开心,连忙跑到外面,挽着他的手,将他迎进营房大帐,并设下盛宴款待。

当时,纳哈出十分感动,气氛非常融洽,不过却被蓝玉的一个动作给破坏了。

纳哈出斟了满满一杯酒,端起酒杯来到蓝玉跟前,向蓝玉敬酒,想借这杯酒感谢一番。

蓝玉自然欣喜,连忙脱下战袍,想要给纳哈出披上。按理说,蓝玉这一举动是友善的,也是为了表示自己的亲近之意,不过却弄巧成拙,被纳哈出拒绝了。

为什么呢?

蓝玉忽略了一点,纳哈出是元军将领,服饰与明朝将领不同,眼下又是来投降的,所以在纳哈出的眼中,现在让我改穿战袍,是对我的一种侮辱,于是他拒绝了。

蓝玉见他推却,还以为他是跟自己客气,又继续上前让他穿上,说:"你先穿上这战袍,我再喝酒不迟。"

纳哈出推却,说道:"你先把这酒喝了,我再穿这战袍。"

按理说,人家纳哈出上门来投降,是客人,应该给他个面子,先喝酒再让他穿上战袍,继续喝酒吃肉,然后签好"合同",皆大欢喜便是。可是,蓝玉的愣劲儿上来了。有些人说,这就是蓝玉性格上的缺陷,注定日后悲剧收场。

蓝玉又说:"你要是不穿这战袍的话,这酒我也不喝了。"

本来二人推来推去倒也没什么，现在蓝玉此言一出，搞得两人像是彼此争长短一样，气氛顿时尴尬起来。

没想到这纳哈出性子也直，毫不退却，说道："你要是不喝，我就不穿。"

如此一来，这件事便成了一个死结，谁也解不开。一个端着酒杯，一个拿着战袍，谁也不肯让步，就这样僵持着，场面尴尬极了。

徐达是解开这种死结的高手。当年在和州，朱元璋准备送走孙德崖等人，结果郭子兴一时犯了浑，竟然抓了孙德崖，结果孙德崖的部下也急了，当场绑了朱元璋。

后来双方经交涉，达成一致意见，用朱元璋来换孙德崖。郭子兴要孙德崖手下先放朱元璋，然后自己再放孙德崖；可是孙德崖的手下不答应，要求先放孙德崖，再放朱元璋。就这样，双方陷入了死结。幸好最后徐达挺身而出，先拿自己当人质去换朱元璋，才解开了这个死结。

此时要是徐达在场的话，这个结肯定能解开，可惜徐达早就不在了。

纳哈出与蓝玉起了争执，二人谁也不肯退步。

蓝玉你爱怎么着就怎么着，老子不玩了，打道回府！纳哈出最后火气一上来，直接将酒杯摔在了地上，带了随从转身便走。

蓝玉当时就"蒙圈"了，一时之间没反应过来。这时，有人反应倒是很快，立即站出来了，不过他不是来解围的，而是来火上浇油的。这个人是郑国公常茂，乃是常遇春的儿子，也就是蓝玉的外甥。

看过《大明英烈》的朋友一定知道，这本书中的第一猛将是常茂。此人力大无穷，手握兵器禹王槊，打起仗来足智多谋，人称"无敌大将雌雄眼"。他一辈子纵横天下，少有对手，战功赫赫，被封为孝义永安王。

演义小说并非真实的历史。其实，常茂的武艺和功劳并不突出，与常遇春相差太远，不过脾气倒是很大，估计是他父亲常遇春遗传的。

他见舅舅蓝玉吃了亏，哪肯罢休，当即二话不说，提刀上前便砍。

纳哈出武将出身，身手不凡，听见背后有风声，便知不好，连忙侧身闪过，虽然避开了要害，但是手臂还是被砍伤了，鲜血直流。众人一拥而上，胁迫纳哈出去见大将军冯胜。纳哈出的随从们见状，吓得逃散出去。

本来蓝玉和纳哈出起争执，只是"嘴炮"而已，现在常茂这一闹，变成了斗殴，事态直接升级。

当时，纳哈出带的几百名随从还在外面候着，一听里面有了动静，纷纷拔刀。明朝将士见状，也纷纷拔刀对峙，场面眼看就要从二人斗殴升级为群殴了。这群殴要是一上演，纳哈出是活不了了，也别指望二十万元兵投降了。就在这千钧一发之际，有人让双方保持冷静，说完连忙扶着纳哈出去见主帅冯胜。

冯胜见纳哈出情绪激动，嘴里叫骂个不停，稍微一了解，便知道了事情的来龙去脉，连忙好言安慰纳哈出，让他平静下来。这时，纳哈出的二十万部下也得到消息，误以为纳哈出赴了鸿门宴，被杀掉了，气愤不已，纷纷扬言要为他报仇雪恨。冯胜得知情况后，连忙派降将观童前去纳哈出妻子那里解释，还好纳哈出还在明军手上，对方也不敢轻举妄动，最后被迫归降。史书上记载，纳哈出二十余万人全部投降。

> 胜遣观童谕之乃降，得所部二十余万人，牛羊马驼辎重亘百余里。
>
> ——《明史》

本来这事到此为止，也就结束了，可是经常茂这么一闹，又起了变化。在明军凯旋归来的时候，冯胜让濮英率领所部兵马殿后，结果被纳哈出部队偷袭，濮英及三千骑兵全部被杀。

冯胜率领元军归降的二十余万人浩浩荡荡入关，并将捷报上报朱元璋，顺便在报告中告了常茂一状，说起他的激变之事。朱元璋得知后，龙颜大悦，亲自派使者迎接慰问，同时命人将常茂锁了起来，带回来问罪。

按理说，冯胜得此大功，朱元璋应当好好犒赏一番。可这时有人暗中向朱元璋告发冯胜，说他这次缴获了许多战利品，暗中藏匿了许多良马；还说冯胜派人请纳哈出妻子喝酒，私下跟人家索要了许多金银财宝；还说冯胜看中了蒙古王子的一个女儿，那蒙古王子才死了两天，尸骨未寒，冯胜不顾她的强烈反对，竟然强行霸占了她，搞得天怒人怨，如此一来，元人大失归附之心。

朱元璋当场大怒，命令立即没收冯胜的大将军印章，改拜蓝玉为大将军，从此以后冯胜再也没有机会统领兵马了。

蓝玉南征北战，立过不少战功，可惜一直当副将，给人家打下手，没想到幸福来得这么快，竟然因为这事，莫名其妙地就当了主帅。

蓝玉这回终于做了主将，扬眉吐气了，他发誓自己一定要把握机会，走向人生巅峰！

机会马上就来了！

第三十五章　不世之功

洪武二十年（1387）九月，朱元璋为了彻底消除北元的隐患，决定再次北伐。

这一次北伐，朱元璋决定让永昌侯蓝玉唱主角。他命蓝玉为征虏大将军，延安侯唐胜宗、武定侯郭英为左右副将军，率领十五万大军北伐。

经过前面六次北伐，北元已经被打残了。这一次朱元璋一改往日作风，出征前不想再亲自部署工作了，只是告诉蓝玉，此次出征的目的只有一个，就是彻底肃清漠北，毕其功于一役。

蓝玉也表示，自己定当会竭尽所能，不辱使命。朱元璋满意地点了点头，拍了拍他的肩膀，双手一扬，示意他出发。就这样，蓝玉率领十五万大军浩浩荡荡地出征了。

当时的北元皇帝早就不是爱猷识里达腊了。这位仁兄早在洪武十一年（1378）就去世了，由他的儿子脱古思帖木儿继位，继续跟明朝作对。

这也不难理解，自己一家老小亲戚朋友三姑六婆全被明朝抓了，吃上了"皇粮"（牢饭），明朝还帮自己"搬了好几次家"，有一次深夜"搬家"走得太急，鞋子也跑丢了。这还不够，洪武三年（1370），自己还被李文忠俘虏了，吃了不少苦头，四年后才被送回北元，这仇真的是不共戴天了。

当时，朱元璋送回脱古思帖木儿，可能也是想示好北元，希望双方和平共处，共谋发展。可惜这家伙一心想要报仇，不断袭扰明朝边界，挑起纷争，朱元璋再有耐心也被消耗殆尽了，所以这次决定用拳头说话，彻底解决这个问题。

蓝玉率领大军从大宁出发，一路前进，势如破竹，很快就到了庆州。

当时，北元见明军势头正盛，哪敢与之交锋？早就逃得无影无踪了。

蓝玉很清楚，自己此次北伐的目的就是肃清漠北，所以他带领明军一路追击，不知不觉便深入敌人腹地，可是奇了怪了，一路上却找不到敌人的任何踪迹。明军翻山越岭，渡过河流，进过沙漠，所到之处全是渺无人烟的不毛之地，到处一片寂静。蓝玉觉得这种寂静不同寻常，寂静得让人觉得害怕，似乎有一双眼睛在暗中紧紧地盯着自己。

深入敌人腹地，由于水土不服，再加上太过劳累，有些战士终于支撑不住，倒下了。全军上下不免窃窃私语，军心开始有些动摇。

蓝玉打过不少仗，从没碰到过今天这种情况。如今，他的首要任务不是排兵布阵、带头冲锋，而是要想办法找到敌人。

当时没有导航定位，也没有无人机侦察，这茫茫大漠，上哪里找人啊？

正当蓝玉一筹莫展的时候，有人来报，说探察到元主的踪迹，就在捕鱼儿海附近。

沉默多日的明军顿时来了精神，蓝玉二话没说，命令部队扔掉无用的辎重，带上干粮和水，抄近路星夜兼程赶去捕鱼儿海。

他们不知不觉追到一个叫百眼井的地方，此地离捕鱼儿海四十里，可是见鬼了，四处还是渺无人烟，仍然找不到敌人的任何踪迹。

当时还有个很现实的问题摆在蓝玉面前，那就是干粮和水源马上不够了。

懂兵法的朋友一定知道，深入敌人腹地作战其实是很危险的。因为战线拉得太长，补给不便，一旦被切断补给线，便会全军覆没。

这时候，军中有人开始向蓝玉进言，要求回撤，说如果不撤，后果不堪设想。一人进言后，便有第二人、第三人进言，说的人多了，慢慢地蓝玉也有些动摇了。

如果蓝玉就此领兵回朝，那么这盖世之功就失之交臂了。在这关键时刻，有个人拉住了蓝玉的手臂，说道："将军，我们率领大军十五万，深入漠北数月，翻山越岭，吃尽苦头，却毫无所获。就这样班师回朝，如何向皇上复命呢？"

这个人就是双刀将王弼。

到底是撤还是进呢？蓝玉默不作声，他望着茫茫的大漠不知如何是好，这或许是他这一生中最难抉择的时刻。

蓝玉久经沙场，从而养成了敏锐的军事直觉。此处渺无人烟，寂静得让人害怕，他隐约感觉到敌人就在附近，而且正虎视眈眈地望着他们。

"前进，敌人就在眼前！"蓝玉坚定地说道。

众位将士见蓝玉信心满满，眼神坚定，也就不再猜忌。在他们眼中，蓝玉就是战神，蓝玉说的一定是对的，没有蓝玉解决不了的问题。就这样，十五万明军在蓝玉的带领下，迈着坚定的步伐继续前进。

越是靠近敌人的时候，越要提高警惕。蓝玉下令，行军要小心谨慎，做饭也要在地里挖洞，以免炊烟升起惊扰了敌人，乘夜直扑捕鱼儿海。老实说，笔者一直没搞懂，在地里挖洞做饭，怎么就没有炊烟了呢？他们是怎么做到的呢？

令军士穴地而爨，毋见烟火。

——《明史》

这是一支无比强大的部队，大漠中，风沙漫天，他们行走在这荒芜腹地，一直忍受着饥饿、口渴和疲劳，却一声不吭，生怕惊扰了敌人。他们好比一群寻找猎物的野狼，静静地寻找着猎物，等待着时机，一旦发现猎物，必将奋不顾身地全力围捕。

有时候，胜败就在一念之间，蓝玉的坚毅铸就了他的丰功伟绩。

原来，敌人不敢与明军正面交锋，坚壁清野，一直拖家带口躲避明军，一路退避到捕鱼儿海附近。他们料定明军缺乏水粮，后勤补给不便，无法深入腹地。他们知道蓝玉深通兵法，自然明白这个道理，无非是带领部队深入腹地"观光"一圈，等到快要粮尽水绝之时，便会打道回府，回去复命了。

刚开始，他们还站岗放哨，结果那么多天过去了，连个明军的人影也没见着，慢慢地便懈怠下来。再加上这几天沙尘漫天，即使白天也看不清几丈开外，这种鬼天气，明军怎敢深入腹地？

真是天助我大元！北元皇帝完全放松了警惕，每天和王公大臣们饮酒作乐，醉生梦死。就连站岗放哨人员也偷懒，跑去喝酒打盹了。

营帐里，北元的王公大臣们觥筹交错，喝得不亦乐乎。这时，有个官员酒喝多了，有些内急，便转身跌跌撞撞地出了营帐。他可能是酒喝高了，头晕乎乎的，竟然走错了方向，出了大营。

"怎么到了这里？见鬼了，连个哨兵也没有。管他呢，就这里吧。"官员这才发现自己走错了路，出了大营，边上也没人，于是便解开裤子，准备放松一下。

他眯着小眼，放松了一下，长长地舒了口气，顿时神清气爽了许多。不过，很快他就僵住了，朦朦胧胧间发现对面似乎有许多人影朝这边直奔而来，由于风沙太大，铺天盖地，看不清楚。于是，他揉了揉眼睛，定睛一看，不由得酒醒了一半，原来是明军正朝这边猛扑过来。

"不好，明军来了！"这官员吓傻了，才反应过来，大喊了起来。

他一边跑，一边喊，没跑几步，就被明军赶上，做了俘虏。

"弟兄们，杀啊！"双刀将王弼挥刀一举，一马当先，冲入敌人大营。

明军为了这次胜利，一路上挨饿受冻，坚忍沉默，就是为了这一刻的爆发。现在他们终于发现了猎物，顿时无不两眼冒光，浑身透着杀气，嘴里喊着冲啊，在王弼的鼓舞下，奋不顾身地挥刀冲向敌军。

他们如天降神兵一般，如入无人之境，逢人便砍，见人便杀，吓得元兵无心恋战，四下逃散。当时，脱古思帖木儿正在营帐里喝酒，听见营帐外喊杀声四起，一片大乱，吓得面如土色，连忙抢了匹快马，转身便跑，竟然连老婆也不顾了，更别说十多万部下了。

皇帝都跑了，手下还拼什么命？元兵纷纷举手投降，不再抵抗。

史书上记载，这一仗元军仓促应战，一战即败，部众纷纷投降，仅剩元主与太子天保奴等数十骑逃走。可怜可叹啊！这比扩廓帖木儿那次十八骑逃跑还要狼狈。

明军上下无不欢呼雀跃！

徐达、常遇春没有做到的事情，我做到了！

蓝玉看着眼前的一切，心潮澎湃，不禁仰天长啸。过了许久，他才说道："皇上，北元之患终于平矣！"

这一仗下来，蓝玉率领的明军俘虏北元贵族三千人、男女七万多人，马、驼、牛、羊、珍宝不计其数，还缴获了一样宝物，就是传国玉玺。

当捷报奏传至京城，满朝欢喜。朱元璋更是激动不已，当着满朝文武的面，将蓝玉比作汉时卫青、唐时李靖，并下令奖励三军。

北元彻底谢幕，朱元璋长长地舒了口气，晚上终于可以睡个安稳觉了！

蓝玉作为后起之秀，在冰天雪地极为恶劣的天气下，却能带领十五万大军深入敌人腹地，克服种种困难，彻底击败北元，完成了徐达、常遇春等人没有完成的伟业。虽然此战并非开国之战，不能比肩开国之功，但是蓝玉单凭此战之功，便奠定了历史上的地位。

中山、开平既没，（蓝玉）数总大军，多立功。

——《明史》

意思是说，徐达（中山王）、常遇春（开平王）死后，蓝玉数次率领大军，建立了很多战功。

因为北元的存在，蓝玉成就了不朽的功勋，体现了人生价值，走向了人生巅峰！

可是，现在北元的隐患已经消除了……

如果对手没有了，那么自己也失去了价值！

前文提到，胡惟庸和朱亮祖都不懂这个道理，下场都很惨。现在轮到蓝玉了，他恐怕也是如此下场，只是时间问题罢了！

北患已除，朱元璋刚睡了几个安稳觉，没想到南边又出事情了，云南思伦发举兵反叛了！

第三十六章　威震云南

洪武二十一年（1388），接受明朝册封的思伦发（麓川宣慰使）举兵叛明，还趁机煽动其他各族一起反叛。沐英得知后，也没放在心上，只是派了个叫宁正的手下，就轻而易举地把他收拾了。

可是没想到，思伦发这小子并不服气，第二年又反叛了，这次规模更大了，竟然率领三十万大军，侵犯定边府，而且还动用了一个秘密武器，就是象兵。

这次沐英坐不住了，决定亲自出马，好好收拾思伦发这小子，让他以后少折腾！

这象兵十分厉害。指挥者全身铠甲，坐在象背之上，那大象双肩绑着竹筒，竹筒里装着标枪。双军对战之时，一旦驱赶大象冲锋，那么势必横冲直撞，锐不可当。说白了，这刀枪不入的庞然大物好比坦克，这坦克开进步兵营，请问能招架得住吗？

历史上曾有古印度三百只象兵大破八千重甲骑兵的辉煌战绩，中国南北朝时也有与象兵作战的例子。

相传南北朝时，宋文帝刘义隆命令宗悫率领大军讨伐林邑国，这林邑国就是现在的越南。当时，林邑国连吃败仗，急了，拿出秘密武器象兵迎战。这象兵锐不可当，宋军无法招架，被打得大败而回。不过主帅宗悫是个聪明人，灵机一动，很快便想到了个法子。他认为大象最怕狮子，虽说不能马上驯化出一批狮兵对付它们，但可以制作一些假狮子，放在阵前，吓唬吓唬这些畜生也是可以的。于是，他命人连夜赶制出一批假狮子运到阵前。

这一招还真管用。当林邑国的象兵冲到阵前时，发现很多雄狮怒目而视，威猛无敌，吓得掉头就跑，不管如何鞭打也不回头，反而将自己的阵型冲得七零八落。宗悫见状，立即发起冲锋，紧追不舍，大获全胜。

这就是南北朝"狮兵胜象"的故事。

思伦发这次意气风发，胜券在握，相信只要自己发动进攻，必能将明军打得落花流水。即使沐英学着宗悫搞纸狮子，那也没用，因为自己早已将象兵进行了升级，教会它们如何识别假狮子。

似乎这一次注定明军将大败而回，不过思伦发还是小看了沐英。

前面卖了个关子，说沐英创造性地发明了三段击，对后世影响很大。那么，到底什么是三段击呢？

火药发明后，宋朝已经将其运用到军事上，发明了突火枪，不过精确度不高，而且容易炸膛，效果不是很理想。后来，明朝改进了技术，将火器大量运用到军事战争上。其中，沐英就是一个代表性人物。

当时受生产技术的限制，突火枪开完一枪之后，要等冷却后才能再上弹药，发第二枪。如此一来，士兵发完一枪后，不必着急，来得及掏出烟袋，先抽个烟，抽完再发第二枪，毕竟这中间存在很大的间隙。

照这样看来，要想把突火枪运用到实战中，恐怕就不太切合实际了。不过，这个问题被沐英圆满解决了。

他将火枪手和弓箭手进行混编，并分成前、中、后三队。敌人进攻时，第一队火枪手和弓箭手开枪射击，完毕后立即退后填充弹药；第二队立即冲上去补位射击，射完后退到第一队后面填充弹药；第三队再冲上去补位射击，完毕后又退下填充弹药。这时，第一队已经填充好弹药，继续上前补位射击，如此反复循环。

这套三段击看似完美无缺，对付象兵真的有用吗？答案是肯定的。

象兵虽然厉害，不过这次运气不好，碰到了克星。当时，沐英进行了战略部署，兵分三路：第一路由冯诚率领前军，正面迎敌；第二路由宁正率领左军，攻打敌人左翼；第三路由汤昭率领右军，痛打敌人右翼。

沐英拔剑喊道："今日之战，有进无退，望各位奋勇杀敌，建立功勋！"

这时，蛮兵驱赶大象冲锋。说来也巧，此时刮起了大风，沐英连忙命令火枪兵和弓箭兵利用三段击向象兵发起猛烈的攻击。顿时千枪齐发，噼里啪啦一阵乱响，声音震耳欲聋，吓得大象掉头就跑。

正当蛮兵有些乱了阵脚，纷纷退却时，人群中涌现出一个猛人，叫作昔剌亦，十分骁勇善战。他见大象退却，连忙拔刀，身先士卒地发起了冲锋，想要扭转颓势。

结果奇迹出现了，蛮兵在昔剌亦的鼓舞下，不再退却，回头迎击明军。左路明军见蛮兵勇猛，反而有些退却，局势竟然快被昔剌亦给扭转了。

自古以来，狭路相逢勇者胜！沐英见状，毫不犹豫地抽出佩刀，喊道："谁敢退却，拿头来见！"左路军统帅见沐英如"阎王"一般立在身后，咬了咬牙，又奋力疾呼，转而冲入敌人阵中。

明军士气大涨，再次冲入阵中拼杀，大获全胜。

此战结束后，沐英斩首四万余人，锐不可当的象兵全军覆没。除了37头大象被生擒，其余的大象全被射杀。

《三国演义》里面讲道，逍遥津一战，张辽杀得江南人闻风丧胆，后来小孩子夜里啼哭，大人只要说一句"张辽来了"，小孩子便吓得不敢啼哭了。沐英这一战也杀得云南人心惊胆战，尤其是那些大象，以后只要一听到鞭炮声，就掉头乱跑。

消息传到京城，朱元璋大喜，准备好好犒赏沐英一番。屈指一算，已经七八年没见沐英了，朱元璋十分想念他，于是召见沐英来南京过年，一起开开心心吃个团圆饭。

在古代，要是没有皇帝的召见，边关大将可不能随意进京。若是去了，那是要掉脑袋的。皇帝最怕边将进京勾结内臣，图谋不轨。当然，部队更不能私自出境，要是出了境，那是造反，是杀头的死罪。

阔别多年，沐英也十分想念朱元璋，这次能回南京自然十分欣喜，于是他打点行装，立即启程。

洪武二十二年（1389）冬，沐英抵达南京，朝见朱元璋。朱元璋十分开心，特地在奉天殿设下酒宴，还当场赏赐沐英不少金银珠宝，对他高兴地说道："只要有你在云南，西南我便可高枕无忧啊！"

> 自汝在镇，吾无西南之忧。
>
> ——《明太祖实录》

当时，沐英回南京朝见朱元璋，但云南人民不明状况，担心沐英要高升调走了，一个个愁眉苦脸，翘首以盼。后来听说沐英回到云南，人们无不欢天喜地，纷纷跑出百里，前来迎接，各地部落的酋长也都越境迎接，云南上下一片欢天喜地的景象。

沐英返回云南后，思伦发这小子也老实了，竟然带着许多土特产，主动前来归附，为了表示诚意，更是愿意年年进贡。从此以后，云南百姓过上了安稳祥和的日子。

　　沐英用自己的威望令云南各部首领心悦诚服，主动归附。如果说马超在西北羌族中威信很高，被羌族百姓奉为战神，那么沐英就是云南各族人民心中的战神！

　　一波刚平，一波又起！

　　南边战事刚停，没想到北边又有事情了。

　　北元虽然被蓝玉打残了，但是他们除了游牧，就只会抢掠。这不，又有一群赤膊的壮汉游荡在朱元璋的家门口了。

第三十七章 藩王守边

北元早就被明军打残了，正面对抗自然不敢，但是逢年过节的时候，都会来大明边境袭扰抢掠。而明朝大军一来征讨，他们便逃之夭夭，踪迹难寻，这次也不例外。

洪武二十三年（1390）正月，大明上下还在开开心心过大年，这时边关来报，说北元丞相咬住和太尉乃儿不花等人率领部队游荡在边境，似乎在等待时机袭扰。

他们的人数倒也不多，也就一万有余。可是家门口游荡着"闲散人员"，朱元璋的觉又睡不安稳了，年也过不好了。于是，他决定对北元进行第八次北伐。

朱元璋命令傅友德为征虏前将军，赵庸和曹兴为左右副将军，双刀将王弼和孙恪为左右参将，率部出征。他还加了一道命令，要求王弼率领的山西部队听命于晋王朱㭎，其他人都要受燕王朱棣节制。

有些看官或许会问，为什么不派蓝玉？列位看官，蓝玉自北伐得胜回来，在朝中张扬跋扈，不可一世，与朱元璋的关系正在渐行渐远，您就别惦记他了。这里暂且按下不表，留待后面细说。

前面说过，当时北方的就藩王爷一共有三位，为什么这次北伐只派了燕王朱棣和晋王朱㭎呢？还有一位秦王朱樉呢？

朱元璋二十六子中，除了太子朱标，第三子晋王朱㭎、第四子燕王朱棣、第十七子宁王朱权都比较优秀。这晋王朱㭎聪明英锐，也善于行军打仗，缺点就是喜欢到处显摆自己，不过朱元璋挺偏爱这个孩子。

洪武十一年（1378），朱㭎奉命去太原就藩，一路上浩浩荡荡，十分张扬。可是就藩路上，有些地方人烟稀少，吃住条件自然不如宫里。吃惯了山珍海味的朱㭎对此有些不满，大发雷霆，有一次还打了厨师一顿。

朱元璋得知后大惊，立即修书一封，令人快马加鞭地送给朱㭎。

朱元璋在信中说：小子，你可给朕听好了，你每天的膳食都掌握在厨子的手中，你可别看不起厨子，更不能得罪厨子。

或许有些朋友不以为然，认为这些厨子不就是寻常的伙夫吗，又不是手握重兵的开国功臣，即使得罪他们，他们也不可能带兵造反，搞不出什么动静，又能如何呢？

朱元璋在信中道出了原因：孩子呀，你若是动不动就打厨子，时间久了，厨子必然怀恨在心，要是哪天豁出性命与你对着干，在你的饭菜里头下毒，你焉有命在？

朱元璋接着又说：遥想朕当年率领群雄平定天下，谁要是犯错，一律严惩不贷，决不姑息，唯独这个厨子徐兴祖，跟了我二十三年，朕从不折辱于他；结怨不在事情的大小，你这小子可要给朕长点记性！

> 吾帅群英平祸乱，不为姑息。独膳夫徐兴祖，事吾二十三年未尝折辱。怨不在大，小子识之。
>
> ——《明史》

朱元璋这番话说得不无道理。三国时期，张飞时常虐待下属，最后不就死在下属张达、范强手中吗？

朱元璋对晋王确实比较偏爱，这次他派晋王和燕王同时出征北伐，私底下给晋王偷偷预发了一笔奖金，数目还不小，一百万锭钞，让他犒赏部下，激励将士奋勇杀敌，建功立业。然而，燕王朱棣却连一个铜板的预发款也没拿到。

这做父母的，可真够偏心的！

第十七子朱权从小聪明好学，长大后能谋善断，善于军事，朱元璋也非常喜欢他，把自己手下最强的朵颜三卫给了他。这朵颜三卫可是明朝战斗力最强的部队，个个骁勇善战，带甲八万，革车六千，可以横扫天下。

第四子朱棣能谋善断，能力出众，不过城府较深，平日里也比较低调。相对而言，朱元璋更喜欢朱㭎和朱权。至于次子朱樉，军事能力不如朱㭎和朱棣，在自己的封地还老是犯错。朱元璋曾派朱标前去调查朱樉，老实说朱元璋不怎么喜欢他，这次北伐也没有他的份。

以前是开国功臣率兵北伐，这次变了，由藩王率兵北伐。虽说朱棣三兄弟就藩多年，跟底下将士也有所接触，但是从没有带领他们征战沙场，也不知道这两兄弟的实际战斗指挥能力如何。

这次北伐可以说是对"藩王守边"的一次真正意义上的检验，更是对燕王朱棣和晋王朱㭎的一次考核测试！

朱棣从小喜欢金戈铁马、驰骋沙场的场面，梦想着有一天能像蓝玉一样率军北伐，建立不朽的功勋，这一天终于来了！

当时，朱棣刚好三十岁，第一次成为北伐主帅，意气风发，披上战甲，跨上战马，长枪一扬，试问天下谁是敌手？他暗暗发誓，一定要扫平漠北，像徐达、常遇春一样名留青史。

按照以往的套路，明朝北伐军一到，北元就逃之夭夭，踪迹难寻。明军想跟人家决战，人家还不愿意。这茫茫草原，别说一万余人，就是百万大军藏起来，明军也找寻不到。

第三十七章　藩王守边

朱棣从小就听说过徐达、常遇春等人北伐的故事，也知道两年前蓝玉北伐的那次经历。他明白，要想打赢这场战役，关键要先找到敌人的位置。于是，他召集手下将士开了个军事会议，决定派出熟悉地形的侦察骑兵四处侦察，先想办法找到敌人的下落再说。

侦察骑兵不负众望，没过多久，便找到了乃儿不花的确切位置，报告了朱棣。

出其不意，攻其不备，这是行军打仗的精髓。朱棣真的是天才，无师自通！

他不动声色，率领部队朝着指定地点静悄悄地出发了，准备以迅雷不及掩耳之势发起总攻，快速结束战斗。不过，意外发生了。

当时正是隆冬季节，冻手冻脚，行军不便。没想到朱棣率领部队出发途中，突然间又下起了鹅毛般的大雪。没过多久，到处是白茫茫的一片，行军就更难了。这时，不少将士见天气恶劣，开始有些动摇了，私底下议论纷纷。

剧情是惊人的相似，两年前，蓝玉碰到这事，当时给大家伙儿讲了个李愬雪夜入蔡州的故事，然后鼓励大家继续前进，终于大获全胜。现在，朱棣望着白茫茫的大雪，思绪万千，不由得想起了两年前蓝玉率军雪夜破庆州之事，顿时精神抖擞，斗志昂扬。

他鼓励将士，说道："两年前，蓝玉将军率军雪夜破庆州，大获全胜。今日又是这般天降大雪，岂非天意？我辈当效仿蓝玉将军，冒雪突袭敌人，定能大获全胜，名留青史。"

此时不杀，更待何时！

众人在朱棣的鼓舞下，士气高涨，冒着大雪继续前进。

剧情又是惊人的相似，下雪天守城将士都会麻痹大意，偷懒打盹，疏于防范，这次也不例外。当朱棣率领大军不声不响地来到乃儿不花的驻地时，元军见天降神兵，一个个惊恐万分。明军上下斗志昂扬，挥刀在手，金光闪闪，就等朱棣一声令下，杀向元兵。

没想到朱棣却摆摆手，让大家先把刀放回刀鞘，下马安营扎寨，起锅做饭。

千里迢迢冒雪北伐，现在敌人惊慌失措，毫无防备，正是进攻的好时机，你倒好，让大家伙儿安营扎寨，起锅做饭。若是敌人缓过神来，做好防备，那不就麻烦了吗？

朱棣这一操作把明军上下整蒙了，元兵就更纳闷了。

明军今日唱的是哪出戏呀？怎么突然间又安营扎寨野炊了，难不成千辛万苦到漠北，真是来观光旅游看雪景的吗？

这时，朱棣双手一招，派了一个人去见乃儿不花。此人乃是观童，几年前纳哈出的二十万大军归降也有他的功劳！

歼灭敌人没什么了不起，劝降敌人那才叫了不起！

其实，朱棣在下一盘很大的棋！

观童和乃儿不花交情不浅，却多年未见，没想到今日在这样的境地里见面，别有一番滋味，两人当即抱头痛哭。

哭完，观童先对乃儿不花讲了明军优待俘虏的优惠政策，然后又说，如今明军已经兵临城下，若是顽抗到底，肯定死路一条，倒不如归降明军，我可保你们性命无忧，待遇不减。

事实胜于雄辩，情况就摆在那里，观童不用说太多，乃儿不花内心就动摇了，答应归降大明。

朱棣得知乃儿不花愿意归降，大喜，亲自出营迎接，还以贵宾的礼仪接待了他们，乃儿不花内心不免有些触动。乃儿不花当即提出归降后必须保证大家生命安全，不能降低大家的官阶和待遇等问题，朱棣生性豪爽，无不当场拍板同意，之后还设下酒宴款待众人。酒宴上没再闹出谁先喝酒、谁先披上衣服等问题，大家你来我往，觥筹交错，畅怀痛饮，气氛好到极致。

第三十七章 藩王守边

乃儿不花此去归降，内心本不免有些卑微，没想到朱棣豪爽大气，宽宏大量，还非常给他面子，让他感动不已，认为朱棣是个可信之人。于是，他回去后立即召集人马，献出户口账册，数万元兵全部归降了明军。

到了这里，燕王朱棣的第一次北伐就圆满落幕了。

朱棣不费一兵一卒就招降了元军的主力，还赢得了元人的敬佩，确实不简单！怪不得朱元璋得知喜讯后，说道："肃清沙漠者，燕王也！"从此以后，燕王朱棣声威大震，备受器重。

燕王朱棣率军出征时，晋王朱棡也率军出征。不过他可没像朱棣那样事前通盘谋划，做足功课，突然兵临城下，智降元兵，而是直接率领大军浩浩荡荡出发了。他们在草原上辗转多日，却连个元兵的影子也找不到，想要继续深入腹地探寻，可是当时天气寒冷，辎重补给运送不便，只得率领"观光旅游团"无功而返。

一个大获全胜，一个寻不到敌人踪迹，无功而返。这当然不是朱棡的运气问题，而是他出征前没做好准备工作，正印证了一句话："机会总是留给有准备的人。"两人的考核测试高下立判，无功而返的朱棡反而拿了一百万锭钞的奖金，实在有些说不过去，于是朱元璋也奖励了朱棣一百万锭钞。

分封自己的儿子为各地藩王代替功臣守边，乃是朱元璋的得意之作，不但避免了儿子们为了夺嫡而手足相残，而且还借机解决了功臣手中的兵权，为大明王朝的千秋万载打下了基础（至少朱元璋是这么认为的）。

此次北伐成功，更是证明了"藩王守边"的正确性和意义所在。不过，有时候人算不如天算，意外还是发生了！

第三十八章　重立皇储

洪武二十五年（1392）四月二十五日发生了一件大事，彻底打碎了朱元璋的如意算盘。这便是太子朱标的意外去世。

北元一直虎视眈眈，乃是明朝的隐忧。监察御史胡子祺曾经给朱元璋上过一本奏章，建议迁都西安，称："据百二河山之险，可以耸诸侯之望者，举天下形胜所在，莫如关中。"

朱元璋虽然嘴上没说什么，但心中还是比较认同的，于是便有了迁都西安的想法。

当时，恰好次子秦王朱樉在自己的封地多有过错，被召回南京面壁思过。于是，朱元璋便让太子朱标巡视陕西，顺便调查一下秦王朱樉在自己封地的所作所为。

太子朱标不辱使命，陕西巡视回来后，交给朱元璋一份巡视的主要成果——陕西地图，还有一份关于秦王朱樉的调查报告，在报告中帮朱樉说了不少好话。朱元璋对此比较满意，不久便放朱樉回到了封地西安。

不过，太子朱标回来后不久便生了病，竟一病不起。

洪武二十五年（1392）四月二十五日，朱标去世，年仅三十八岁，正值壮年。

正值壮年的朱标为什么会一病不起，突然去世呢？

《明史》记载，太子朱标从陕西回来，献上陕西地图，就病倒了，还带病工作，对迁都之事提出建议。第二年（1392），朱标就去世了。至于他到底生了什么病，并没有记载。

> 比还，献陕西地图，遂病。病中上言经略建都事。明年四月丙子薨，帝恸哭。
> ——《明史》

《明太祖实录》记载，洪武二十五年（1392），太子朱标去世，具体死因也没记载。

> 丙子，皇太子薨。命礼部议丧礼。
> ——《明太祖实录》

明朝有个官员叫作王鏊，在《王文恪公笔记》中记载了这样一个故事。

话说明朝有个酷吏叫作詹徽，性格残忍。他屡次和太子朱标一起审问重囚，太子朱标想要从轻发落，但是詹徽却不同意，二人争执不下，于是去找朱元璋。朱元璋认为詹徽的做法是对的。

朱标劝谏道："父皇，我们应当以仁厚治理天下。"

朱元璋听后，勃然大怒，怒斥道："等你君临天下的时候再说吧！"

朱标闻言后，惊恐不已，竟投金水河欲自尽，幸好被手下及时救起，不过因此生病，一病不起。

临死前，他对儿子朱允炆说道："我的死，詹徽是罪魁祸首，你们不要忘了我的仇！"

> 太子以是得疾，语皇孙曰："我之死，徽为之也，无忘我仇。"
> ——《王文恪公笔记》

后来，朱允炆当了皇太孙，有一次与詹徽一起审问重囚，他问詹徽："这个囚犯该当何刑？"

詹徽说道："应该断其手足。"

没想到，朱允炆当场呵斥道："你罪该当死，立即执行。"说完便杀了詹徽。

这个故事在民间流传甚广，不过真实性值得怀疑。事实上，詹徽是因牵扯到蓝玉案而死的。他为什么会牵扯到蓝玉案？这件事很滑稽，我们后面再讲。

重立皇储

不管太子朱标的死因是什么，有一点可以肯定，朱标是朱元璋心中继承皇位的最佳人选。对于他的培养，朱元璋自然花费了不少心血。

换句话讲，朱标的突然去世完全打乱了朱元璋的完美布局，对朱元璋和明朝的打击都是毁灭性的。朱标死后，朱元璋痛哭不已，而当他擦干泪水，还得面对现实：到底选谁当继承人呢？

如果不尽快确立继承人，那么20多个儿子可能为了夺嫡而互相残杀，这是朱元璋最不想看到的，因此重立皇储刻不容缓。

《明太祖实录》里有这样的一段记载，说有一次朱元璋召集群臣上殿，缓缓说道："朕已经老了，太子不幸，英年早逝，乃是命也。古人说得好：'国有长君，社稷之福。'朕的第四子燕王贤明仁厚，英武善战，跟朕年轻时很像。朕想立他为太子，你们觉得如何？"

当时，翰林学士刘三吾进言道："陛下所言极是，但是如此一来，您将秦王、晋王又置于何地呢？"

朱元璋闻言后，无言以对，当场失声痛哭起来，只得就此作罢。

> 戊寅，上御东角门，召廷臣谕之曰："朕老矣，太子不幸，遂至于此，命也。古云：'国有长君，社稷之福。'朕第四子贤明仁厚，英武似朕，朕欲立为太子，何如？"翰林学士刘三吾进曰："陛下言是，但置秦、晋二王于何地？"上不及对，因大哭而罢。
>
> ——《明太祖实录》

按照这种说法，朱元璋曾经想要立朱棣为太子，被刘三吾一反问，搞得大哭作罢。其实这件事情不靠谱，理由有两点。

第一，《明太祖实录》乃是明朝的官修史书，后来朱棣篡位成功后，为了证明自己夺位的合法性，多次修编此书，已是不争的事实。

第二，以朱元璋的性格来看，凡事喜欢自己拿主意，不太容易被人左右。尤其是立储这样的大事，朱元璋心里肯定有自己的主意，或许会拿出来让群臣讨论讨论，说白了也就是听听罢了，断然不会因此而改变什么，更不会被弄得当场失声痛哭而作罢。太假，太假，当不得真！

中国皇位继承的原则是八个字："父死子继，兄终弟及。"就是说，有儿子就让儿子继承皇位，如果没有儿子，就让弟弟继承皇位。当然，"父死子继"中还涉及"嫡长继承"的原则，据此，由次子朱樉继承皇位更符合原则。不过，这朱樉不太争气，在封地老犯错误，朱元璋不太满意，还派太子朱标前去封地调查，让朱樉继承王位并非朱元璋所愿。第四子朱棣能征善战，能力出众，是个合适人选。不过，朱棣并非马皇后所生，若是让他继承皇位，那么次子朱樉、第三子朱棡势必不服。藩王们个个手握重兵，到时候藩王之间势必争斗不休，这对大明的稳定发展极为不利。第三子朱棡聪明善战，也深受朱元璋喜爱。但若是立他为太子，那么次子朱樉、第四子朱棣同样不服，也存在相同的问题。

照这样看来，朱标去世后，朱元璋若是从儿子中选立太子的话，那么25个儿子为了继承皇位，必然会明争暗斗，兄弟相残。最后，自己无论立哪个儿子为太子，势必会引发其他儿子不满，进而引发战乱。

历朝历代，为了继承皇位而兄弟残杀的例子屡见不鲜，这是朱元璋最不想看到的！

正当朱元璋为立储之事左右为难之际，有一天，大学士刘三吾向朱元璋提了个建议，说朱允炆虽是朱元璋第二个孙子，但他的哥哥朱雄英在七岁的时候已经去世（跟马皇后同年去世），所以按照嫡长子制度来看，朱允炆是最为合适的太子人选。

其实刘三吾的这番话就是"胡说八道"，他要么是没有搞清嫡长子制度，要么就是有意偷换概念。朱雄英死后，说朱允炆是朱标的嫡长子是没有问题的。但是，刘三吾由此建议让朱允炆来继承皇位，是站不住脚的。理由很简单，因为朱标死的时候还只是太子，并非皇帝，所以不能让朱允炆来继承皇位。

按照嫡长子继承制，继承太子最为合适的人选应该是朱元璋的次子朱樉，他也是马皇后所出。朱标死后，朱樉才是嫡长子，才是合法的继承人。

朱允炆的一生透着神秘，史料记载了很多关于他的故事和传说。

朱允炆出生后，睡觉的时候没太注意，一不小心把头给睡偏了。其实这种事情放到现在也是常有的，没什么可大惊小怪的，但是古人却不这样认为，觉得这样的孩子以后命运不好。史书上记载，朱元璋时常摸他的头，说他是"半边月儿"。

一日晚上，朱元璋和朱标父子一起赏月，享受天伦之乐。朱

第三十八章　重立皇储

元璋见天上新月如钩，一时兴起，出了个命题作文考朱标父子二人，让他们以新月为题各赋诗一首。

朱标略一思索，便赋诗一首，道："昨夜严陵失钓钩，何人移上碧云头。虽然未得团圆相，也有清光照九州。"

这诗将新月比作钓钩，虽说没什么新意，倒也形象，也还凑合；但是后两句却说未得团圆相，似乎并非吉祥之兆，又说清光照九州，一副凄凉冷清的景象，让人十分伤感。其实这两句诗似乎暗示着朱标命运的结局："未得团圆相"说的是朱标英年早逝，没能当上皇帝；"清光照九州"说的是他的所作所为还是受人推崇，蒙后世推戴。

朱允炆虽然年纪轻轻，却才思敏捷，接着也赋诗一首，道："谁将玉指甲，掐破碧天痕。影落江湖里，蛟龙不敢吞。"

这诗将新月比作指甲，不仅没有豪迈之感，而且太过婉约，后两句"影落江湖里，蛟龙不敢吞"也绝非吉兆，令人伤感，似乎暗示着朱允炆日后流落江湖的人生结局。

朱元璋听后，默不作声，闷闷不乐。

> 朏夕懿文与同侍侧，高庙命咏初月，懿文诗曰："昨夜严陵失钓钩，何人移上碧云头。虽然未得团圆相，也有清光照九州。"太孙诗曰："谁将玉指甲，掐破碧天痕。影落江湖里，蛟龙不敢吞。"上览之不悦，盖"未得团圆""影落江湖"皆非吉兆也。
>
> ——《尧山堂外纪》

> 朏夕，懿文与之侍侧，上命咏初月，懿文诗曰："昨夜严陵失钓钩，何人推上碧云头。虽然未得团圆相，也有清光照九州。"皇孙诗曰："谁将玉指甲，掐作天上痕。影落江湖里，蛟龙不敢吞。"上览之默然，盖知懿文必早世而皇孙

将免难也。

——《双槐岁钞》

这个故事流传很广，很多史料笔记、野史都有记载，不过正史却没有记载。这两首诗竟然影射着两人的结局，或许有些人认为这两首诗定是和刘伯温的《烧饼歌》一样，乃是后人所编的附会之词罢了。其实这两首诗倒不是后人所编，而是在更早之前就已经有了。明末大学者钱谦益曾做过考证，《新月诗》并非朱标所写，而是元顺帝之子爱猷识里达腊所作。此人没做成皇帝，所以才有"未得团圆相"的感叹！后一首诗乃是元朝人杨维桢所作，收录在《东维子集》中。当时，朱元璋想请他做官，他却拒绝了，所以才有"影落江湖里，蛟龙不敢吞"的厥词。

既然这两首诗早已经有了，那么会不会真的有赏月之事，朱元璋以新月为题考朱标父子，而朱标父子脱口背出了这两首诗呢？这种可能性不大。这两首诗确实存在，而这个故事大概率是后人编来附会罢了。

《隋唐演义》的作者褚人获曾写过一部《坚瓠集》，里面记载着这样一个故事。

有一次，朱元璋和儿孙们一起观看打猎。当时，群马从眼前疾驰而过，朱元璋一时来了兴致，便出了一句上联，说道："风吹马尾千条线。"让儿孙们对下联。

朱允炆极为聪明，随口就对出了下联，说道："雨打羊毛一片毡。"

这雨对风，打对吹，羊毛对马尾，一片毡对千条线，对得丝毫不差，极为工整，在场之人无不点头。

没想到，这时燕王朱棣也对了一句下联，他缓缓说道："日照龙鳞万点金。"

这日对风，照对吹，龙鳞对马尾，万点金对千条线，对得也丝毫不差，不仅工整，而且体现出来的气魄，远胜朱允炆那句下联。

朱元璋闻言后，又惊又喜又忧。惊的是本该有帝王气魄的太孙朱允炆却对得萎靡不振，反而这做藩王的叔叔却对出了帝王的气魄；喜的是燕王朱棣才思敏捷，气魄非凡；忧的是个性柔弱的朱允炆到时候怕是难以驾驭这个叔叔。

又一日，与文皇同在禁中观猎，马疾驰而过。高皇出句曰："风吹马尾千条线。"建文云："雨打羊毛一片毡。"文皇曰："日照龙鳞万点金。"语虽俱工，而气象则让文皇矣。

——《坚瓠集》

这个故事虽然史料笔记上有记载，但是也不太靠谱。朱棣生于元末至正二十年（1360），于洪武十三年（1380）就藩北平，而朱允炆生于洪武十年（1377）。朱棣就藩北平前，朱允炆才四岁，哪怕是神童在世，也对不了对子。朱棣就藩北平后，很难出封地，更别说入京了，怎么可能和朱允炆一起对对子呢？当然，洪武十五年（1382）马皇后去世时，朱棣回过一次京城，史书上确实有记载。不过来去匆匆，当时朱允炆才六岁，一代神童骆宾王七岁才能作诗，六岁的朱允炆要想对对子，还是非常有难度的。再说了，马皇后去世后，朱元璋悲痛欲绝，忙于马皇后的法事，又怎么会有时间和心情对对子呢？

还有一个故事流传甚广。话说有一天夜里，朱元璋做了个梦，梦到两条龙飞进了奉天殿，一条黄龙，一条白龙，两龙相斗甚欢，最后黄龙得胜，扬长而去，而白龙战败，躺在地上奄奄一息。这时朱元璋惊醒，全身大汗淋漓，发现原来只是一场梦而已。他起来后上朝，发现皇太孙朱允炆站在大殿的右边，而燕王朱棣却站在朱允炆的左前方。明朝以左为尊，朱允炆贵为皇太孙，地位崇高，仅次于朱元璋，按道理应该站在朱棣的左前方才是。没想到朱棣如此狂妄，竟敢站在朱允炆的左前方，完全没将这个皇太孙放在眼里，朱元璋不由得怒火中烧。

下朝后，朱元璋随即下了道命令，将燕王朱棣赶出宫，令他搬到别院，还让下人不准给他送饭，准备将他活活饿死。马皇后得知情况后，见朱棣无辜受罚，心中起了怜悯之心，于是像当年救助朱元璋一样暗中给朱棣送吃送喝，这才使朱棣活了下来。

朱允炆被立为皇太孙的时候，马皇后已经去世十一年了，又怎么可能看到他们叔侄相斗呢？这个故事漏洞百出，大家听听罢了，可别当真！

良苦用心

朱元璋乃是一国之君，希望国泰民安。同时，他又是一家之长，为人父母，希望子女和睦，相亲相爱，所以时常耳提面命，谆谆教导儿子们要相亲相爱，互相帮助，切不可为了皇位做出兄弟相残之事。

有一次，朱元璋闲来无事，考校太子朱标的功课，于是便问道："最近先生给你讲了什么课呢？"

"历史。"

"哦，说的是哪一段历史呢？"

"汉朝的七国叛乱。"

"哦，那你倒是给我说说看，这七国叛乱到底孰是孰非？"朱元璋漫不经心地问道。

朱标当即朗声回答道："这七国之乱错在七国……"这段历史老师刚刚讲过，朱标滔滔不绝地现学现卖起来，好不得意。

可是没说两句，朱元璋的脸便阴沉起来，并大声呵斥道："罢了罢了，迂腐之见，这些都是你老师的偏执之词。"

朱标本想好好表现一番，没想到却被劈头盖脸地骂了一顿，一头雾水，不知自己错在哪里。

朱元璋看着朱标一脸"蒙圈"的样子，摇了摇头，继续说道："汉景帝当太子之时，如果不当场砸死吴太子，那么吴王会起反叛之心吗？如果后来汉景帝不听信晁错之言削藩诸王，那么七国能叛乱吗？所以说，错不在七国，错在皇帝听信晁错之言，削藩诸王。"

七国之乱错在七国，这已经是大家的共识，老师这样教授太子朱标无可非议。

没想到朱元璋却见解独到，批评皇帝削藩。当然，这些话他是有意讲给太子朱标听的，无非是想教育朱标，你以后登基称帝，可别以为皇帝削藩诸王是什么天经地义之事，到时候可别逼得藩王反叛、兄弟反目。而朱元璋在其他儿子面前却是另外一番说法，他教育藩王，可不要因为自己是皇帝的兄弟就妄自尊大，要上尊天子，下抚百姓，遵纪守法，切不可胡作非为，更不能拥兵反叛。

真的是用心良苦！

太子朱标的性格仁慈宽厚，每次朱元璋屠杀功臣之时，他总会在旁劝说，时常惹得朱元璋大怒。这朱允炆的性格比他老爹还要善良。但凡事都有个度，要是过了，好事也能变坏事，尤其是做皇帝，太过善良可并非什么好事。史书上用了两个字来形容朱允炆的善良，叫作"柔弱"。不过，朱允炆从小聪明伶俐，乖巧听话，而且还勤奋好学，最重要的是非常孝顺父母，怎么可能不受朱元璋的喜爱呢？

有句老话叫作"久病床前无孝子"，这话用在朱允炆身上可不合适。在他十四岁那年，太子朱标病倒了，竟一病不起，这可急坏了孝子朱允炆。他一直昼夜不离，床前床后，忙里忙外，小心伺候。这一切，朱元璋全都默默地看在眼里，虽然嘴上没说什么，但是内心十分感动。

两年之后，朱标不幸病死，朱允炆更是悲痛欲绝，整日茶饭不思，人也日渐消瘦。

朱元璋看到后，心痛不已，摸着朱允炆的头，安慰道："孩子呀，你太孝顺了，这么不顾惜自己的身体，难道不顾及爷爷我的感受吗？"

> 更二年，太子薨，居丧毁瘠。太祖抚之曰："而诚纯孝，顾不念我乎。"
>
> ——《明史》

朱标去世的时候，朱元璋已经六十五岁了，已是一个白发苍苍的老头。人越老往往就越注重孝道，所以刘三吾那"胡说八道"的建议，恰恰正中朱元璋的下怀，经过四个月的思想斗争，他终于下定决心让太孙朱允炆继承皇位。

洪武二十五年（1392）九月，大明王朝正式宣布立朱允炆为皇太孙。

朱允炆被立为皇太孙后不久，有一次朱元璋和他一起聊天。朱元璋看着年纪轻轻的孙子朱允炆，微微一笑，说道："孩子啊，你以后登基称帝也就是个太平皇帝，切莫忧心。皇爷爷早就安排好了一切，若是外敌入侵，自然有叔叔们为你守边护国。"朱元璋说到自己分藩诸王替功臣守边的方略，嘴角上扬，心中不免有些得意。

…………

没想到朱允炆默不作声，反而一副忧心忡忡的模样。

朱元璋有些纳闷了，于是问道："孩子，你这是怎么了？"

朱允炆欲言又止，最后下定决心，抬起头，望着朱元璋，忧心忡忡地缓缓问道："外敌入侵，自然有叔叔们抵挡应付。可是如果叔叔们怀有异心，谁能抵挡应付呢？"

瞬间"打脸"，朱允炆这一问可把朱元璋噎住了，让他无言以对，有些尴尬。

若是别人有此一问，早被朱元璋下狱问罪了，叶伯巨就是个活生生的例子。

"嗯……那你说怎么办呢？"朱元璋倒好，直接把"皮球"踢了回来。

雄才伟略的皇爷爷都不知道怎么办，你说十五六岁的孩子能知道怎么办吗？

朱允炆中规中矩地缓缓说道："以德怀之，以礼制之。"

其实这就是一句空话，要是真能以德怀之，以礼制之，藩王还会造反吗？要是藩王真造反了，你觉得德啊礼啊还有用吗？说白了，这就是句场面话，说给皇爷爷听的。

"然后呢？"朱元璋静静地看着朱允炆。

"如果这样不行，那就削减他们的封地；再不行，就废除他们的爵位；还是不行的话，那就只能拔刀相向，举兵讨伐了。"朱允炆终于说出了埋藏已久的心里话，静静地看着皇爷爷。

朱元璋也没有更好的办法，沉默了许久，点点头，说道："是啊，也只能这样了。"说完，朱元璋转身，落寞地走了。

当年，朱元璋通过汉朝的七国叛乱给朱允炆的老爹朱标好好地上了一堂课，教育他切不可削藩诸王，做出让藩王造反、兄弟反目的事情。可没想到，没过两年，自己却被朱标的儿子、一个十五六岁的孩子上了一堂课，告诉自己要是叔叔们真的目中无人，叛乱造反，他也只能举兵平叛。

如果朱标没死

这皇太孙朱允炆性格柔弱，被朱元璋立为皇储之后，朱元璋有些放心不下。他担心自己死后，朱允炆镇不住那些开国功臣，于是只得再次举起屠刀，制造了蓝玉案，屠杀功臣。

可以说，朱元璋对皇太孙朱允炆的继位煞费苦心，可是事与愿违。朱元璋死后，皇太孙朱允炆登基称帝，史称建文帝。之后，燕王朱棣举兵造反，经过四年的靖难之役，夺得皇位，史称永乐大帝。朱允炆从此下落不明，成为历史谜团。这些都是后话，以后再讲。

曾经有人在网络上问我，如果太子朱标没有英年早逝，顺利登基称帝的话，那么朱棣还敢举兵造反吗？这个问题很有意思，我当即回复了一篇文章，收获了大量的阅读量和点赞，借此机会与大家分享一下。

虽然说历史没有如果，但是不妨大胆猜测一下，我认为答案是否定的。

如果朱标没有英年早逝，即使给朱棣一百个胆子，他也不敢起兵造反。

第一，朱标拥有强大的治国阵容。史书上记载，朱标出生的时候，朱元璋正在领军攻打集庆，得知情况后大喜，随即在附近的一座山上刻石曰："到此山者，不患无嗣。"朱元璋从小就喜欢太子朱标，对其爱护有加，聘请宋濂等名儒为帝师，悉心教导朱标。洪武元年（1368），大明王朝刚刚建立，朱标就被立为太子，朱元璋还为其选拔了一批功勋卓著、德高望重的文臣武将兼领东宫，辅导太子治理国家。其中，左丞相李善长兼任太子少师，右丞相徐达兼任太子少傅，中书平章录军国重事常遇春兼任太子少保，还有冯胜、邓愈、汤和、刘伯温、章溢等人，就不一一罗列了。

朱元璋每次外出征战之时，让朱标监国，令文臣武将尽力辅佐，一来可以锻炼朱标治理国家的能力，二来密切了朱标与群臣之间的关系。另外，常遇春的女儿嫁给了太子朱标为妻，乃是太子妃。蓝玉又是常遇春的妻弟。如此看来，明朝两大名将与太子朱标乃是姻亲，定然会坚定不移地站在朱标这边。

朱标拥有如此强大的文臣武将阵容，试问朱棣敢不敢有非分之想呢？

第二，朱标是百姓心目中的"明君"。朱元璋为了让太子"日临群臣，听断诸司启事，以练习国政"，特地将政事交由朱标处理，然后奏闻自己，当时朱标年仅二十二岁。朱元璋时常告诫他："我之所以要你每日和群臣见面，不断听群臣意见，批阅各地奏章，学习治国之道，目的是让你牢记治国几个原则：第一是仁，能仁才不会失于疏暴；第二是明，能明才不会惑于奸佞；第三是勤，只有勤恳才不会沉溺于安逸；第四是断，能断才不致牵于文法。"从此以后，朱标勤勤恳恳地协助朱元璋处理日常政务，治国能力得到了很大的提升。

史书上记载，朱标温文儒雅，慈仁殷勤，希望施行"宽通平易之政"，但是有些时候与朱元璋意趣不合而难行其道。如果朱标登基称帝，掌握大权，必然会施行"宽通平易之政"，必然会国泰民安，一副欣欣向荣的模样，试问朱棣还敢举兵造反吗？

第三，朱标是群臣心目中的"仁君"。朱标性格仁慈温和，深受群臣爱戴。洪武十三年（1380），胡惟庸案爆发，由于宋濂的长孙宋慎与胡党中人过往甚密，因此也牵涉此案。当时，朱元璋想要诛杀宋濂，最后在马皇后及太子朱标的力保之下，宋濂才得免一死，发配四川。

史书上记载，朱元璋每次杀人，朱标都会出言劝解。前文提到，有一次朱元璋又对功臣大开杀戒，朱标在旁劝谏道："陛下杀人过滥，恐伤和气。"朱元璋闻言后，没有说话。

第二天，朱元璋故意把一条棘杖扔在地上，让朱标去拿。朱标又不傻，面有难色，不敢去捡。

朱元璋冷冷地看了朱标一眼，说道："这棘杖有刺你不敢拿，我现在帮你把这些刺全部去掉，再交给你，岂不是更好？我所杀之人都是天下的坏人，只有将这些坏人都清除了，你才能当这个家。"

朱标一听，不以为然，当即反驳道："上有尧舜之君，下有尧舜之民。"意思是说，有什么样的皇帝，就有什么样的臣民。

朱元璋顿时火冒三丈，拿起椅子就朝他砸去，并一路追打。

有道是"小棒受，大棒走"，朱标见状，拔腿便走，故意从怀中取出一幅画掉在地上。

朱元璋捡起那画，看到图中马皇后背着自己逃跑，回忆起自己当年种种艰难之事，长叹一声，怒气马上就消解了。

温和仁慈的朱标乃是群臣心中的"仁君"，在群臣心中具有很高的威望，也能镇得住这些开国功臣。朱元璋晚年大肆屠杀开国功臣，就是因为朱标意外离世，他害怕性格柔弱的皇太孙朱允炆镇不住这些开国功臣，这才举起了屠刀。

朱棣之所以造反成功，有个很重要的原因，就是朱元璋屠杀了太多的名将，可以说到了无人可用的地步。如果朱标登基，开国功臣们不被屠杀，朱棣还敢轻举妄动吗？

第四，朱标是诸王心目中的"好大哥"，威信很高。史书上记载，朱标从小接触儒家经典，性格上仁慈宽厚，重视亲情，对其他诸王十分友爱。秦王朱樉、晋王朱㭎、燕王朱棣、周王朱橚等人曾多次犯错，要受朱元璋惩罚，都是朱标从中调和求情，才使他们免受责罚。秦王朱樉在西安封地犯有过错，就是朱标前去巡视陕西，并顺道调查了此事。在报告中，他帮朱樉说了不少好话，这才让朱樉免受处罚。可以说，朱标在诸王心中具有很高的威信。

第五，朱标不死，朱棣没有很好的造反理由。自古以来，皇位继承有个原则，就是"父死子继，兄终弟及"。朱标死后，本来朱元璋应当把皇位传给自己的其他儿子，然而朱元璋却不按常理出牌，直接将皇位传给了孙子，违背了这个原则，朱棣自然不服。后来朱允炆削藩，乃是朱棣起兵造反的一个理由。朱标就是嫡长子，如果朱标不死，继承皇位的话，不会轻易削藩，那么朱棣不敢不服，甚至连起兵的理由也没有了，试问他又该以什么借口起兵呢？

朱棣是个雄主，五征漠北，拓展疆土，还创造了永乐盛世，非汉唐所能并肩。但笔者想说的是，如果朱标没有英年早逝，而是顺利登基称帝的话（或许只需要登基过渡一下），即使给朱棣一百个胆子，他也不敢举兵造反。倘若朱标登基称帝，也一定会开创一个太平盛世，朱棣只不过是朱标朝中一位默默无闻的普通王爷罢了！

值得一提的是，太子朱标去世后，还有一个人十分悲伤，这个人就是朱元璋的义子沐英。史书上记载，沐英十分悲痛，哭得稀里哗啦，从此还生了病。一个月后，沐英工作时突然中风倒地，抬到家中已经病逝，年仅四十八岁。

一代"云南王"就此落幕！

朱元璋得知沐英的死讯后，哭得非常悲切，情绪非常低落，还特地为他辍朝数日，并下诏破格追封沐英为黔宁王，谥号昭靖。

沐英去世的消息传出，云南一带上至达官显贵，下至平民百姓，无不号啕大哭（"莫不奔号其门，泣语于路"）。长子沐春护送父亲灵柩还葬南京，经过云南金马山的时候，百姓奔走相告，无不出来送行，史书上记载"送者数万人"。

有的人死了，但他还活着，永远活在云南人民的心中！

第三十九章　蓝玉案发

"德薄而位尊，知小而谋大，力小而任重，鲜不及矣。"

"德不配位，必有灾殃。"

有些人本来层次不高，"不小心"一夜爆红，从而成为"名人"；但是德行修为不足，最终还是会闹笑话，甚至会闹出乱子。

蓝玉乃是一介武夫，性格上有明显缺陷，后来一战成名，创立了不朽的战功，陡然间便成为全国上下膜拜的偶像，成为除了徐达和常遇春，其他人无法比肩的名将，他的内心不免有些膨胀了。

前面说过，武夫们替皇帝打下江山后，都有一个通病，不知道急流勇退，总以为老子和你皇帝称兄道弟，为你出生入死，打下江山，享受一些特权也不为过，所以就张扬跋扈起来，最终难免悲惨收场。朱亮祖如此，如今蓝玉也是如此。

蓝玉突袭捕鱼儿海，吓得脱古思帖木儿扔了老婆，转身便跑，只带了长子和身边的数十骑。这脱古思帖木儿扔下老婆，对蓝玉来说是个毒药，间接报复了蓝玉。

有道是"英雄难过美人关"。脱古思帖木儿的妃子十分貌美，蓝玉将其俘虏后，心痒难耐，便起了邪念，强行霸占了她。没想到这妃子性格十分刚烈，事后羞愧不已，竟然自杀了。这件事在军中闹得沸沸扬扬，蓝玉很失军心。

起义之初，纪律还不严明，若是发生这种事情可能还无可厚非。而眼下明朝已经建立快二十年了，这种土匪作风自然很失民心,再加上这女子又是蒙古人,这种行径不利于民族团结,朱元璋能不生气吗?

这事传到朱元璋耳朵里,朱元璋大怒。按照他的性格,蓝玉撞到这枪口上,不是自寻死路吗?不过,朱元璋这次竟然什么也没说。也许是因为蓝玉功劳太大,所以朱元璋没有追究他的责任,怕寒了三军将士的心。还有一种可能,当时部队还在蓝玉手上,以蓝玉这莽夫性格,要是朱元璋处理不当,恐怕会引起兵变。或许是忌惮这一点,朱元璋才不便发作,而是先将这事记在小本子上,等到日后再跟蓝玉清算。

蓝玉见朱元璋没有动静,认为是自己功劳太大,所以皇上默许了。

蓝玉显然误判了,他心中洋洋得意,也变得更加张扬跋扈。

第一件错事刚做下,没想到第二件错事又来了。

当年楚霸王项羽率领军队攻占咸阳后,就有谋士劝他定都,可是项羽却不认同,着急东归回乡,说道:"富贵不归故乡,如衣锦夜行,谁知之者!"意思是说,升官发财,有了身份地位后,如果不回家乡显摆一番,就如同穿着华丽的衣服在夜晚行走,谁会知道呢?

其实,项羽这种"炫富"心理很多人都有。有些人外出打工创业,"一不小心"发了财,买了豪车别墅,总想显摆一下;逢年过节一个人回乡,偏不坐飞机,要开个三五百万的豪车跑个几千公里回家,难道不就是这种心理在作怪吗?

蓝玉建立了这不朽之功,生怕天下人不知道,也想豪车开路,拉横幅,一路敲敲打打回去。可是,明朝那会儿还没有玛莎拉蒂,于是蓝玉选取了一种特别的方式。

他率领大军浩浩荡荡凯旋南返,夜里抵达喜峰关。当时天色已晚,城门紧闭。

天色晚了，城门紧闭是再正常不过的事情。你只要喊一声："我乃蓝大将军，凯旋归来，快快打开城门！"那守将定会立即打开城门，迎接入城。

而蓝玉见城门紧闭，守关武将没有提前开门迎接，当即大怒，也不等守军打开城门，直接纵兵毁关，破门而入，然后扬长而去。

上面这两件事性质十分恶劣，在军中影响极坏。朱元璋知道后，十分生气。如果不是看在蓝玉此次北伐立下大功的分上，以朱元璋的性格，早就将蓝玉扒皮了。蓝玉北伐凯旋归来，朱元璋本来想封蓝玉为"梁国公"，见他张扬跋扈，十分生气，便将"梁"字改为"凉"，还命人将这些过失刻在世袭的凭证上，借此来敲打蓝玉。"凉"与"梁"虽然是一字之差，但是意义完全不同，我不说，相信看官你也懂的。

可是，蓝玉政治敏感度不高，并没有因此引起重视，也没有悔改，依然是我行我素。

有时在朱元璋和军中各级将领的酒宴上，当着众人的面，蓝玉出言十分傲慢，完全不顾朱元璋的颜面。这还不够，蓝玉这人权力欲望较强，在军中专搞"一言堂"，将校军官的升迁罢免由他一人操纵，从不跟朱元璋汇报，为此朱元璋没少骂他。这些操作完全就是找死。

蓝玉在府中蓄养了庄奴、义子数千人。这些人仗着背后有蓝玉撑腰，到处横行霸道，恃强凌弱，搞得天怒人怨。他还曾强行霸占老百姓的民田，结果被御史发现。这御史非常正直，不畏强权，亲自登门查问。没想到蓝玉非常嚣张跋扈，丝毫没将这御史放在眼里，不但不认错，而且还大声呵斥御史，将他赶出府外。

蓝玉因为屡立战功，西征回来后被封为太子太傅。六部尚书只是正二品，太师、太傅、太保乃是正一品，多少官员苦拼一辈子也得不到，可以说是位极人臣了。

当时，宋国公冯胜和颍国公傅友德被封为太子太师。冯胜和傅友德二人资格较老，战功赫赫，而且冯胜乃是开国六公之一，傅友德乃是开国二十八侯之一，现在比蓝玉地位高一点，实属正常。

可是蓝玉并不这样认为，他觉得自己不该在宋国公冯胜、颍国公傅友德之下，时常在众人面前抱怨："我难道就不能做太师吗！"结果有人暗中将此事向朱元璋告发了。朱元璋十分恼怒，对他更加疏远了。

只要是蓝玉上的奏章、提出的意见，朱元璋都不采纳，蓝玉更加闷闷不乐了。

> 玉不乐居宋、颍两公下，曰："我不堪太师耶！"比奏事多不听，益怏怏。
>
> ——《明史》

子曰："唯女子与小人为难养也，近之则不逊，远之则怨。"蓝玉就是如此。

朱元璋对他好，对他亲近，他便态度傲慢，不知好歹，目空一切，在家中豢养庄奴和义子，横行霸道，还敢插手部队人事升迁罢免，拉帮结派；朱元璋对他不好，他就心生怨恨，在背后有诸多怨言。蓝玉这番操作，绝对是"老寿星吃砒霜——嫌命长"。

有句话叫作"人在做，天在看"，张扬跋扈的蓝玉一直没有遭到报应，不是不报，而是时辰未到！

蓝玉案发

洪武二十六年（1393），锦衣卫指挥蒋瓛告发蓝玉谋反。朱元璋大怒，立即命人将蓝玉打入大牢，廷臣会审，就此拉开了蓝玉案的序幕，成千上万的人将身首异处。

二月初八日，蓝玉被捕。二月初九日，皇太孙朱允炆和吏部尚书詹徽审问蓝玉。

詹徽一拍惊堂木，两眼一瞪，问道："堂下何人？"

"蓝玉。"蓝玉一点也不害怕。

"蓝玉，你可知罪？"

"我何罪之有？"

"锦衣卫指挥蒋瓛告发你谋反。你还不速速招来，免受皮肉之苦。"

"那是诬告，我没谋反。何罪之有？如何招供？"

"你还嘴硬。给我打！"詹徽说完，边上狱卒纷纷上前，二话不说就是一套组合拳，打得蓝玉满身挂彩。

"蓝玉，你招还是不招？"詹徽两眼一瞪，又拍惊堂木，喝问道。

"我没谋反，如何招供？"蓝玉骨头挺硬，毫无惧色，还是那句话。

"蓝玉，我看你嘴硬到什么时候。给我继续打！"詹徽说完，狱卒又送了蓝玉一套组合拳，把蓝玉折腾得遍体鳞伤。

要说蓝玉骄横跋扈，干了一些不法勾当，那确实不假，比如强占元妃，强占百姓田地，纵容手下庄奴横行霸道、祸害乡里……但要是硬说他谋反，说句公道话，那是真的没有，他又怎么可能会认呢？

"蓝玉，我劝你还是早点交代吧，免得再受皮肉之苦。"詹徽继续喝问道。

"我真没有谋反，你若不信，可以去问问某某、某某……他们可以为我做证。"蓝玉一口气说出了一连串的名字。

这下可好了，这些人全被认作蓝玉谋反的同党，全被抓来拷打盘问。

真的是"人在家中坐，祸从天上来"，呜呼哀哉！

"蓝玉，你还不快点说实话，不要白白牵连其他人！"主审官詹徽脸上满是怒色，大声斥责道。

蓝玉闻言后，狠狠地瞪了詹徽一眼，随即大声喊道："詹徽就是我的党羽，詹徽就是我的党羽……"

主审官詹徽顿时吓得面色惨白，随即厉声喝道："蓝玉，你不要血口喷人！"

"来人啊，给我拿下詹徽。"皇太孙朱允炆当场下令，左右侍卫一拥而上，不由分说地将詹徽捆绑起来。

刚才还是这起案件的主审官，没想到才问了几句话，就被此案牵连，成了阶下囚，真乃历史上最滑稽的审案大会。更为讽刺的是，詹徽明明是蓝玉乱咬出来的，在场之人没有不清楚的，可是最后却因为此案受到牵连，被朱元璋诛杀了。

有些人认为，朱元璋是为了报杀子之仇。不过，笔者还是对《王文恪公笔记》中记载的故事（朱标因詹徽而死）的真实性表示怀疑。

按理说，判罪入刑得有人证、物证，最后要犯人招供，签字画押，这套正规程序要走完才行。不过这些对蓝玉案来说，并非重点。

初八被捕，初九审问，初十就被杀，蓝玉自始至终就没有认罪，也没有口供。

蓝玉案最后被裁定为谋逆大案，按理说谋逆是要碎剐凌迟处死，但是朱元璋念及蓝玉与自己是儿女亲家，心一软，最后网开一面，将碎剐改成了剥皮。就这样，一代名将蓝玉被刽子手剥下了整张人皮，并送给他女儿蜀王妃，以作"留念"。据说，明末农民军攻破蜀王府的时候，还在王府祭堂中发现了这张人皮。

有时候想想，这蜀王妃当得太不容易了，自己的父亲杀了自己的老公，自己还要接受父亲馈赠的礼物，将老公的人皮留作纪念……真的太难了!

帝王家的女儿不好当啊!

很显然,蓝玉案是朱元璋有意为之。蓝玉有没有谋反不重要,蓝玉交不交代不重要,蓝玉有没有口供也不重要。

真是欲加之罪,何患无辞!

既然是谋反案,自然有同党,那就深究同党吧!

怎么深究呢?

这可以参照前面提到的胡惟庸案。同党嘛,自然是密切联系的,一起喝酒吃饭,一起结伴旅游,平时交往频繁。那么就查一下蓝玉平时与哪些人喝酒吃饭,与哪些人结伴旅游,与哪些人书信往来……将这些人统统打入大牢,好好拷打盘问。

宁可错杀,不可漏网!

如此一来,牵连的人可就多了。当时有个画家叫作孙蕡,因为给蓝玉题过诗、作过画,结果受到牵连,被判死刑。真是太冤了,呜呼哀哉!

蓝玉案还牵连了一位江南大名鼎鼎的富户,叫作沈万三,相信大家并不陌生,影视剧上时常可以看到。

传奇沈万三

此人乃是明初一个传奇人物。明初那会儿,江南富户云集,据说这沈万三富可敌国,乃是明朝首富。那么这沈万三的钱到底是哪里来的呢?民间一直流传着各种传说。

第一种说法,聚宝盆。

洪武年间,沈家村有个财主叫作沈万三,家有土地九顷,长工数人。有一年,江南大旱,草木尽皆旱死。不过奇怪的是,沈万三府中有个长工,却能每天割回一捆鲜嫩碧绿的青草。

沈万三见了,纳闷不已,便问道:"如今这天如此干旱,你上哪儿割来这么多新鲜碧绿的青草呢？"

长工支支吾吾，没有如实相告。

一日，沈万三想探个究竟，便远远地跟在长工后边，这才发现原来这长工每天都在村口的沈家桥底打盹偷懒，到了中午时分，见四下无人，这才去村北牛蛋山。沈万三跟他到了牛蛋山，躲在暗处一瞧，只见山上有块圆形的草地，草地上长满碧绿的嫩草。长工伸了伸懒腰，然后弯腰割草。说来奇怪，长工割完后，随即又长出了新草，长工割得快，那草长得更快。

这到底是怎么回事？沈万三看得目瞪口呆，纳闷不已，左思右想这才明白。

原来，此山西南靠凤凰山，凤凰不落无宝之地，他相信这里一定埋藏着什么宝物。

第二天一早，沈万三独自一人偷偷到了那里，竟挖出了一个铁盆。

沈万三把盆子拿回家，老婆见了，以为是个寻常的盆子，便用来洗脸。说来也巧，她洗脸时不小心将一枚戒指丢进盆中，伸手去捞，发现盆子里还有一颗，结果越捞越多。

沈万三夫妻这才知道此盆乃是个聚宝盆，高兴不已。沈万山得了宝物之后，借助宝盆，财源滚滚。他为村民打了72眼井，铺路架桥造福村民。

数年后，长江决口，百姓流离失所。朱元璋贴出告示，说谁若能堵住长江决口，就赐给谁高官厚禄，享不尽的荣华富贵。沈万三得知后，揭了告示，带着聚宝盆来到南京城见朱元璋。

朱元璋问他有什么办法。沈万三笑了笑，却不回答，随后来到长江决口处，从怀中拿出铁盆，往里面放了一把土，再把泥土倒在决口处。只见盆中的泥土源源不断地倒下，立即堵住了决口。

事后，沈万三去朝中讨取高官厚禄。朱元璋知道这个铁盆是个宝物，便向沈万三借宝物一看，并许诺五更时让沈万三来取聚宝盆。谁知，朱元璋拿了宝物之后，欣喜不已，想占为己有，命人将五更改为四更，每日只打四更鼓。

沈万山见朱元璋不还宝物，便到朝中讨要，结果被人扣住，问他得宝的情况。沈万三只得一五一十地说了出来。

朱元璋闻言后，说这天下的土地全是我朱家的，这宝物自然也是我朱家的，还说沈万三得宝不献，罪该万死，株连九族。沈家村的百姓听说沈万三得宝不献，犯了灭门之罪，个个惊恐不已，改名换姓，出走他乡。沈家从此绝后，沈家村的水井也被填平。

外逃定居的百姓，感念沈万三当年造桥铺路的恩义，为了怀念沈万三，又把该村易名为沈井村，所以沈井村至今没有一家姓沈的。

这个聚宝盆的故事极为荒诞，不可信。

第二种传说，沈万三梦中得宝。

沈万三本来很穷。有一天，他在船上睡觉，天快亮时，听见耳旁有人在叫他。沈万三睁开双眼，只见面前有一位老人领着七个挑担子的脚夫进了他的船舱。那老者令人将担子全部放下，让沈万三帮忙看守。话音刚落，那老者和船舱里的脚夫就全都不见了。沈万三纳闷不已，上前打开担子一看，发现七个担子里面全是金灿灿的黄金，从此以后，他便成了江南第一首富。

第三种传说，沈万三靠"乌鸦石"发家。

沈万三出身贫穷，有一次他吃完饭，在河边洗碗，结果不小心把碗掉进了河里。沈万三急了，连忙脱衣下水，打捞饭碗，结果饭碗没有捞到，却捞到了几颗小石头。这几颗小石头色彩光泽，拿在手中十分润滑舒服。沈万三虽然不知道这石头有什么不同寻常之处,但是立即下水将河里的石头全都打捞上来。后来,他到处打听,终于知道这种石头其实是一种宝石,叫作"乌鸦石"。沈万三知道这是一个很大的商机,于是带着这些石头去海外经商,最后富可敌国。

这三种传说都不可靠。查继佐的《罪惟录》中也有关于沈万三的记载:

勤治污莱,蓄泄有法,致富不贷。

——《罪惟录》

意思是说,沈万三非常勤劳,致力于农业,结果发了小财。后来,他又为富甲江南的陆道源经营家产,最后陆道源出家当了道士,财产全归了沈万三。沈万三站在巨人的肩膀上,再加上经营得法,终于成为明初首富。

好了,下面我们言归正传。上到正史,下到地方志,各种史料笔记都有记载沈万三的故事,但是又不尽相同,甚至相互矛盾,也不知哪个真哪个假。不过有一点可以确定,元末明初确实有个商人叫作沈万三,估摸着先是搞农业生产起家,捞到第一桶金,后来搞房地产(开辟田宅),又搞海外贸易,将粮食、丝绸和陶瓷等物品运到海外交易,从而积累了巨额的财富,成为家财万贯的富商。当时,江南一带富商云集,他是江南首富,是这群富商的"带头大哥"。据说他的总资产达到了2000万两白银,按照前面提到的公式折算,大约相当于144亿元人民币。而且这还只是他的流动资金,还没算他的固定资产,据说玄武湖是他的私人后花园。说他富可敌国,真是一点也不夸张。

当时，朱元璋是天底下最有权的人；而沈万三富可敌国，是天底下最有钱的人。那么这两个人的关系到底如何？这两个人之间发生过什么故事呢？

有道是"枪打出头鸟"，财富虽然给沈万三带来了荣耀，却也在无形之中为他带来了灾祸。

据说在至正二十六年（1366），朱元璋改南京为应天府，决定扩建，修筑南京城墙。要知道，修筑城墙可是一项庞大的工程，不知要耗费多少人力财力。在修筑城墙的时候，朱元璋听说江南有个富商叫作沈万三，此人富可敌国，而且在江南富户和百姓中颇有威望。

朱元璋心想，此人若是不除，恐怕日后会威胁到我朱家的江山。他思忖再三，决定将最难修的一段城墙交给沈万三完成，据传是洪武门到水西门近二十里的一段。

朱元璋本以为这一段的修建任务是不可能按期完成的，到时候便可说沈万三延误工期，借机整治沈万三。但结果却令他大失所望，没想到沈万三竟然如期完工。

当年，汉景帝想要诛杀周亚夫。周亚夫的儿子向营造署购买了一些作废的盔甲盾牌，准备当作父亲死后的陪葬品，汉景帝就派了官员查问此事，说他们有谋逆之心。周家自然不会认罪，大呼冤枉，问他们有什么证据。那官员却说，我虽然没有你们谋反的证据，但是你们有谋逆的想法。

真是欲加之罪，何患无辞！

朱元璋见沈万三按期修好城墙，不能借机惩治沈万三，反而让他在百姓心中的威望更高了，心中十分不悦。于是，朱元璋便找了个理由，说沈万三修筑的城墙太高，比金銮殿还高，命令他拆除重修。从此以后，朱元璋对沈万三更加不满了。

关于沈万三修筑南京城墙的故事，史料笔记上记载很多，但是各个版本有所不同。孔迩撰写的笔记小说《云蕉馆纪谈》中，还记载着这样一个版本。

话说朱元璋打天下，建立明朝，想要定都南京，于是便想扩建南京城墙。可是当时连年战事，府库空虚，怎么办呢？正当朱元璋犯难之时，有个人主动找上门来，说自己愿意捐出一半的家产，用来修筑城墙。他还和朱元璋约定打赌，一人修筑一半，同时开工，比一比，赛一赛，看看到底谁修得好，修得快。这个主动上门的人就是江南第一富户沈万三。

朱元璋见有人主动捐钱修筑城墙，自然高兴，二话不说，也就爽快答应了。

可是没想到，最后沈万三提前三天修好了城墙，朱元璋输了这场比赛。于是，朱元璋摆酒设宴慰劳沈万三，说道："古代就有'白衣天子'，一些没有官爵封邑却比皇帝还要富有的人，叫作'素封'，爱卿你就是这样的人。"

> 古有白衣天子，号曰素封，卿之谓也。
> ——《云蕉馆纪谈》

别看朱元璋嘴上说得好听，心里头却不痛快。你一个平头百姓，却敢赢过我皇帝，这不是自寻死路吗？于是，他决定找个机会杀了沈万三。

当时，沈万三正在修建观前街，以茅山石为街石，有些人说他有谋反的异心。朱元璋就借着这个理由将沈万三杀掉了，家产也全部充了公。

《明史》里面也记载着这个故事，但是略有不同。

话说吴兴有个富户叫作沈万三，海外经商多年，家有巨资，富可敌国。当时，朱元璋想要修筑南京城墙，府库空虚，一筹莫展。沈万三得知后，主动捐出家产，帮助朱元璋修筑了三分之一的城墙。朱元璋大喜，下旨表彰沈万三。沈万三得到表彰后大喜，又主动请旨，说想要出资犒赏军队，结果弄巧成拙，引起了朱元璋的猜忌。

朱元璋回去后大怒，骂道："好你个匹夫，想要犒赏三军，收买军心，到底想干吗？难道想指挥军队，想要造反吗？"朱元璋越想越生气，想要杀了沈万三。幸好当时马皇后在场，劝道："皇上，臣妾听说法律是用来斩杀那些违法之人的，杀掉没有违法的人怕是不祥。一个百姓富可敌国，那是不祥的人，老天爷会降灾给他的，皇上你又何必杀他呢？"朱元璋闻言后，便将沈万三释放，发配到云南，家产全部充公。

> 吴兴富民沈秀者，助筑都城三之一，又请犒军。帝怒曰："匹夫犒天子军，乱民也，宜诛。"后谏曰："妾闻法者，诛不法也，非以诛不祥。民富敌国，民自不祥。不祥之民，天将灾之，陛下何诛焉。"乃释秀，戍云南。
>
> ——《明史》

明初那会儿，江南一带是全国政治文化中心，而北方是全国军事中心。当时，江南士子科举中榜远甚北方士子，有些年份仅浙江士子就占三分之一，入朝为官者也是江南一带居多。朱元璋为了全国平衡，限制江南士大夫规模进一步扩大，于是采取了"南北榜"。同时，古代很多人认为商人只是低价买入，高价卖出，赚取差价，并没有通过劳动产生价值，乃是投机倒把之举，所以商人地位很低，朝廷打击富商大贾，明初也是如此。

当时，江南富人群集，南北发展极不平衡，沈万三乃是江南首富，是这些富人的"带头大哥"，又在百姓心中威信很高，自然是打击的主要目标。虽然沈万三的故事很多，而且各不相同，但是有一点可以肯定，沈万三确实是"因富致祸"。

沈万三暂且按下不表，我们再来聊聊明初的一位名师，叫作王行，他也被牵连到蓝玉案中。

王行，元末名士，在文学方面有很高的造诣，在全国享有盛名。当年张士诚占据平江时，就有人推荐王行出来当官，不过王行拒绝了，因为当时天下还不稳定。

明朝建立后，又有人向朱元璋举荐王行。当时天下已定，王行便在教育部门做事，但一直没有当官。

王行非常热爱教育事业，一心扑在教学一线，深受学生和家长们的喜爱，名气非常大。当时，全国首富沈万三听说此人后，便聘请他当家教，专门给儿子沈达卿讲课。洪武十二年（1379），蓝玉也听说了这位名师，于是聘请他为家教，给儿子讲课。蓝玉非常器重王行，有一次还带他一起去胡惟庸府中拜访。可是第二年就爆发了胡惟庸案，当时追查奸党搞得满城风雨，王行怕受到牵连，于是返回苏州老家，又做起了沈府的家教。

洪武二十四年（1391），王行一家被编为"织挽匠户"，按照明朝的规定，要去南京服役。由于朱元璋"法度厉害"，而当时王行已年近六旬，大家都劝他不要去，可以让儿子前去。不过王行却不听，坚持去了南京。

当时，蓝玉已是凉国公，蓝玉的长子蓝碧瑛见老师到了南京，便又请他到府中当起了家教，教授自己的儿子蓝庆孙等。后来，蓝玉案爆发，当过两次家教的王行也被认作奸党，卷入该案被杀。

不少人认为，王行只是在蓝玉府中当过两次家教，并无太深的联系，结果牵连此案被杀，实属冤枉，呜呼哀哉！

王行被杀冤不冤枉，暂且不论。实话讲，虽说王行只在蓝玉府中当过两次家教，但他跟蓝玉的关系却非同一般。第一，王行在蓝玉府中两次当家教，一次是在洪武十二年（1379），一次是在洪武二十四年（1391），时间跨度十来年，说明他与蓝府的交情不浅。第二，蓝玉去拜访左丞相胡惟庸的时候，不带别人，却带了王行，说明王行很受蓝玉信任，二人关系不浅。第三，王行在蓝府当家教的时候，蓝玉曾在朱元璋面前多次推荐王行，王行也得到了朱元璋的召见。如果二人关系不密切，蓝玉会在朱元璋面前多次推荐王行吗？

说完王行，继续聊沈万三。史料记载，当时沈万三被朱元璋发配云南，回来后见王行与蓝玉关系不错，于是想要通过王行结交蓝玉。

一代巨贾沈万三本可以逍遥自在，荣华富贵，可他想在政治上有所发挥，于是主动示好朱元璋，想要犒赏部队，结果弄巧成拙，反受朱元璋猜忌，流放云南。按理说吃一堑长一智，沈万三日后应远离政治，好好经商才对。可是他还不死心，见蓝玉当时手握兵权，身份显贵，又是太子的亲舅舅，在朝中炙手可热，认为和这样的权贵攀上关系，绝对是明智之举。

当时，一般人有这种攀附权贵的心理也无可厚非。若是能攀附上当朝权贵，别说飞黄腾达指日可待，若是自己日后一不小心有了什么过错，此人在后面帮自己说几句好话，便能大事化小，小事化了，可以避灾挡祸呀。

别说普通百姓了，就连明初那些开国功臣也是这般想的，所以明初有很多政治联姻。常遇春的女儿嫁给了太子朱标，而冯胜的女儿嫁给了常遇春的儿子常茂，还有一个女儿嫁给了朱元璋的第五个儿子。朱元璋与明朝功臣们的政治联姻错综复杂，仔细捋一捋，不难发现他们都是亲戚，都能扯上关系，都有千丝万缕的联系。

理想很丰满，现实很骨感。后来，他们发现自己错了，这种政治联姻，攀附权贵，不仅没能让他们飞黄腾达，避灾挡祸，反而使他们深受其害。只要对方案发，自己就是奸党，即刻卷入案件，自己死了不打紧，还要连累族人一起受罪，呜呼哀哉！追悔莫及！开国功臣如此，沈万三也是如此。

沈万三如意算盘打得啪啪响，可惜事与愿违，攀附蓝玉不仅没有为他避灾挡祸，反而使他卷入了蓝玉案，最后落得个身首异处的下场，令人叹息！

封建时代，任何人都不得威胁到皇权。凡是威胁到皇权的人，如若不能推翻皇权，则必将被消灭，概莫能外。

"出来混总是要还的"

蓝玉北伐立下大功，仅次于徐达与常遇春，后来跋扈飞扬，有失人心，虽说有罪，却罪不至死，为什么最后却落得如此悲惨的下场？

第一，蓝玉张扬跋扈，屡屡犯案。

一是强奸罪。蓝玉犯了强奸罪，而且受害者身份还不简单，是个元妃，造成了极其恶劣的社会影响，影响民族团结，而且还间接造成受害者死亡（元妃羞愧自尽），按顶格判处。

二是黑社会罪。蓝玉在府中蓄养了庄奴、义子数千人，到处横行霸道，恃强凌弱。这是有组织地进行违法犯罪活动，称霸一方，残害群众，是典型的黑社会罪。前面说过，朱元璋治贪打黑的力度那么大，怎么可能会容忍呢？

三是非法侵占他人财产罪或包庇罪，可能犯有侮辱罪、诽谤罪。蓝玉的庄奴和义子在乡里横行霸道，强占东昌民田。御史上门当面查问，蓝玉不但不认错，还大声呵斥御史，并将他赶出府外。如果庄奴和义子强占民田是受了蓝玉指使，那么蓝玉直接犯有非法侵占他人财产罪；如果庄奴和义子强占民田没受蓝玉指使，御史上门查问，蓝玉不配合政府人员调查，还大声呵斥，将御史逐出府外，那么蓝玉犯有包庇罪；他还涉嫌侮辱和诽谤国家办案人员，可能犯有侮辱罪和诽谤罪。

四是军人违反职责罪。蓝玉大军南返时，纵兵毁关，破门而入，扬长而去，态度嚣张，影响极其恶劣。

五是大不敬罪。蓝玉被封为太子太傅，位居宋国公冯胜、颍国公傅友德之下，十分不满，时常抱怨："我难道就不能做太师吗！"这是眼里没有皇帝，妄议朝廷，是大不敬罪。这个罪在古代可不得了，是要直接斩首的。

从蓝玉所犯的罪行来看，不难发现蓝玉性格桀骜不驯，平日里张扬跋扈，且情商不是很高，跟同僚和上下级搞不好关系，这也注定了他最后悲惨收场。

第二，蓝玉干涉立嫡。

自古以来，历朝历代夺嫡之争凶险万分，但是朝臣们还是趋之若鹜。史料记载了这么一个故事。

话说朱元璋第四个儿子朱棣还在北平当燕王的时候，蓝玉见他是诸王之中实力最强、最有心计的一位，便想讨好结交他。有一次，蓝玉北伐得了一批好马，凯旋归来路过北平，便顺道去了趟燕王府，想把这些好马送给朱棣。没有想到，朱棣却不吃这一套，当场拒绝了，并义正词严地说道："蓝将军，这些战利品理应献给朝廷，今日你却送于我，这算什么呢？你想置我于不忠不孝的境地吗？"蓝玉被搞得尴尬万分，只好讪讪离去。

关于这件事情，有些人看法不同。他们认为蓝玉此举并非为了巴结朱棣，而是想要帮助太子朱标打击朱棣。因为蓝玉是常遇春的妻弟，而常遇春的女儿嫁给了太子朱标，如此推算，蓝玉乃是太子妃的舅父。有了这层关系，蓝玉与太子朱标的关系就非同一般，自然处处维护太子。所以说，蓝玉是想通过这件事情，暗中打击朱棣。

按照常理看来，这种观点确有道理，不过有些事情也很难说。徐达的女儿嫁给朱棣，徐达的长子徐辉祖乃是朱棣的妻舅。按理说，朱标和朱棣的夺嫡之争、朱允炆和朱棣的皇位之争，徐辉祖应该站在朱棣这边。而事实上，徐辉祖却是太子朱标的忠实"粉丝"。靖难之役中，徐辉祖还领兵成功阻击朱棣。后来，朱棣夺位成功，入主南京，徐辉祖却不出门迎接，被抓入狱问罪。

还有一次，蓝玉北伐得胜凯旋归朝，独自面见朱标。蓝玉见四下无人，便对朱标轻声说道："太子，我暗中观察燕王已有一段时日，此人在封地的一举一动与皇上无异。依我看来，这燕王并非寻常之人，迟早必反。我还暗中找过算命先生偷偷望过他的气，说他有天子之气。太子，你可要小心啊！"朱标笑了笑，不以为然，说道："燕王对我非常恭敬，绝不会造反的。"蓝玉解释道："我一向受到太子您的信任和厚待，所以这才将此事偷偷告诉您。希望我今日所言之事不会灵验，更不要被我言中。"

朱标闻言后，呆立在原地，沉默不语。

不管蓝玉献马给燕王朱棣是为了巴结他还是为了打击他，有一点可以肯定，蓝玉对夺嫡之事牵涉太深。古往今来，聪明的臣子懂得明哲保身，对夺嫡之事总是避之唯恐不及，蓝玉这武夫却主动掺和，这不是自寻死路吗？

第三，朱元璋为了子孙坐稳江山，扫除功臣。（这个原因至关重要。）

朱元璋十分喜欢长子朱标，很早便立他为太子。可是朱标性格柔善，朱元璋怕他镇不住这些开国功臣，于是故意制造了胡惟庸案，斩杀了大批开国功臣，并留下了蓝玉和一群英勇善战的年轻将领，目的是待儿子朱标继承大统后，组建超级兵团，为彻底清除北元而准备。

可惜天不遂人愿。洪武二十五年（1392）八月，太子朱标不幸病逝。

朱标的突然去世，让晚年的朱元璋措手不及。他决定让皇太孙朱允炆即位，又怕性格比朱标还要柔弱的朱允炆镇不住蓝玉等北伐功臣，这才在离世前再次仓促举起屠刀，制造冤案，屠戮蓝玉兵团。

于是，第二年（1393）就爆发了蓝玉案，一公十三侯二伯被诛杀，还牵连一万五千多人先后被杀。可以说，北伐功臣被屠戮殆尽。

元功宿将，相继尽矣。

——《明史》

胡惟庸案爆发后，追查奸党，一查就是十多年。可是蓝玉案爆发后，追查奸党也就用了几个月。

洪武二十六年（1393）九月，朱元璋下了一份诏书。这份诏书挺有意思，内容如下：

胡党、蓝党，除已捕在官者外，其未发，不究。

——《明史纪事本末》

意思是说，胡党、蓝党，除了已经被捕的官员外，其他还没有被发现的，都不再追究了。

《明史》也有记载：

自今胡党、蓝党概赦不问。

——《明史》

意思是说，从今天开始，胡党、蓝党不再追究了。

从这里也能感觉到，胡惟庸案和蓝玉案都是朱元璋有意制造的。很明显，功臣们已经被屠戮得差不多了，朱元璋的意图也已经达到了,所以就不再追究胡党、蓝党了。

此案过后,朱元璋还亲自撰写了一部书,叫作《逆臣录》。朱元璋很"慷慨",免费派发给每个官员,人手一份,要求官员认真阅读,以此来警诫群臣。

聊到这里,蓝玉案就基本结束了。有一种说法"存玉以无燕,不存玉以有燕",在这里再简单聊聊。

朱元璋死后,朱标的儿子朱允炆登基称帝。后来,朱元璋的第四子燕王朱棣造反,靖难之役爆发。当时,朱元璋已将功臣杀戮殆尽,朱允炆无将可用,最后朱棣胜出,君临天下,史称永乐皇帝。

因此,史书上有一种说法认为,蓝玉在的话,便没有燕王朱棣了;由于没有蓝玉,才有了燕王朱棣。

> 存玉以无燕,不存玉以有燕。
>
> ——《罪惟录》

这种说法失之偏颇。第一,蓝玉嚣张跋扈,目中无人,若是朱元璋没有除掉他,他会听从朱允炆的调遣吗?第二,即使蓝玉没死,也听从朱允炆调遣,就算他能征善战,难道就一定能打得过燕王朱棣吗?第三,如果蓝玉没死,也听从朱允炆的调遣,且真的打败了燕王朱棣,按照他那嚣张跋扈、目中无人的性格,那还了得,恐怕早就骑到朱允炆的头上去了吧。

第四十章　长河落日

洪武十三年（1380），胡惟庸案发，朝廷追查同党，一追查就是十余年，其间又爆发了蓝玉案，朝中百官无不瑟瑟发抖。直到洪武二十六年（1393）九月，朱元璋才下了诏书，说胡蓝之狱到此为止，不再追究。所剩无几的开国功臣终于长长舒了口气，心中无不暗暗庆幸自己终于躲过此劫。不过，他们还是高兴得太早了。

过了一年，也就是洪武二十七年（1394），不知怎么回事，傅友德突然被朱元璋赐死。

> 明年，偕召还。又明年赐死。
> ——《明史》

《明史》上寥寥数字，只说被赐死，并没有谈及原因。

《明太祖实录》记载：

> 颍国公傅友德卒。
> ——《明太祖实录》

《明太祖实录》中的记载更简单，就说颍国公傅友德去世。

明朝开国功臣虽说个个战功赫赫，但是有些人被杀还是可以理解的。比如蓝玉，张扬跋扈，目中无人，还强行霸占元妃，导致其含羞自尽，死得也不冤枉。又如朱亮祖，出镇广东，作恶多端，多有不法之举，还冤枉好官道同，致使其被误杀，死有余辜。而傅友德一向低调谨慎，遵纪守法，却也被朱元璋赐死，到底是为什么呢？

张岱撰写的《石匮书》中记载着这样一个故事。

话说蓝玉案爆发后，傅友德有种兔死狐悲的伤感，感觉自己也要大祸临头了。定远侯王弼与傅友德私交不错，一日，二人凑在一起闲聊，王弼忧心忡忡地说道："皇上年事已高，已经斩杀了不少开国功臣，可能不久便会铲除我们。我们应当联合起来，寻找出路。"傅友德闻言后，眉头紧锁，默不作声。

隔墙有耳，此事竟被锦衣卫探听到了，还密报了朱元璋。

朱元璋得知后，为了防止突变，决定借助冬宴之际，将傅友德铲除。

一日，朱元璋在殿中设宴，宴请文武百官。他经过宫殿门口时，发现傅友德的第三子傅让今日当值，却没有按照规定佩带剑囊，当场虽然没说什么，但是心中恼怒万分。

宴会开始后，朱元璋和文武百官觥筹交错，相互道贺，气氛十分融洽。可是宴会结束时，他发现傅友德一道菜都没吃，脸色顿时沉了下来，当即斥责傅友德大不敬之罪，又说他儿子值班时没有按照规定佩带剑囊，责备他教子无方。

朱元璋翻脸比翻书还快，把傅友德给搞蒙了，他只得跪倒在地，连连叩头，称罪不已。

朱元璋令他将两个儿子带到宫中谢罪。傅友德连忙起身告罪，出了宫门。

傅友德刚刚回到府中，又有卫士前来传达皇上口谕，说是让他斩杀两个儿子，然后带着他们的首级入宫谢罪。

傅友德闻言后，顿时瘫坐在地上。过了片刻，他拿剑杀死了两个儿子，并割下首级来到宫中谢罪。

没想到，朱元璋看到傅友德提着人头，失魂落魄地来到殿中，故意装出一副大惊失色的样子，说道："有道是'虎毒不食子'，你又何必这般残忍呢？"

傅友德闻言后，悲愤至极，冷笑一声，从袖子中拿出匕首，大骂道："无道昏君，你不就是想要我们父子的项上人头吗？"说完便当众自刎。

朱元璋大怒，命令将傅友德的家属全都发配到辽东和云南等地。

王弼听说此事后，也跟着自尽了。

如果朱元璋有心赐死傅友德，那么肯定会找一个合适的理由，以免落人口舌，落下个屠杀功臣的骂名。而这个故事中的朱元璋完全是个无道昏君，令人不得不怀疑故事的真实性。这故事听听也就罢了，没必要太当真。

> 蓝玉诛，友德以功多内惧。定远侯王弼谓友德："上春秋高，行且旦夕尽我辈，我辈当合纵连横。"太祖闻之，会冬宴，从者彻馔，彻且不尽一蔬。太祖责友德不敬，且曰："召二子来！"友德出，卫士有传太祖语曰："携其首至。"顷之，友德提二子首以入，太祖惊曰："何遽尔忍人也？"友德出匕首袖中，曰："不过欲吾父子头耳。"遂自刎。太祖怒，分徙其家属于辽东、云南地。
>
> ——《石匮书》

不管是什么原因，总之洪武二十七年（1394）傅友德被朱元璋赐死了，这是不争的事实。一代名将就此陨落，令人唏嘘不已。

傅友德死于洪武二十七年（1394）十一月。一个月后，双刀将王弼，在几次关键战役中起到决定性作用的名将也被朱元璋赐死了。

明年同召还，先后赐死。爵除。

——《明史》

傅友德死后，开国功臣中德高望重的公爵勋臣就只剩下冯胜了。当时，冯胜兵权已除，淡出朝政，回了凤阳老家，但是朱元璋还是放心不下。

有一次，有人偷偷向朱元璋汇报，说五皇子朱橚偷偷去凤阳会见冯胜，秘密交谈了许久，但是两人到底谈了什么，却不得而知。周王朱橚的正妃乃是冯妃，是冯胜的女儿，这女婿秘密会见老丈人，到底想干吗呢？朱元璋本来就多疑，太子朱标死后，他猜忌得更厉害，而且冯胜后期虽然战功不小，但是老犯小错误，朱元璋早就猜忌他了。

难道周王朱橚秘密会见老丈人冯胜，是为了建立军事同盟，对皇太孙朱允炆不利？朱元璋想到此处，茶饭不思，坐立不安，不久便下令无罪赐死冯胜。

就这样，开国六公中仅存的硕果也没了！

善终的汤和

这一年还死了一个功臣，不过并非被杀，而是病逝，终年七十岁。朱元璋得知后，非常伤心，为其"罢朝三日"，还特地下诏书追封他为东瓯王，谥号襄武。

这个人就是汤和，没有死在朱元璋的屠刀之下，确实不容易！

汤和出生在濠州钟离的一个贫苦农民家庭，是朱元璋的邻居，也穷得揭不开锅，一起给地主放牛，也一起玩耍。

用现在的话讲，两人就是一起穿开裆裤的发小，关系非同一般。

汤和人穷，志向却是不短，从小就喜欢骑马射箭，爱玩行军打仗的游戏。元末那会儿，群雄纷纷揭竿而起，反抗大元。当时，汤和二十四岁，也想干一番轰轰烈烈的大事，于是怀揣着梦想，带领十来个同乡投靠了郭子兴，参加了起义军，投入反元事业中，不久因为作战英勇而被提拔为千户。

这时，汤和想起发小朱元璋还在皇觉寺中当和尚，于是写信邀请他一起参加义军，开创反元大业，结果被人暗中告发，说朱元璋私通义军。朱元璋这才被逼上梁山，不得不投奔郭子兴的红巾军，走上了反元之路。

如此看来，汤和在反元大业上不仅资格比朱元璋还老，而且还是朱元璋的引路人。当时，朱元璋刚投义军，只是普通士兵，而汤和已经是千户，是个大领导。不过有趣的是，汤和十分低调，在朱元璋面前毕恭毕敬，倒像是个跟班小弟。

朱元璋参军后战功卓著，没过多久，便被郭子兴提拔为管军总管，成了一人之下、万人之上的大人物。当时，军中不少将领资格比朱元璋还老，心中自然不服，不愿意听从派遣，唯独汤和一人处处听从朱元璋调遣，做事谨慎，深得朱元璋的信任和喜爱。

汤和平时行事低调，在朱元璋面前更是小心谨慎，但还是不小心得罪了朱元璋。

汤和这人什么都好，就是有个缺点，爱喝酒，而且一喝就多，容易醉酒。醉酒之后，便口无遮拦，容易犯错。有一次，他驻守常州，和部下一起喝酒，你来我往，不知不觉喝高了，便口无遮拦地说道："我居常州，如卧在屋脊，左转则在东，右转则在西。"这里的东指的是张士诚。部下将这番话偷偷告诉了朱元璋，朱元璋大怒，说道："他是我的心腹爱将，这次姑且不追

第四十章 长河落日

究了。"

在牛人面前，若是不谦虚谨慎，很可能被杀。虽说汤和醉后犯错，但是总的来说，他一生做人低调，谦虚谨慎，到了晚年对朱元璋更是毕恭毕敬。前文提到，有一次李善长问他借兵三百，用来修房子，当时他早已告老还乡，回了凤阳老家，不过还是偷偷告诉了朱元璋。所以，朱元璋对他十分信任，对开国功臣举起屠刀之时，却对他厚爱有加。

洪武二十七年（1394），汤和病重。消息传至京城，朱元璋十分想念这发小，于是命人用车载着汤和前往觐见。朱元璋坐在汤和身边，轻轻地抚摸他，跟他详细聊起了当年往事，两人一起如何放牛，又如何杀牛，回去又如何被地主打屁股，后来参加红巾军后，又如何一起开创霸业。说着说着，朱元璋不由得想起了徐达、常遇春等人，想起这些年南征北战、颠沛流离，不由得感慨万千。现在自己终于夺得天下，但是一起打天下的好兄弟们却都已经不在了，朱元璋眼里不由得含着泪水。

当时，汤和病情十分严重，无法对答，努力微笑地望着朱元璋，并不停地点头。

当年跟随自己南征北战、叱咤风云的汤大将军现在却奄奄一息，朱元璋想到此处，心中的悲痛犹如江河决堤，眼泪夺眶而出，不能自已。

次年，也就是洪武二十八年（1395）八月，汤和永远闭上了双眼，病逝家中。

汤和也去世了，现在开国功臣中就剩下长兴侯耿炳文和郭英、郭德成两兄弟了。

耿炳文是个"官二代"。他老爹叫作耿君用，跟随朱元璋渡江作战，后来增援宜兴的时候不幸战死。朱元璋感念他，让年纪轻轻的耿炳文承袭父职，继续带兵。耿炳文在攻打长兴的战役中立下大功，朱元璋便让他留守长兴城。当时，长兴城与张士诚的地盘交界，双方时有摩擦，而耿炳文总是以寡敌众，大小战役几十次，战无不胜，战功累累，所以受封为长兴侯，成为二十八侯之一。

朱元璋屠戮了那么多开国功臣，却为何对耿炳文情有独钟，手下留情呢？

第一，耿炳文父子乃是朱元璋的同乡和嫡系。史书上记载，耿炳文父子乃是濠州人，他从小便和父亲耿君用一起追随朱元璋起兵，父子二人忠心耿耿，乃是朱元璋起兵最早的班底，是嫡系部队，非常受朱元璋信任。

第二，耿炳文善于防守。有一次，张士诚命令元帅严再兴率兵进犯长兴，却遭到耿炳文奋力反击，最后大败而回。张士诚恼羞成怒，于是又派李伯升率兵十万，分水陆浩浩荡荡杀向长兴，志在必得。当时，长兴城内只有守兵七千人，情况十分危急。耿炳文不敢懈怠，固守城池不出，虽然敌方攻击十分猛烈，但是耿炳文灵活多变，积极防御。这仗打了一个多月，张士诚的十万大军不但没有占到便宜，反而还折了不少人马。后来，朱元璋命常遇春率领大军增援，李伯升闻讯后，吓得连忙弃营逃跑。耿炳文连忙率军出城追击，大获全胜。

史书上对耿炳文评价很高。说他坚守长兴十年，大小战役几十次，总是以寡敌众，却战无不胜，让张士诚不能得逞。

> 长兴为士诚必争地，炳文拒守凡十年，以寡御众，大小数十战，战无不胜，士诚迄不得逞。
>
> ——《明史》

朱元璋在屠杀功臣之时，发现了一个问题：如果有一天，边境告警或是内有叛乱，那么谁能帮助朱允炆平定叛乱呢？朱元璋思前想后，最后锁定人选耿炳文，因为他善于打防御战，是帮助朱允炆守住大明江山的不二人选，至少朱元璋是这么想的。不过，他还是高估了耿炳文，这些就是后话了，以后有机会再讲。

第三，耿炳文不善于进攻。纵观耿炳文一生，他基本上都在长兴打防御战，不是横戈沙场的大将之才，几乎没有独立统领过大军作战，也缺乏大兵团作战的经历。由此可见，耿炳文不善于进攻，不善于攻城略地。

朱元璋最害怕手下那些能征善战、手握重兵的开国功臣有一天黄袍加身，犯上作乱，危及子孙后代的江山社稷，尤其是徐达、常遇春和蓝玉等人。不过，他却不担心耿炳文，为什么呢？因为耿炳文若造反，最多也就是丢个长兴城，绝不会危及大明的整个江山社稷。

第四，耿炳文为人谨慎谦让，非常低调。耿炳文深谙人臣之道，懂得如何保全自己，平时谨言慎行，低调做人。洪武二十七年（1394），耿炳文邀请大学士刘三吾为其撰写一篇《追封三代神道碑铭》。当时，刘三吾让他聊聊当年那些事，提供一些写作素材。一般来说，这种文章都是吹嘘自己、歌功颂德，所以很多人都会说，想当年老夫在某地，大喝一声，吓退十万敌军；或是想当年老夫单枪匹马，面对十万敌军毫无惧色，七进七出，杀得敌军人仰马翻，如入无人之境……不过，耿炳文非常低调，不仅没说自己当年如何如何，而且一再叮嘱刘学士一定要措辞谦让，要把劳绩尽量归于朱元璋。他说："我等占据东吴，都是皇上指挥方略之功，诸臣哪有什么建树可言。"刘三吾听后，对耿炳文的谦虚十分赞赏，说道："侯爷的功劳也许就像汉高祖说的那样，皇上是'功人'，诸臣则是'功狗'而已！"

有道是"木秀于林，风必摧之"。永嘉侯朱亮祖父子居功自傲，傲慢无礼，被朱元璋活活鞭死。耿炳文的谨慎谦让、低调做人是其免遭屠戮的一个重要原因。

鉴于以上四点原因，耿炳文不仅逃过了朱元璋的屠戮，而且还成为朱元璋留给子孙后代的"护国大将"。洪武二十七年（1394）十二月，朱元璋到了人生的最后阶段，又做了一个重要决定，特意将朱标的长女江都郡主嫁给了耿炳文的儿子耿璿。联姻是古代帝王的一种政治手段，朱元璋想通过这桩婚姻将耿炳文牢牢地拴缚在皇太孙朱允炆这条船上，为朱允炆继位保驾护航。或许在朱元璋眼中，以耿炳文善于防守的军事才能和在军中的威望，足以帮助皇太孙稳定大局，保住江山。

不过他错了，他还是低估了燕王朱棣！

除了耿炳文之外，躲过这场杀戮的还有郭英和郭德成两兄弟。

提起郭德成，许多朋友或许并不熟悉，不过要是提起他的两个哥哥和一个妹妹，相信大家不会陌生。一个哥哥是巩昌侯郭兴，就是鄱阳湖大战时向朱元璋献策火攻之人，后来卷入胡惟庸案，被杀了；另外一个哥哥是武定侯郭英，《大明英烈》中说他是个俊俏的小白脸，但是武艺不俗，还是朱元璋的结义兄弟；郭德成还有一个妹妹嫁给了朱元璋，为郭宁妃。

大哥郭兴卷入胡惟庸案，在当时那种彻查奸党的白色恐怖之下，郭英和郭德成两兄弟能够全身而退，确实厉害。我们先来说说这郭英。

郭英，淮西二十四将之一，也是朱元璋最早的班底。他善于骑射，武艺超群，有一个特殊的身份，就是朱元璋的贴身保镖。他一生之中经历过战斗百余次，伤痕遍体，但是没有因病辞职。

郭英的后代中，有一人叫作郭勋，编了一本书《三家世典》，里面记载郭英一生大小战役达五百余次，全身上下的伤口有七十余处。这里面可能有浪漫主义的夸张手法，不太可信，但是不必纠结这些，大家只要知道郭英英勇善战就好！

郭英两兄弟受到恩宠，当然有妹妹郭宁妃的原因，不过还有一点也很重要，就是这两兄弟都为人低调，处事谨慎。

郭英作为朱元璋的贴身保镖，身份特殊，妹妹又是郭宁妃，其他功臣见了无不礼遇有加，而郭英并没因此"飘"了，反而更加谦虚谨慎。当时，开国功臣都喜欢到处买"别墅"，豪华装修，有一股奢靡之风，但是郭英无动于衷。有一次，朱元璋便问郭英，他回答道："我一个普通百姓，仰仗皇上您的恩宠，有了封爵，子孙后代也衣食富余，怎么还敢有这些奢侈之心呢？"朱元璋听后，内心触动很大，说道："朝中的大臣如果都像你这样忠诚朴实就好了，可惜没有一个比得上你。"

史书上记载，郭英为人低调，不爱高官厚禄，对主忠诚，侍奉朱元璋四十余年，一直小心谨慎，从未有过错。这是他的睿智之处，大概也是他能躲过这场浩劫的主要原因吧。

说完郭英，再聊聊郭德成。

郭德成生性机敏，十分豪爽豁达，还有一个特别的嗜好就是喝酒，可以说嗜酒如命。他和哥哥郭兴等人很早就投在濠州城郭子兴的帐下，跟随朱元璋南征北战，屡立战功。朱元璋开国后，郭门显贵，妹妹郭氏被册封为宁妃，两个哥哥郭兴（巩昌侯）和郭英（武定侯）也被封侯，唯独郭德成还只是个骁骑舍人，是个不起眼的小官。

郭宁妃时常对朱元璋吹"枕边风"，说郭德成好歹也是您皇上的小舅子，这骁骑舍人也实在太小，应找机会好好提拔他。朱元璋向来宠幸宁妃，于是便有心提拔郭德成。

有一次，朱元璋和郭德成在一起，他说道："德成啊，你跟我南征北战多年，功劳也是不小，今日我封你个大官做做如何？"

一般人要是听到这话，肯定是欣喜若狂，连忙跪拜谢恩。没想到郭德成却不识抬举，竟然推辞不受。

这下朱元璋脸面挂不住了，有些不悦之色。

郭德成见势不妙，连忙跪倒在地，解释道："皇上，您如此信任看重微臣，微臣不胜感激。但是微臣才疏学浅，才能拙劣，不懂政事，一天到晚只知酗酒，若是当了大官，身居高位，就怕误国误民，最后误了自己，辜负皇上所托。微臣这辈子没有什么大的志向，只希望每天平安活着，有花不完的钱、吃不完的美酒佳肴就足够了，再也没有什么其他奢求了。"

朱元璋见他态度诚恳，说得颇有道理，也不好强人所难，于是就此作罢，赏赐了许多美酒和钱财，时常邀其进宫喝酒聊天，对其更加信任。

郭德成在皇帝面前说自己才能拙劣，容易贪杯误事，拒绝升迁，并非因为此人愚笨。恰恰相反，郭德成极为睿智，早就看透了官场，尤其是在胡惟庸案后，他见惯了皇帝无故屠杀功臣的场面，知道"伴君如伴虎"，不想再去蹚这浑水。他在皇帝面前谨言慎行，完全一副酒囊饭袋、只爱金钱美女的无用之人形象，是为了免遭朱元璋的猜忌屠杀。

小心驶得万年船。郭德成在朱元璋面前一直低调谨慎，不过有一次还是不小心惹恼了朱元璋，差点脑袋搬家。

一日，朱元璋在宫中闲来无事，便邀请郭德成进宫喝酒聊天。于是，郭德成便兴冲冲地去了。

二人在御花园把酒言欢，你来我往，不知不觉便喝多了。当时朱元璋还是清醒的，郭德成脸上发烫，有些醉意，但是却浑然不知，一杯接一杯，喝个不停，不久便酩酊大醉了。

醉酒后难免会失态，郭德成放下手中的酒杯，摘掉帽子，趴在地上，双眼迷离地看着皇帝，结结巴巴地说道："谢谢……谢谢皇上……赏酒！"

朱元璋见他衣冠不整、披头散发的样子，感到颇为好笑，于

第四十章 长河落日

是笑道："德成，看你披头散发，说起话来语无伦次，就是个醉鬼疯汉。"说完，便开怀大笑起来。

郭德成早已烂醉，摸了摸自己的头发，嘿嘿笑了几声，说道："皇上，其实微臣最讨厌这乱糟糟的头发，要是剃成光头，那个才叫痛快呢。"

朱元璋年少时，曾经在皇觉寺出家，当过和尚，因此他当皇帝之后，最忌讳别人说"光""僧"等字眼。朱元璋闻言后，心中恼怒万分，脸色瞬间就沉了下来，双眼死死地盯着郭德成，却不说话。

郭德成见朱元璋陡然间眼露凶光，不由得打了寒战，酒也醒了，这才意识到自己不小心犯了皇帝忌讳，心中恐惧万分，后悔不已。

如果主动向朱元璋解释，那么又会犯一次忌讳，只能让皇帝更加记恨自己，这个方法显然行不通。可是不解释的话，日后难免会因此招来祸事，送了性命。怎么办才好？

正当他左右为难之际，突然灵机一动，想到了个法子，回府后索性还真的剃光了头发，穿起了袈裟，念起了佛经，当起了和尚。

朱元璋得知后，心中的疑虑这才全部消除，对宁妃说道："你这哥哥郭德成还真是个奇男子，封他大官，他却不受，还说自己讨厌头发。起初我以为他是跟我开玩笑，现在看来确实是他本心，他真是个疯汉子。"说完，便开怀大笑起来。

或许有些人认为，郭家三兄弟中，郭兴和郭英立下赫赫战功，被封为侯爵，乃是当世智勇双全的英雄好汉；而郭德成不愿做官，不思进取，整日酗酒如命，是个无用之人。可后来胡蓝之狱爆发后，牵连了不少朝中官员被杀，就连郭兴也不能幸免，郭德成却完美地避开了。

或许郭德成才是"大智若愚"的真正智者，能从很小的祸事中预料到事态的发展，从而提前避祸。

落日

自汤和死后，朱元璋发现身边已经没有小伙伴了，没有人倾听他的诉说，没有人能够交心，他发现自己实在是太孤独了，有种"高处不胜寒"的感觉。夜深人静之时，他时常一个人默默地站在窗口，望着天上皎洁的明月，脑海里不由得浮现出一连串的名字：马皇后、徐达、常遇春、汤和、周德兴、蓝玉、李文忠、朱文正、郭子兴、陈友谅、张士诚、扩廓帖木儿……有些人是朋友，有些人是敌人，有些人他爱过，有些人他恨过，有些人他先爱后恨，有些人他先恨后爱，以往发生的一切历历在目，仿佛就在昨日一般。

那年，自己和徐达、汤和等一群小伙伴给地主放牛，日子虽然清苦，却很快乐。有一次肚子饿了，还把小牛给烤了吃，最后自己被地主打了一顿。

那年，汤和写信邀请自己入伙红巾军，被寺庙里的坏和尚告密，要不是跑得快，估计早没了性命。

那年，自己第一次投靠郭子兴的红巾军，差点被当成了奸细斩首示众。

那年，自己奉郭子兴之命回乡招兵，徐达、周德兴那帮小伙伴无不兴高采烈地前来投奔，一起发誓定要轰轰烈烈地大干一番。

那年，自己被孙德崖的部下给绑了，生命悬于一线。幸亏徐达挺身而出，替自己做了人质，经多方调解，最终二人安全归来。

那年，自己被人离间，被郭子兴关在牢中。马皇后将炊饼藏在胸口，偷偷送到牢中，自己这才没被活活饿死。

那年，自己离开郭子兴，带着二十四位兄弟出来单干，决定创下一番基业，结果还真打下了大明王朝的万世基业。

那年，自己靠着"坑蒙拐骗"，招降了驴牌寨三千兄弟。

那年，两个人主动来投，一个相貌温文尔雅，羽扇纶巾；一个英武不凡。自己还跟兄弟二人讨教治国平天下之大计。

那年，常遇春来投，自己没有正眼瞧他，还以为只是个来军中骗吃混喝的家伙，没想到却是个万夫莫敌的一代猛将。

那年，自己砍断船缆，学着项羽"破釜沉舟"，率领三军直取太平。

那年，自己三打金陵，拿下后改名为应天府，终于拉开了争霸天下的序幕。

那年，自己登门造访隐士高人朱升，求问天下大计，他告诉自己九字方针。按照这九字方针，自己还真的一步一步夺取了天下。

那年，刘伯温、宋濂、章溢、叶琛四人一起来投，全军上下无不欢欣，自己以隆重的礼仪接纳了他们。

那年，陈友谅攻破太平，直逼应天，情况十分危急，军中上下无不人心惶惶，甚至有人建议投降。自己最后采纳了刘伯温的计策，设伏龙湾，重创陈友谅，稳定了时局。

那年，有位教书先生送来一封信，在信中告诉自己如何夺取天下，还教了自己一招"锁城法"，在后来的战役中屡试不爽。

那年，刘福通拥韩林儿退至安丰，结果被张士诚部将吕珍围攻，危在旦夕。自己派徐达率军驰援，大败吕珍，救出韩林儿，将他"供养"在滁州。

那年，陈友谅率领六十万大军攻打洪都城。幸亏朱文正率领两万守军拼死抵抗，硬是抵挡了两个多月，为自己最后赢取鄱阳湖大战争取了时间。

那年，自己与陈友谅在鄱阳湖大战，徐达采取群狼战术，率领诸将协同作战，拼死杀敌，顷刻间便吃了对方一艘巨舰，大大打击了敌人的嚣张气焰，鼓舞了士气。

那年，鄱阳湖大战，张定边匹舟单枪独闯大营，还逼自己自刎谢罪。关键时刻韩成挺身而出，冒充自己投水自尽，自己这才得以脱困。

那年，鄱阳湖大战，陈友谅将战船全部用铁索锁在一起，如履平地，士气如虹。关键时刻郭兴献策火攻，幸亏老天爷帮助，刮起了东北风，这才大获全胜，一代枭雄陈友谅也中箭而死。

那年，侄子朱文正反叛。自己本想将他处死，最后在马皇后的劝说下，改为囚禁，直至其郁郁而终。

那年，徐达攻破平江城，张士诚被押解到南京城，最后乘人不备，上吊自尽了，一代霸主就此落幕。

那年，自己终于在南京登基称帝，成就了一代霸业。随后，自己命令徐达率领大军北伐，势如破竹，攻克大都，吓得元帝连夜逃走，改写了历史，建立了不朽功勋。

那年，为了警示天下臣民忠君孝亲，自己仿照周公《大诰》之制，亲自编写了《大诰》等书。

那年，空印案发，自己一怒之下斩杀了天底下所有的主印官员。

那年，胡惟庸案发，自己屠杀开国功臣，废除宰相制度，稳固了子孙后代的江山社稷。

那年，宋濂牵扯到胡惟庸案，自己本要将其处死，在太子和马皇后的劝说下，最后改为流放茂州，宋濂病死在路上。

那年，潭王朱梓的妃子於氏一族牵扯到胡惟庸案，自己本想传诏朱梓前来问话，哪知朱梓与於氏自焚宫中。

那年，为了避免皇子因为夺嫡而相互残杀，自己决定分藩诸王，代替功臣守边。哪知叶伯巨上书谏言，挑拨离间，可恶至极，最后被打入大牢，死在狱中。

那年，自己想要发兵征讨日本，李文忠站出来反对。后来追

第四十章 长河落日

查胡惟庸案的奸党，李文忠又站出来反对。自己一怒之下想要处死李文忠，后来在马皇后的劝说下，将他削职为民。

那年，自己被朱亮祖的鬼话蒙蔽，错杀清官道同，留下一世骂名。自己一怒之下，将朱亮祖父子召至南京，当场活活鞭死。

那年，嫡长孙朱雄英去世，白发人送黑发人，悲痛万分。没过多久，患难与共的马皇后去世，自己悲痛欲绝，那夜泣不成声，哭得像个孩子。

那年，郭桓案发，贪腐金额之巨、贪腐人员之多，史上罕见。自己一怒之下，杀尽此案所有贪腐人员，并追回赃粮。

那年，驸马欧阳伦贩卖私茶案发。为了表明反腐的决心，警示天下臣民，自己不顾女儿的苦苦哀求，大义灭亲。

那年，徐达去世，自己再次悲痛欲绝，无心上朝。

那年，蓝玉深入漠北，扫平北元，彻底解决了北元之患。满朝上下，无不欢喜。

那年，思伦发反叛，沐英大破象兵，威震云南！自己在南京召见沐英，还在奉天殿摆下酒宴招待沐英，共叙君臣之情。

那年，人算不如天算，朱标去世，自己再次白发人送黑发人，悲痛欲绝。权衡利弊之后，只得选取孙子朱允炆作为继承人。

那年，蓝玉骄纵跋扈，满朝无不怨恨。为了皇孙朱允炆稳坐皇帝宝座，为了稳固大明子孙的江山社稷，自己只得再次举起屠刀诛杀了蓝玉，还处死了一批武将，彻底扫除了蓝玉兵团。

那年，看到当年南征北战、叱咤风云的汤大将军却病得奄奄一息，自己的眼泪顿时夺眶而出，不能自已。最后一个发小汤和病逝后，自己突然发现真的好孤独，好孤独。

…………

自从汤和病逝后，不知为何，朱元璋也感觉自己时日不多了。自古以来，面对死亡，人们总感到或多或少的恐惧。不过对于朱元璋来说，恐惧或许是有的，但更多的是一种坦然和解脱。

这一辈子，他知足了。

他出身寒微，衣衫褴褛，沿街乞讨，却凭借强大的意志，赤手空拳夺得了天下，开创了一个汉唐也不能与之并肩的大明王朝，试问还有什么不知足的呢？

这一辈子，他太累了。

他前期江南争霸，与陈友谅、张士诚等人征战不休；接着征伐北元，一直吃不好饭，睡不好觉；后来登基称帝，君临天下，每天天没亮就要起床洗漱，准备上早朝，用过午膳后，没有时间午休，又要上午朝，还要批改奏章，一直批改到深夜；没有周末、没有节假日，也没有加班工资，几十年如一日。

如果你问朱元璋这辈子活得最开心的（或是最喜欢的）是哪段时光，他可能会回答，还是沿街乞讨的那段日子，或是和小伙伴们一起放牛的那段无忧无虑的时光。

> 天为罗帐地为毡，
> 日月星辰伴我眠。
> 夜间不敢长伸脚，
> 恐踏山河社稷穿。

太阳哪怕升得再高，也有落下的一刻！

洪武三十一年闰五月初十日（1398年6月24日），明太祖朱元璋崩，年七十一岁。

一代雄主朱元璋就此落幕。

从他的故事中，我们可以看到：

其实起点低并不可怕，只要有顽强的意志和坚定的决心，经过不懈的努力，那么一定能够开拓局面，创造辉煌的未来！

希望与读者朋友们共勉！

第四十章　长河落日

后　记

这本书的缘起，其实要追溯到《布衣天子朱元璋》。《布衣天子朱元璋》讲述的是出身贫寒的朱元璋如何率领群雄平定天下，2019年出版后，一直想着再写一部，讲述朱元璋如何治理国家。朱元璋治理下的洪武时代是怎样的呢？

构思是有了，只是没有时间。于是化整为零，利用闲暇琐碎时间再读再写，一写就是四年。

在这四年中，我阅读了大量的史料和古籍，希望通过讲故事的方式来讲述这段历史，也希望这段历史能够走进更多历史爱好者和读者朋友的心田。

朱元璋出身贫寒，却率领群雄打败陈友谅和张士诚，统一江南，后又北伐元朝，扫平天下，开创了明朝二百七十年基业。朱棣五征漠北，开疆拓土，还开创了万国来朝的永乐盛世，绝非汉唐所能并肩。他们不可谓不是一代雄主，不过即使是雄才伟略的帝王也只是加速了历史的发展进程，真正推动历史发展、创造历史的则是日夜辛苦劳作的农民、走南闯北的货商、油灯下苦读不眠的学子、朝堂上争吵不休的官员、边关上浴血奋战的将士……

人民群众才是历史的主人，他们看似微不足道，却又那么璀璨夺目！

笔者感到特别高兴的是，书中融入了一些台州元素和临海元素。

每一座城市都有自己的脾气与秉性。鲁迅先生在《为了忘却的记念》一文中说，柔石那种颇有点迂的硬气，就是"台州式的硬气"，方孝孺就是最为典型的代表。

其实，"台州式的硬气"还可以追溯到更早。空印案发时，朱元璋大肆屠杀朝臣，当时朝中无人敢劝，而台州人郑士利不畏生死，挺身而出，力谏朱元璋而获罪；洪武年间，叶伯巨不畏生死，指出朝廷弊端和皇帝过失，说当时"分封太侈也，用刑太繁也，求治太速也"，力谏朱元璋拨乱反正，结果被关进大牢，死在狱中。

这种知其不可而为之的坚守就是台州式"硬气"的精髓，就是这种"硬气"凝铸了这座城市的"根"与"魂"，就是这种"硬气"挺直了台州人的脊梁，使台州人敢于反抗，勇于斗争，敢为人先，困境面前不退缩，强权面前不低头，关键时刻有担当，从而镌刻出如赤子般鲜活的江南。

此书出版之际，我要特别感谢的是关仁山主席、纪连海老师、月关老师和陈钦老师为此书作推荐。

衷心感谢浙江省网络作协、台州市网络作协、中共临海市委宣传部、临海市社科联、临海市文联、临海市网络作协的关心和支持。尤其感谢华文出版社的大力支持，感谢编辑老师们的日夜辛勤付出。

历史源远流长，博大精深。本人才疏学浅，绞尽脑汁，才得此拙文。若有不当之处，还望各位老师和读者朋友们海涵指正！

最后，祝各位阅读愉快！

清风明月
甲辰龙年元宵